铁路安全监督检查指导手册
——车辆专业

《铁路安全监督检查指导手册——车辆专业》编委会　编

中国铁道出版社有限公司

2024 年·北　京

图书在版编目(CIP)数据

铁路安全监督检查指导手册．车辆专业/《铁路安全监督检查指导手册——车辆专业》编委会编．—北京：中国铁道出版社有限公司,2022.11(2024.5 重印)
ISBN 978-7-113-29721-3

Ⅰ.①铁… Ⅱ.①铁… Ⅲ.①铁路车辆-安全管理-监督管理-手册 Ⅳ.①U298-62

中国版本图书馆 CIP 数据核字(2022)第 185651 号

书　　名：铁路安全监督检查指导手册——车辆专业
TIELU ANQUAN JIANDU JIANCHA ZHIDAO SHOUCE：CHELIANG ZHUANYE
作　　者：《铁路安全监督检查指导手册——车辆专业》编委会

策　　划：律清涛
责任编辑：黎　琳　　　编辑部电话：(010)51873674
编辑助理：白小玉
封面设计：高博越
责任校对：焦桂荣
责任印制：樊启鹏

出版发行：中国铁道出版社有限公司(100054,北京市西城区右安门西街 8 号)
网　　址：http://www.tdpress.com
印　　刷：北京联兴盛业印刷股份有限公司
版　　次：2022 年 11 月第 1 版　2024 年 5 月第 4 次印刷
开　　本：880 mm×1 230 mm　1/32　印张：12　字数：364 千
书　　号：ISBN 978-7-113-29721-3
定　　价：78.00 元

编 委 会

1 动车组运用

1.1 动车组一级修

序号	检查项点	检查依据	检查重点	易发问题	备注
1	计划编制	1.《铁路动车组运用维修规则》(铁总运〔2017〕238号) 2.《标准化动车所评定办法》(运辆动车函〔2012〕309号) 3. 动车组维修卡片	1. 计划编制是否合理,是否区分延长修或非延长修动车组。 2. 动车组检修计划的兑现情况,是否存在超期或管理混乱	动车组检修超期	
2	一体化作业	1.《铁路动车组运用维修规则》(铁总运〔2017〕238号) 2.《标准化动车所评定办法》(运辆动车函〔2012〕309号) 3. 动车组维修卡片	1. 一体化作业单位人员是否参加一体化会。 2. 一体化作业是否纳入动车所检修计划管理。 3. 一体化作业是否严格执行审批流程	1. 一体化作业单位未申请计划作业。 2. 一体化作业单位未按要求参会	

续上表

序号	检查项点	检查依据	检查重点	易发问题	备注
3	检修任务布置	1.《铁路动车组运用维修规则》(铁总运〔2017〕238 号) 2.《标准化动车所评定办法》(运辆动车函〔2012〕309 号) 3. 动车组维修卡片	1. 作业者、质检员、管理人员是否掌握当日生产计划及风险项点。 2. 盯控任务是否明确	1. 重点检修作业无人盯控。 2. 关键作业项点无人盯控	
4	工具管理	1.《铁路动车组运用维修规则》(铁总运〔2017〕238 号) 2.《标准化动车所评定办法》(运辆动车函〔2012〕309 号) 3. 动车组维修卡片	1. 主机厂工具是否纳入动车所工具统一管理。 2. 计量校验工具、绝缘工具备品是否按规定检验,是否状态良好。 3. 工具领用归还制度是否规范	1. 主机厂工具未纳入统一管理。 2. 领用工具未及时归还。 3. 工具未按规定检验	
5	材料管理	1.《铁路动车组运用维修规则》(铁总运〔2017〕238 号)	1. 材料退旧领新制度是否规范落实。	1. 配送制度不落实。	

续上表

序号	检查项点	检查依据	检查重点	易发问题	备注
5	材料管理	2.《标准化动车所评定办法》(运辆动车函〔2012〕309号) 3. 动车组维修卡片	2. 材料配送制度是否执行到位。 3. 油脂管理是否规范	2. 旧料回收不及时。 3. 关键部件装车位置登记错误。 4. 油脂未执行分类分区存放	
6	标准化作业	1.《铁路动车组运用维修规则》(铁总运〔2017〕238号) 2.《标准化动车所评定办法》(运辆动车函〔2012〕309号) 3. 动车组维修卡片	1. 接车作业是否到位。 2. 接触网供断电作业是否规范。 3. 无电作业开始前,确认接触网断电、防溜设置、动车组放电完成;有电作业开始前,确认设置防护号志、防溜设置。 4. 登顶、地沟、两侧作业,严格执行“四必”作业法。 (1)三板作业:目视锁闭状态,防松标记、防松铁丝是否符合要求,是否进行敲打确认裙板状态。	1.“四必”作业法执行不到位。 2. 动车“五防”关键项点漏检漏修。 3. 接送车作业未按规定提前确认安全联锁状态。 4. 接触网供断电作业联控执行不到位	

续上表

序号	检查项点	检查依据	检查重点	易发问题	备注
6	标准化作业		（2）登顶作业：车顶跨线、车端跨线、车顶螺栓标记、盖板、CRH3系列动车组车顶干燥剂状态、绝缘子涂层是否符合要求；车顶不得遗留检修工具等异物。 （3）地沟作业：齿轮箱油位油色、联轴节状态是否符合要求；车轮状态、踏面是否存在剥离、擦伤、硌伤等缺陷。 5. 牵引制动试验是否按照作业标准执行，CRH3 系列、复兴号动车组的制动有效率是否到达100%，CRH2 系列、CRH6 系列动车组的各级位保压试验是否正常，CRH5 系列动车组全部制动试验是否正常；动车组牵引试验加载是否正常。 6. 联检作业是否组织及时。 7. 送车作业是否到位		

续上表

序号	检查项点	检查依据	检查重点	易发问题	备注
7	故障处置及管理	1.《铁路动车组运用维修规则》(铁总运〔2017〕238 号) 2.《标准化动车所评定办法》(运辆动车函〔2012〕309 号) 3. 动车组维修卡片	监测检测设备提报故障、运行途中发生故障、辆动—181 故障、检修故障、数据下载分析故障是否按规定处理并纳入管控	1. 动车组出库前,故障处理情况不掌握。 2. 故障闭环管理不到位。 3. 地面、车载、远程监控装置预报故障未按规定处置	

1.2　动车组二级修

序号	检查项点	检查依据	检查重点	易发问题	备注
1	空心轴探伤	1.《铁路动车组运用维修规则》(铁总运〔2017〕238号) 2.《标准化动车所评定办法》(运辆动车函〔2012〕309号) 3. 动车组维修卡片 4.《动车组空心轴超声波探伤规程》(铁总运〔2013〕100号)	1. 确认扭矩扳手校验合格。 2. 确认探伤设备开工、收工校验合格。 3. 确认探伤人员及质检员资格符合要求。 4. 确认轴孔清洁,轴端“内部安装”和“完全恢复”情况良好。 5. 确认自检、互检、质检和过程控制执行情况。 6. 确认必换件是否按照要求进行更换。 7. 确认疑似缺陷是否按照要求进行检查确认。 8. 确认探伤资料的留存完整性。 9. 确认探伤里程不超期。 10. 确认轴端清洁到位,空心轴耦合液擦拭干净,防锈油按规定加注。 11. 确认轴端接地碳刷磨耗不超限。 12. 确认疑似缺陷按照要求进行跟踪	1. 探伤设备校验不合格。 2. 探伤作业过程中人员离岗,设备故障未及时发现。 3. 轴端清洁不到位,空心轴耦合液擦拭不干净。 4. 轴端配件安装不到位。 5. 探伤用轴孔清洁杆存放不符合环境要求	

续上表

序号	检查项点	检查依据	检查重点	易发问题	备注
2	LU 探伤	1.《铁路动车组运用维修规则》(铁总运〔2017〕238 号) 2.《标准化动车所评定办法》(运辆动车函〔2012〕309 号) 3. 动车组维修卡片 4.《动车组车轮超声波探伤规定》(铁总运〔2013〕109 号)	1. 确认扭矩扳手校验合格。 2. 确认探伤设备开工收工校验合格。 3. 确认探伤人员及质检员资格符合要求。 4. 确认制动恢复、裙板恢复情况良好。 5. 确认疑似缺陷是否按照要求进行复探。 6. 确认探伤资料的留存完整性。 7. 确认探伤里程不超期。 8. 确认疑似缺陷按照要求进行跟踪。 9. 确认动车组防溜设置、制动切除恢复情况	1. 探伤设备校验不合格。 2. 探伤作业过程中人员离岗,设备故障未及时发现。 3. 防溜设置撤除、制动及裙板恢复不到位	
3	轮对旋修	1.《铁路动车组运用维修规则》(铁总运〔2017〕238 号) 2.《标准化动车所评定办法》(运辆动车函〔2012〕309 号)	1. 确认公铁两用车作业人员资格符合要求。 2. 确认旋轮设备开工、完工校验合格。 3. 确认动车组防溜设置。	1. 调车作业联控、防护不到位。 2. 未按要求调整 CCU、BCU、TCMS 数值。 3. 未与电务部门交接技术数据。	

续上表

序号	检查项点	检查依据	检查重点	易发问题	备注
3	轮对旋修	3. 动车组维修卡片	4. 确认公铁两用车是否连挂到位。 5. 确认旋轮设备及卡具安装状态良好。 6. 确认调车联控相关制度是否落实到位。 7. 确认旋修的位数。 8. 质检员及作业人员现场数据核对到位。 9. 确认制动、防冻排水阀恢复情况良好。 10. 及时、准确与电务部门交接轮径变化数据。 11. 对 CCU、BCU、TCMS 进行相应数值调整并进行相关数据下载工作，确认配件更换后动车组状态良好。 12. 分车型开展轮径校正试验	4. 动车组轮对反光标未撤除。 5. 防冻排水阀未恢复。 6. 未按规定对撒砂管、过分相地感器、排障器、扫石器高度进行调整	
4	万向轴注脂及更换	1.《铁路动车组运用维修规则》(铁总运〔2017〕238 号)	1. 确认扭矩扳手校验合格。 2. 确认油脂加装前及加装后设备状态良好。 3. 确认油脂有效期、型号。	1. 油脂过期，型号错误。 2. 未按规定配打扭矩。	

续上表

序号	检查项点	检查依据	检查重点	易发问题	备注
4	万向轴注脂及更换	2.《标准化动车所评定办法》(运辆动车函〔2012〕309号) 3. 动车组维修卡片	4. 确认新轴状态、各轴配重块数与标识一致。 5. 确认万向轴四点均有新油脂溢出。 6. 确认温度贴片、万向轴及托架安装状态良好	3. 配重块与标识不符。 4. 四点不出油或无新油脂溢出。 5. 未粘贴温度贴片	
5	齿轮箱换油	1.《铁路动车组运用维修规则》(铁总运〔2017〕238号) 2.《标准化动车所评定办法》(运辆动车函〔2012〕309号) 3. 动车组维修卡片	1. 确认扭矩扳手校验合格。 2. 确认油脂加装前及加装后设备状态良好。 3. 确认油脂有效期、型号。 4. 确认油量是否合格,垫片对中、紧固件安装状态是否良好。 5. 确认旧油脂是否异常,对旧油脂取样化验是否规范。 6. 确认齿轮箱排油堵无铁屑。 7. 确认自检、互检、质检和过程控制执行情况	1. 油脂过期、型号错误。 2. 未按规定配打扭矩。 3. 加注油脂量不符合要求	
6	牵引电机注脂	1.《铁路动车组运用维修规则》(铁总运〔2017〕238号)	1. 确认扭矩扳手校验合格。 2. 确认油脂加装前及加装后设备状态良好。 3. 确认油脂有效期、型号。	1. 油脂过期、型号错误。 2. 未按规定配打扭矩。	

续上表

序号	检查项点	检查依据	检查重点	易发问题	备注
6	牵引电机注脂	2.《标准化动车所评定办法》(运辆动车函〔2012〕309号) 3. 动车组维修卡片	4. 确认注油量、注油口清洁、废油室清洁是否到位。 5. 确认废油室盖板安装良好	3. 加注油脂量不符合要求。 4. 废油室清理不彻底	
7	轴端接地检查	1.《铁路动车组运用维修规则》(铁总运〔2017〕238号) 2.《标准化动车所评定办法》(运辆动车函〔2012〕309号) 3. 动车组维修卡片	1. 确认扭矩扳手校验合格。 2. 拆卸前确认轴端盖、接地装置是否清洁到位。 3. 确认摩擦块厚度测量符合要求。 4. 安装前确认轴箱盖螺纹孔、摩擦盘及适配器连接面清洁到位	1. 未按规定配打扭矩。 2. 部件及连接面清洁不到位。 3. 摩擦块厚度超限。 4. 清洁剂与碳粉混合,进入轴承易造成温升故障	
8	侧门检查及清洁	1.《铁路动车组运用维修规则》(铁总运〔2017〕238号) 2.《标准化动车所评定办法》(运辆动车函〔2012〕309号) 3. 动车组维修卡片	1. 确认侧门各部件润滑清洁良好。 2. 确认侧门各限位开关限度符合要求。 3. 确认侧门紧急解锁装置功能正常。 4. 确认侧门供电试验集控开关门正常	1. 润滑脂涂抹不均、清洁不到位。 2. 间隙测量不符合要求。 3. 车门试验未按要求落实	

续上表

序号	检查项点	检查依据	检查重点	易发问题	备注
9	空压机检查	1.《铁路动车组运用维修规则》(铁总运〔2017〕238号) 2.《标准化动车所评定办法》(运辆动车函〔2012〕309号) 3. 动车组维修卡片	1. 确认空压机工况良好,油位正常。 2. 确认油过滤器、空气滤清器状态良好。 3. 确认空压机安全阀功能正常。 4. 分车型进行排水、排油作业,确认各功能阀恢复正常。 5. 确认裙板恢复情况良好	1. 油位检查不到位。 2. 裙板恢复不良。 3. 阀体恢复不良。 4. 未按要求进行启机试验	
10	高压设备检查	1.《铁路动车组运用维修规则》(铁总运〔2017〕238号) 2.《标准化动车所评定办法》(运辆动车函〔2012〕309号) 3. 动车组维修卡片	1. 确认受电弓各部件良好,升降弓时间、压力在规定范围内。 2. 确认真空断路器、高压隔离开关、电压互感器、电流互感器、避雷器、半刚性电缆终端外观状态良好,清洁到位。 3. 确认底板、裙板恢复情况良好	1. 升降弓试验压力、时间不符合要求。 2. 底板、裙板恢复不良。 3. 受电弓升弓管路检查不认真	
11	烟火报警装置检查及清洁	1.《铁路动车组运用维修规则》(铁总运〔2017〕238号) 2.《标准化动车所评定办法》(运辆动车函〔2012〕309号) 3. 动车组维修卡片	1. 确认各烟雾探测器清洁状态良好,烟雾值、污染度在规定范围内。 2. 确认火灾报警功能性试验合格	1. 未按期开展功能测试。 2. 部分烟火报警装置漏测	

续上表

序号	检查项点	检查依据	检查重点	易发问题	备注
12	配电柜检查及清洁	1.《铁路动车组运用维修规则》(铁总运〔2017〕238号) 2.《标准化动车所评定办法》(运辆动车函〔2012〕309号) 3. 动车组维修卡片	1. 确认配电柜内无灰尘、毛絮、异物。 2. 确认配电柜内各接触器、接线、接线端子无松动、老化、变色、烧损情况。 3. 确认配电柜无遗留配件、工具,柜门锁闭良好	1. 杂物清洁不彻底,存在消防隐患。 2. 柜门锁闭不良。 3. 误碰开关未及时发现	

1.3 动车组乘务

序号	检查项点	检查依据	检查重点	易发问题	备注
1	出乘	《铁路动车组运用维修规则》(铁总运〔2017〕238号)	1. 出乘管理制度是否健全完善。 2. 动车所内部出乘风险管控制度及落实情况,防范漏乘、晚点风险。 3. 酒精测试合格,防止触碰红线。 4. 技术文件交接。 5. 外属车、异地车出乘管理。 6. 随车机械师突发疾病或交通、天气等原因无法值乘应急预案	1. 出乘迟到、饮酒。 2. 不按规定执行劳动安全控制措施。 3. 不按规定执行公寓管理制度	
2	接车作业	《铁路动车组运用维修规则》(铁总运〔2017〕238号)	1. 按规定通过车载监控装置确认各系统功能正常。 2. 检查确认动车组头罩锁闭到位,重联端车钩连接状态良好,两侧裙板及盖板锁闭到位,空气弹簧无漏风,车端连接管线无脱落,防范设备非正常开启和脱落风险。 3. 检查确认随车工具、备品齐备且功能良好。 4. 对辆动—181故障的复核确认	1. 未制定存车场不具备作业条件的卡控措施。 2. 存车场检查不按标准作业。 3. 未及时发现故障隐患。 4. 应急备品缺失、故障	

续上表

序号	检查项点	检查依据	检查重点	易发问题	备注
3	始发作业	《铁路动车组运用维修规则》(铁总运〔2017〕238号)	1. 监控动车组出库运行情况。 2. 站停期间检查确认侧门、车外显示器、受电弓状态良好。 3. 始发前监视车载信息系统显示情况	巡视检查不到位,用视频拍照代替巡视作业	
4	途中作业	《铁路动车组运用维修规则》(铁总运〔2017〕238号)	1. 按规定巡视,并在乘务(监控)室监控列车运行及设备状况。 2. 动车组司机继乘前,随车机械师应向动车组司机了解运行情况;继乘后,与接班司机交接操纵设备技术状态并在"动车组故障交接记录单"上签认。 3. 发生动车组设备故障或非正常运行时,按规定汇报处置	1. 不按规定巡视。 2. 故障确认与实际不符。 3. 随车机械师未在监控室监控,在司机室或车厢内睡觉、休息;随车机械师在监控室做与工作无关的事。 4. 不按规定流程报告和处置	
5	折返站作业	《铁路动车组运用维修规则》(铁总运〔2017〕238号)	站停期间检查确认侧门、车外显示器、受电弓状态良好	巡视检查不到位,用视频拍照代替巡视作业	

续上表

序号	检查项点	检查依据	检查重点	易发问题	备注
6	终到作业	《铁路动车组运用维修规则》(铁总运〔2017〕238号)	1. 巡视车厢,办理车内固定服务设施状态交接并共同填写“动车组固定服务设施状态检查记录”,填写“动车组随车机械师乘务日志”,整理交接物品。 2. 填写“动车组故障交接记录单”	1. 未按规定办理交接。 2. 重点故障未预报	
7	退乘	《铁路动车组运用维修规则》(铁总运〔2017〕238号)	酒精测试合格,动车组钥匙及时登记	1. 当班饮酒。 2. 不按规定交接动车组钥匙	
8	防寒打温	《铁路动车组运用维修规则》(铁总运〔2017〕238号)	1. 配电柜伴热空开状态正常,柜门锁闭。 2. 微波炉、烤箱等用电设备断电。 3. 当环境温度低于0 ℃时,应供电防冻。不具备防寒防冻条件时,动车组应进行排空作业。 4. 供电防冻时,安排专人巡视	1. 动车组亏电或发生火情。 2. 未按规定进行巡视。 3. 未按规定开柜检查伴热空开	

续上表

序号	检查项点	检查依据	检查重点	易发问题	备注
9	停留车存放(异地存车管理)	1.《铁路技术管理规程(高速铁路部分)》(铁总科技〔2014〕172号、铁总科技〔2017〕221号) 2.《国铁集团办公厅关于规范车站存放动车组管理的通知》(铁办运〔2020〕93号)	1. 严格落实防溜措施。 2. 严格执行车站停留动车组的有关规定。 3. 严格落实异地停留动车组故障处置管控措施。 4. 严格落实动车组巡视制度	1. 动车组防溜不到位。 2. 车门车窗未锁闭。 3. 车内滞留闲杂人员。 4. 故障处理不及时、不彻底。 5. 动车组亏电	
10	热备车管理	《铁路动车组运用维修规则》(铁总运〔2017〕238号)	1. 司乘人员到位。 2. 动车组技术状态良好	1. 热备动车组技术状态掌握不清。 2. 司乘人员联络不畅,热备动车组启动延时	

1.4 动车组部件更换

序号	检查项点	检查依据	检查重点	易发问题	备注
1	闸片更换	1.《铁路动车组运用维修规则》(铁总运〔2017〕238 号) 2.《标准化动车所评定办法》(运辆动车函〔2012〕309 号) 3. 动车组维修卡片	1. 确认闸片型号和数量。 2. 确认闸片位数和方向。 3. 确认自检、互检、质检和过程控制执行情况	1. 闸片型号错误,错装、反装。 2. 闸片、开口销等部件装配不到位	
2	研磨子更换	1.《铁路动车组运用维修规则》(铁总运〔2017〕238 号) 2.《标准化动车所评定办法》(运辆动车函〔2012〕309 号) 3. 动车组维修卡片	1. 确认研磨子型号、位置。 2. 确认自检、互检、质检和过程控制执行情况。 3. 作业完毕后恢复阀门、裙板	1. 研磨子装配不到位。 2. 阀门、裙板恢复不到位	
3	碳滑板更换	1.《铁路动车组运用维修规则》(铁总运〔2017〕238 号)	1. 确认扭矩扳手校验合格。 2. 确认碳滑板型号、位置。 3. 确认供风管及接地线安装状态。	1. 不同型号碳滑板错装。 2. 供风管及接地线装配不到位。	

续上表

序号	检查项点	检查依据	检查重点	易发问题	备注
3	碳滑板更换	2.《标准化动车所评定办法》(运辆动车函〔2012〕309号) 3. 动车组维修卡片	4. 确认升降弓试验良好	3. 未按规定配打扭矩。 4. 未按规定测漏。 5. 升降弓试验压力、时间不符合要求	
4	接地碳刷更换	1.《铁路动车组运用维修规则》(铁总运〔2017〕238号) 2.《标准化动车所评定办法》(运辆动车函〔2012〕309号) 3. 动车组维修卡片	1. 确认扭矩扳手校验合格。 2. 确认接地碳刷型号、位置。 3. 确认接地装置盖安装状态良好	1. 未按规定配打扭矩。 2. 接地装置盖安装状态未确认	
5	雨刮器更换	1.《铁路动车组运用维修规则》(铁总运〔2017〕238号) 2.《标准化动车所评定办法》(运辆动车函〔2012〕309号) 3. 动车组维修卡片	1. 确认扭矩扳手校验合格。 2. 确认安装紧固状态良好。 3. 确认供电试验状态良好	1. 未按规定配打扭矩。 2. 未进行供电状态测试。 3. 未按规定测漏	

续上表

序号	检查项点	检查依据	检查重点	易发问题	备注
6	司机室玻璃更换	1.《铁路动车组运用维修规则》(铁总运〔2017〕238 号) 2.《标准化动车所评定办法》(运辆动车函〔2012〕309 号) 3. 动车组维修卡片	1. 确认密封胶型号、保质期。 2. 确认工艺符合要求。 3. 确认晾胶温度、时间符合要求	1. 密封胶过期、型号错误。 2. 密封不严,存在气泡、缝隙。 3. 晾胶温度、时间不符合要求	
7	受电弓更换	1.《铁路动车组运用维修规则》(铁总运〔2017〕238 号) 2.《标准化动车所评定办法》(运辆动车函〔2012〕309 号) 3. 动车组维修卡片	1. 确认扭矩扳手校验合格。 2. 确认受电弓状态良好。 3. 确认各供风管及接地线安装状态良好。 4. 确认升降弓试验状态良好	1. 未按规定配打扭矩。 2. 升降弓试验压力、时间不符合要求	
8	CRH5 系列动车组万向轴更换和注脂	1.《铁路动车组运用维修规则》(铁总运〔2017〕238 号)	1. 确认扭矩扳手校验合格。 2. 确认油脂加装设备状态良好。 3. 确认油脂有效期、型号。 4. 确认新轴状态、各轴配重块数与标识一致。	1. 油脂过期、型号错误。 2. 未按规定配打扭矩。	

续上表

序号	检查项点	检查依据	检查重点	易发问题	备注
8	CRH5 系列动车组万向轴更换和注脂	2.《标准化动车所评定办法》(运辆动车函〔2012〕309 号) 3. 动车组维修卡片	5. 确认万向轴四点均有新油脂溢出。 6. 确认温度贴片粘贴到位,万向轴及托架安装状态良好	3. 配重块与标识不符。 4. 四点不出油或无新油脂溢出。 5. 未粘贴温度贴片	
9	轮对更换	1.《铁路动车组运用维修规则》(铁总运〔2017〕238 号) 2.《标准化动车所评定办法》(运辆动车函〔2012〕309 号) 3. 动车组维修卡片	1. 确认扭矩扳手校验合格。 2. 确认备用轮对的技术状态及联轴节型号、油脂状态良好。 3. 确认工具、场地符合作业条件。 4. 确认安装状态良好,场地、动车组转向架无配件遗落。 5. 对 CCU、BCU、TCMS 进行相应数值调整并进行相关数据下载工作,确认配件更换后动车组状态良好。 6. 试运行状态良好	1. 未按规定配打扭矩。 2. 联轴节、油脂型号错误。 3. 发现数据下载故障未处理。 4. 未按要求调整 CCU、BCU、TCMS 数值。 5. 未与电务部门交接技术数据	

续上表

序号	检查项点	检查依据	检查重点	易发问题	备注
10	大部件更换管控	1.《铁路动车组运用维修规则》(铁总运〔2017〕238号) 2.《标准化动车所评定办法》(运辆动车函〔2012〕309号) 3. 动车组维修卡片	1. 大部件更换制度、关键过程卡控流程是否健全。 2. 委外更换作业申请流程是否完善、分工是否明确、卡控是否到位。 3. 材料、工具回收是否规范。 4. 动车组数据调整、部件履历、影像资料留存是否规范	1. 更换制度、关键过程卡控流程不健全。 2. 材料、工具遗落。 3. 数据调整、部件履历、影像资料留存不齐全	
11	转向架	1.《铁路动车组运用维修规则》(铁总运〔2017〕238号) 2.《标准化动车所评定办法》(运辆动车函〔2012〕309号) 3. 动车组维修卡片	1. 确认工具、场地符合作业条件。 2. 确认扭矩扳手校验合格。 3. 确认转向架技术状态良好。 4. 确认转向架位数正确。 5. 扭矩配打到位。 6. 确认管路及线路连接规范。 7. 确认安装状态良好,场地、动车组转向架无配件遗落。 8. 确认动车组试运行规范开展	1. 转向架位数错误。 2. 卡套式连接不规范。 3. 扭矩配打未按要求落实	

续上表

序号	检查项点	检查依据	检查重点	易发问题	备注
12	牵引电机	1.《铁路动车组运用维修规则》(铁总运〔2017〕238号) 2.《标准化动车所评定办法》(运辆动车函〔2012〕309号) 3. 动车组维修卡片	1. 确认工具、场地符合作业条件。 2. 确认扭矩扳手校验合格。 3. 确认备用电机及联轴节型号、状态良好。 4. 扭矩配打到位。 5. 确认各传感器、电器插头(端子)外观状态良好,连接恢复良好。 6. 确认安装状态良好,场地、动车组转向架、设备舱无配件遗落。 7. 确认动车组试运行规范开展	1. 备用电机及联轴节型号错误、状态不良。 2. 扭矩配打不到位	
13	空压机	1.《铁路动车组运用维修规则》(铁总运〔2017〕238号) 2.《标准化动车所评定办法》(运辆动车函〔2012〕309号) 3. 动车组维修卡片	1. 确认工具、场地符合作业条件。 2. 确认扭矩扳手校验合格。 3. 确认车下与空压机连接管路恢复安装完毕。 4. 扭矩配打到位。 5. 主供风单元吊装尺寸测量合格。 6. 确认安装状态良好,无工具、配件遗落	1. 主供风单元吊装尺寸未按要求测量。 2. 连接管路恢复不到位。 3. 扭矩配打不到位。 4. 空压机油位不足。 5. 裙板、底板恢复不到位	

续上表

序号	检查项点	检查依据	检查重点	易发问题	备注
14	制动夹钳更换	1.《铁路动车组运用维修规则》(铁总运〔2017〕238号) 2.《标准化动车所评定办法》(运辆动车函〔2012〕309号) 3. 动车组维修卡片	1. 确认工具、场地符合作业条件。 2. 确认扭矩扳手校验合格。 3. 确认制动夹钳外观、橡胶部件和机械部件状态良好。 4. 扭矩配打到位。 5. 确认制动测试良好。 6. 确认安装状态良好,无工具、配件遗落	1. 扭矩配打不到位。 2. 未按要求进行制动测试、管系测漏	
15	变压器	1.《铁路动车组运用维修规则》(铁总运〔2017〕238号) 2.《标准化动车所评定办法》(运辆动车函〔2012〕309号) 3. 动车组维修卡片	1. 确认工具、场地符合作业条件。 2. 确认扭矩扳手校验合格,吊装工具状态良好。 3. 确认T形接头防护套、变压器油位等技术状态良好。 4. 确认吊装后变压器状态良好。 5. 确认变压器电缆插头防护良好。 6. 扭矩配打到位。 7. 确认减振器压缩量符合要求。 8. 确认安装状态良好,场地无工具、配件遗落。 9. 确认动车组试运行规范开展	1. 扭矩配打不到位。 2. 电缆防护不到位,造成损坏。 3. 减振器压缩量调整不符合要求。 4. 裙板、底板恢复不到位	

续上表

序号	检查项点	检查依据	检查重点	易发问题	备注
16	变流器	1.《铁路动车组运用维修规则》(铁总运〔2017〕238 号) 2.《标准化动车所评定办法》(运辆动车函〔2012〕309 号) 3. 动车组维修卡片	1. 确认工具、场地符合作业条件。 2. 确认扭矩扳手校验合格,吊装工具状态良好。 3. 确认吊装后变流器状态良好。 4. 确认变流器电缆插头防护良好。 5. 确认变流器冷却液液位。 6. 扭矩配打到位。 7. 确认安装状态良好,无工具、配件遗落	1. 扭矩配打不到位。 2. 电缆防护不到位,造成损坏。 3. 裙板、底板恢复不到位	
17	车钩	1.《铁路动车组运用维修规则》(铁总运〔2017〕238 号) 2.《标准化动车所评定办法》(运辆动车函〔2012〕309 号) 3. 动车组维修卡片	1. 确认工具、场地符合作业条件。 2. 确认扭矩扳手校验合格,吊装工具状态良好。 3. 确认吊装后车钩状态良好。 4. 确认电气连接器、接地线缆、空气软管连结状态良好。 5. 确认车钩电缆、风管拆装前后绝缘处理和防护良好。 6. 扭矩配打到位。 7. 确认车钩高度。 8. 确认车钩功能测试良好	1. 扭矩配打不到位。 2. 电缆防护不到位,造成损坏	

续上表

序号	检查项点	检查依据	检查重点	易发问题	备注
18	冷却风机	1.《铁路动车组运用维修规则》(铁总运〔2017〕238号) 2.《标准化动车所评定办法》(运辆动车函〔2012〕309号) 3. 动车组维修卡片	1. 确认工具、场地符合作业条件。 2. 确认扭矩扳手校验合格。 3. 确认冷却风机状态良好。 4. 确认冷却风机电缆拆装前后绝缘处理和防护良好。 5. 扭矩配打到位	1. 扭矩配打不到位。 2. 电缆防护不到位,造成损坏。 3. 裙板、底板恢复不到位	
19	主断路器	1.《铁路动车组运用维修规则》(铁总运〔2017〕238号) 2.《标准化动车所评定办法》(运辆动车函〔2012〕309号) 3. 动车组维修卡片	1. 确认工具、场地符合作业条件。 2. 确认扭矩扳手校验合格,吊装工具状态良好。 3. 确认吊装后主断路器状态良好。 4. 扭矩配打到位。 5. 确认供电试验主断路器闭合断开正常	1. 扭矩配打不到位。 2. 未按要求进行供电测试	仅有CRH5系列动车组维修卡片

续上表

序号	检查项点	检查依据	检查重点	易发问题	备注
20	电压电流互感器	1.《铁路动车组运用维修规则》(铁总运〔2017〕238号) 2.《标准化动车所评定办法》(运辆动车函〔2012〕309号) 3. 动车组维修卡片	1. 确认工具、场地符合作业条件。 2. 确认扭矩扳手校验合格,吊装工具状态良好。 3. 确认吊装后互感器状态良好。 4. 扭矩配打到位。 5. 确认互感器密封垫平整,与互感器接触紧密良好。 6. 确认安装状态良好,动车组车顶无工具、配件遗落	1. 扭矩配打不到位。 2. 密封垫不平整,与互感器接触不紧密	仅有CRH5系列动车组维修卡片
21	头罩开闭机构	1.《铁路动车组运用维修规则》(铁总运〔2017〕238号) 2.《标准化动车所评定办法》(运辆动车函〔2012〕309号) 3. 动车组维修卡片	1. 确认工具、场地符合作业条件。 2. 确认扭矩扳手校验合格,吊装工具状态良好。 3. 确认吊装后头罩开闭机构状态良好。 4. 扭矩配打到位。 5. 确认安装状态良好,动车组头罩内无工具、配件遗落。 6. 确认手动及自动开闭头罩功能正常	1. 扭矩配打不到位。 2. 未按要求进行手动和自动开闭头罩功能测试	仅有CRH5系列动车组维修卡片

2 动车组高级修

序号	检查项点	检查依据	检查重点	易发问题	备注
1	公铁两用车调车	《铁路技术管理规程(高速铁路部分)》(铁总科技〔2014〕172号、铁总科技〔2017〕221号)	1. 按规定编制调车作业计划,制定调车作业岗位作业指导书。 2. 禁止溜放调车、手推调车。 3. 调车前,作业人员提前检查线路、道岔(集中联锁区除外)及车辆防溜等情况。 4. 调车作业应有足够的调车人员。在作业中,调车作业人员应加强联控。 5. 调车作业不超速	1. 未制定调车作业岗位作业指导书,或作业指导书不具体。 2. 调车作业人员未提前检查线路及车辆防溜等情况。 3. 调车人员不足。 4. 调车超速、联控不到位	
2	源头质量整治	《动车组源头质量问题整治管理暂行办法》(铁总运〔2017〕206号)	1. 验收部门按照源头质量整治通知要求,细化验收项点,开展验收工作。 2. 对源头质量问题定期组织收集、分析、质量考核和责任追究。 3. 技术变更涉及司乘操作界面、检修维护、应急处置等发生改变时,及时对技术手册、应急故障处理手册、作业指导书等内容进行更新,并发布更新的内容	1. 验收部门未针对动车组源头质量整治要求细化验收项点。 2. 技术手册、应急处置办法更新不及时,掌握不到位	

续上表

序号	检查项点	检查依据	检查重点	易发问题	备注
3	属地化委托修	1.《机车车辆委外修管理办法》(铁机辆〔2020〕178号) 2.《铁路车辆维修资质管理办法》(铁总运〔2014〕121号) 3.《关于加强动车组高级修工作的指导意见》(铁总运〔2014〕348号)	1. 维修单位取得相应产品的维修资质。 2. 铁路局集团公司或动车段与主机厂、配套厂商等单位签订属地修相关合作协议或合同,约定双方的权利、责任和义务,并按规定推进落实。 3. 委托单位制定卡控流程,留存检修合格证	1. 合作协议或合同相关要求落实不到位,动车段卡控流程不具体,或者有关卡控要求落实不到位。 2. 委托修单位未及时取得维修资质,或者资质过期	
4	工具及专用设备管理	《动车组专用设备检修维护管理规则》(铁总运〔2014〕106号)	1. 制定设备操作规则、检修作业指导书。 2. 制定专用设备更新改造、大修、小修计划,并按计划组织实施。 3. 计量器具检验不过期。 4. 开工前按规定校核扭矩扳手	1. 未按要求制定设备操作规则、检修作业指导书,或内容存在错误。 2. 专用设备检修超期,或未按计划组织实施	

续上表

序号	检查项点	检查依据	检查重点	易发问题	备注
5	客室侧门检修	1.《和谐3型动车组高级修检修规程》(铁总机辆〔2018〕211号) 2.《CRH2A/2C/380A平台动车组高级修检修规程》(铁机辆〔2021〕115号) 3.《CR400AF、BF平台动车组三级检修规程》(铁机辆〔2020〕35号) 4.《和谐1A、1B、1E型动车组三级检修规程》(铁总运〔2016〕202号) 5.《和谐1A、1B、1E型动车组四级检修规程》(铁总机辆〔2018〕211号)	1. 各零部件齐全,安装位置正确,螺栓防松标记清晰,无错位。 2. 各配线固定良好,无异常变色、烧损、龟裂。各接线端子无开裂、松动、烧损、异常变色等。连接器连接可靠,拔插过的连接器插针无缩针、变形、烧损、松动。 3. 清洁密封胶条、敏感胶条并润滑。 4. 驱动机构无断裂、变形,润滑良好。 5. 各限位开关触发正常,状态良好。隔离锁功能正常,操作顺畅。 6. 各气路及接头无破损、松动、漏气。 7. 开门和关门功能正常,防挤压功能正常	1. 密封胶条、敏感胶条润滑不到位。 2. 驱动机构等零部件检查不到位,运用过程中松脱	

续上表

序号	检查项点	检查依据	检查重点	易发问题	备注
5	客室侧门检修	6.《和谐 5A/5G 型动车组三级检修规程》(铁总运〔2016〕236 号) 7.《和谐 5A 型动车组四级检修规程》(铁总运〔2014〕123 号)			
6	裙板检修	1.《和谐 3 型动车组高级修检修规程》(铁总机辆〔2018〕211 号) 2.《CRH2A/2C/380A 平台动车组高级修检修规程》(铁机辆〔2021〕115 号) 3.《CR400AF、BF 平台动车组三级检修规程》(铁机辆〔2020〕35 号)	(一)三级修 1. 裙板无裂纹和损伤。 2. 安全锁、螺纹锁、碰锁状态良好,裙板锁闭功能正常,防脱销锁闭功能良好。 3. 排污口裙板、小盖板(包括注水口盖板、注砂口盖板、截断阀门盖板)动作灵活无卡滞。 4. 各安装螺栓防松标记清晰,无错位。 5. 圆形安全锁、裙板锁紧锁分解检修。(适用于 CRH1 系列动车组)	1. 小盖板滑道润滑不到位造成卡滞。 2. 裙板、小盖板锁滑丝,造成假锁闭	

续上表

序号	检查项点	检查依据	检查重点	易发问题	备注
6	裙板检修	4.《和谐1A、1B、1E型动车组三级检修规程》(铁总运〔2016〕202号) 5.《和谐1A、1B、1E型动车组四级检修规程》(铁总机辆〔2018〕211号) 6.《和谐5A/5G型动车组三级检修规程》(铁总运〔2016〕236号) 7.《和谐5A型动车组四级检修规程》(铁总运〔2014〕123号) 8.《国铁集团机辆部关于公布和谐号动车组高级修优化内容的通知》(机辆动客函〔2020〕35号)	(二)四级修 1. 制动控制模块、废排单元、风源、变压器冷却单元和变流器冷却单元对应裙板螺纹锁更新。(适用于CRH3系列动车组) 2. 更新裙板锁紧锁,安全锁分解检修。(适用于CRH1系列动车组) 3. 更换锁芯。(适用于CRH5系列动车组)		

续上表

序号	检查项点	检查依据	检查重点	易发问题	备注
7	底板检修	1.《和谐3型动车组高级修检修规程》(铁总机辆〔2018〕211号) 2.《CRH2A/2C/380A平台动车组高级修检修规程》(铁机辆〔2021〕115号) 3.《CR400AF、BF平台动车组三级检修规程》(铁机辆〔2020〕35号) 4.《和谐1A、1B、1E型动车组三级检修规程》(铁总运〔2016〕202号) 5.《和谐1A、1B、1E型动车组四级检修规程》(铁总机辆〔2018〕211号)	(一)三级修 1. 设备舱底板无损伤、裂纹。 2. 设备舱底板锁结构、卡环等无缺失或损坏。底板铆钉无缺失或松动。防脱销无缺失、卡滞,防脱销伸缩灵活。固定防脱销的螺栓无缺失或损伤。 3. 设备舱底板锁闭功能正常。 4. 各安装螺栓安装牢固,防松标记清晰,无错位。 5. 更新底板密封胶条。(适用于CRH1系列动车组)	1. 底板铆钉缺失或松动,造成底板脱落。 2. 底板密封失效,雨、雪进入设备舱造成电气性能下降	

续上表

序号	检查项点	检查依据	检查重点	易发问题	备注
7	底板检修	6.《和谐 5A/5G 型动车组三级检修规程》(铁总运〔2016〕236 号) 7.《和谐 5A 型动车组四级检修规程》(铁总运〔2014〕123 号)	(二)四级修 1. 底板锁更新。(适用于 CRH1 系列动车组) 2. 设备舱底板锁扣盖更新。(适用于 CRH3C 系列动车组)		
8	设备舱检修	1.《和谐 3 型动车组高级修检修规程》(铁总机辆〔2018〕211 号) 2.《CRH2A/2C/380A 平台动车组高级修检修规程》(铁机辆〔2021〕115 号) 3.《CR400AF、BF 平台动车组三级检修规程》(铁机辆〔2020〕35 号)	1. 设备舱支架可视焊缝无裂纹。 2. 设备舱支架无影响安装和功能的变形。 3. 设备舱端板无严重击打变形、受损及开裂	设备舱支架裂纹	

续上表

序号	检查项点	检查依据	检查重点	易发问题	备注
8	设备舱检修	4.《和谐1A、1B、1E型动车组三级检修规程》(铁总运〔2016〕202号) 5.《和谐1A、1B、1E型动车组四级检修规程》(铁总机辆〔2018〕211号) 6.《和谐5A/5G型动车组三级检修规程》(铁总运〔2016〕236号) 7.《和谐5A型动车组四级检修规程》(铁总运〔2014〕123号)			
9	风挡检修	1.《和谐3型动车组高级修检修规程》(铁总机辆〔2018〕211号)	(一)三级修 1. 内风挡支撑棚布的框架无断裂;渡板组成零件无缺失,锁定机构功能正常;滑架组成状态良好;	1. 风挡密封、板簧功能失效造成途中异响。 2. 紧固件扭矩漏打或扭矩不符合要求。	

续上表

序号	检查项点	检查依据	检查重点	易发问题	备注
9	风挡检修	2.《CRH2A/2C/380A平台动车组高级修检修规程》(铁机辆〔2021〕115号) 3.《CR400AF、BF平台动车组三级检修规程》(铁机辆〔2020〕35号) 4.《和谐1A、1B、1E型动车组三级检修规程》(铁总运〔2016〕202号) 5.《和谐1A、1B、1E型动车组四级检修规程》(铁总机辆〔2018〕211号) 6.《和谐5A/5G型动车组三级检修规程》(铁总运〔2016〕236号) 7.《和谐5A型动车组四级检修规程》(铁总运〔2014〕123号)	板簧无裂纹、损伤或锈蚀;紧固件防松标记清晰,无错位。(适用于CRH3、CRH5、CR400AF、CR400BF系列动车组) 2. 内风挡框架无裂纹;锁闭把手锁闭状态良好;紧固件无松动,密封良好。内风挡胶囊、密封条、侧护板、顶护板等无影响功能的损伤。(适用于CRH380A、CRH2系列动车组) 3. 风挡状态良好,活动踏板安装牢固,折页状态良好;折棚壁无孔洞、脱出;安装框安装牢固。(适用于CRH1系列动车组) 4. 外风挡框架结构无损伤;紧固件防松标记清晰,无错位。 (二)四级修 内风挡胶囊剩余寿命少于6年时更新(胶囊自生产之日起寿命为12年),密封条更新。(适用于CRH380A、CRH2系列动车组)	3. 未按规定周期更新内风挡胶囊	

续上表

序号	检查项点	检查依据	检查重点	易发问题	备注
10	全自动车钩检修（适用于 CRH1、CRH3、CRH5、CR400AF、CR400BF 型动车组）	1.《和谐 3 型动车组高级修检修规程》（铁总机辆〔2018〕211 号） 2.《CR400AF、BF 平台动车组三级检修规程》（铁机辆〔2020〕35 号） 3.《和谐 1A、1B、1E 型动车组三级检修规程》（铁总运〔2016〕202 号） 4.《和谐 1A、1B、1E 型动车组四级检修规程》（铁总机辆〔2018〕211 号）	（一）三级修 1. 车钩无损伤或锈蚀。机械车钩、钩舌、连挂杆、拉簧状态良好，无损坏，连挂组成转动灵活。各零部件安装牢固，无缺失。 2. 电钩伸缩功能正常，电钩保护盖机构及密封圈无损坏，接触体（包含动触头、静触头、插针组件和插孔组件）或触点无损坏、变形、缺失，动触头（触点）回弹功能正常。 3. 气路部件、电气部件功能正常，各部件状态良好。 4. 车钩距轨面高度符合要求。 5. 车钩自动对中功能正常。（适用于 SCHAKU-CRH380AC 非高寒型和 MJGH-NA 型车钩） 6. 手动解钩装置功能正常。	1. 电钩触头松动、接触不良或清洁不到位，造成动车组重联故障。 2. 连挂机构润滑不到位，造成重联故障。 3. 必换件未按要求更新	

续上表

序号	检查项点	检查依据	检查重点	易发问题	备注
10	全自动车钩检修(适用于CRH1、CRH3、CRH5、CR400AF、CR400BF型动车组)	5.《和谐5A/5G型动车组三级检修规程》(铁总运〔2016〕236号) 6.《和谐5A型动车组四级检修规程》(铁总运〔2014〕123号)	(二)四级修 1. 拆卸的所有紧固件更新,车钩与车体连接的紧固件更新(若上部两个螺栓在司机室内,无需更新);在试验台上,验证车钩伸出、锁闭、缩回功能正常,进行连挂和解钩试验,连挂和解钩动作顺畅;对车钩进行气密性试验。(适用于CRH3系列动车组) 2. 对车钩机械钩头卡口探伤;车钩机械钩头内中心枢轴、连挂杆、钩舌、连挂杆销等车钩零部件探伤检查。二位五通阀、注油嘴、防尘帽更新,解钩绳、绳索轮、拉簧更新。电钩与机械车钩分解,电动钩头拉簧更新,导向杆上的衬套更新。(适用于CRH3系列动车组)		

续上表

序号	检查项点	检查依据	检查重点	易发问题	备注
10	全自动车钩检修（适用于CRH1、CRH3、CRH5、CR400AF、CR400BF型动车组）		3. 更新车钩与车体安装所需紧固件；车钩头中枢须注油；车钩头、解钩气缸、风管接头、气路连接、电钩操纵机构、电钩、车钩牵引杆的重要零部件更新；电钩检修后进行功能及耐压测试；车钩组装后进行气密性检查。（适用于CRH1系列动车组） 4. 自动车钩下车检修，橡胶件及所有拆卸的紧固件更新；机械钩头、钩板、车钩连挂连接、套筒卡箍单元及枢轴座等机械连接部件磁粉探伤。机械钩头、解钩手柄模块、机械指示阀单元、气缸模块、缓冲器单元、支撑定心单元、枢轴座模块、左右电钩、左右电钩驱动模块、气动系统模块、加热器模块分解检修。（适用于CRH5系列动车组）		

续上表

序号	检查项点	检查依据	检查重点	易发问题	备注
11	半自动车钩检修(适用于CRH1、CRH3、CR400AF、CR400BF型动车组)	1.《和谐3型动车组高级修检修规程》(铁总机辆〔2018〕211号) 2.《CR400AF、BF平台动车组三级检修规程》(铁机辆〔2020〕35号) 3.《和谐1A、1B、1E型动车组三级检修规程》(铁总运〔2016〕202号) 4.《和谐1A、1B、1E型动车组四级检修规程》(铁总机辆〔2018〕211号)	1. 车钩紧固件安装牢固,无缺失,防松标记清晰无错位。 2. 车钩对中功能正常。(适用于MJGH-NA1型车钩) 3. 车钩伸出和缩回功能正常。伸出和缩回到位后,检查弹簧指示销位于指针正上方。(适用于SCHAKU-CRH380SAC型车钩) 4. 手动解钩装置工作正常	1. 手动解钩装置锈蚀。 2. 车钩紧固件松动	
12	半永久车钩检修(适用于CRH1、CRH3、CRH5、CR400AF、CR400BF型动车组)	1.《和谐3型动车组高级修检修规程》(铁总机辆〔2018〕211号) 2.《CR400AF、BF平台动车组三级检修规程》(铁机辆〔2020〕35号)	(一)三级修 1. 车钩零部件无损伤或锈蚀;车钩牵引杆无漏油(适用于CRH3系列动车组),牵引杆除油并重新涂抹润滑脂(适用于CR400AF、CR400BF系列动车组)。 2. 紧固件防松标记清晰,无错位。	1. 排水孔堵塞或注脂不到位。 2. 探伤件未按规定探伤。 3. 必换件未按规定更新	

续上表

序号	检查项点	检查依据	检查重点	易发问题	备注
12	半永久车钩检修（适用于CRH1、CRH3、CRH5、CR400AF、CR400BF型动车组）	3.《和谐1A、1B、1E型动车组三级检修规程》（铁总运〔2016〕202号） 4.《和谐1A、1B、1E型动车组四级检修规程》（铁总机辆〔2018〕211号） 5.《和谐5A/5G型动车组三级检修规程》（铁总运〔2016〕236号） 6.《和谐5A型动车组四级检修规程》（铁总运〔2014〕123号）	3. 接地线无破损，连接紧固。 4. 动车组解编检修时，更换车钩风管接头内的密封圈，更换卡环连接螺栓、螺母和垫片。动车组编组检修时，检查下卡环排水孔无堵塞，卡环注满润滑脂；卡环连接螺栓、螺母防松标记清晰，无错位；车钩风管接头无漏泄。（适用于CRH1、CRH3、CR400AF、CR400BF系列动车组） （二）四级修 1. 半永久车钩分解检修，橡胶轴承更新。分解带缓冲器的半永久性车钩的牵引杆组成；检查摩擦弹簧无损伤；检测气液缓冲器功能正常。 2. 车钩卡环探伤，无裂纹。牵引杆卡口、枢轴探伤，无裂纹。 3. 拆卸的紧固件更新。半永久性车钩的全长符合要求。对车钩进行气密性试验、电阻试验。 4. CRH5系列动车组半永久车钩四级修检修要求同三级修		

续上表

序号	检查项点	检查依据	检查重点	易发问题	备注
13	统型过渡车钩检修	1.《和谐3型动车组高级修检修规程》(铁总机辆〔2018〕211号) 2.《CRH2A/2C/380A平台动车组高级修检修规程》(铁机辆〔2021〕115号) 3.《CR400AF、BF平台动车组三级检修规程》(铁机辆〔2020〕35号) 4.《和谐1A、1B、1E型动车组三级检修规程》(铁总运〔2016〕202号) 5.《和谐1A、1B、1E型动车组四级检修规程》(铁总机辆〔2018〕211号) 6.《和谐5A/5G型动车组三级检修规程》(铁总运〔2016〕236号) 7.《和谐5A型动车组四级检修规程》(铁总运〔2014〕123号)	(一)三级修 1. 过渡车钩各模块及附件无缺失,无裂损、变形。 2. 对模块2的钩舌腔和钩舌表面涂抹润滑脂,转动钩舌,动作良好。对模块3的钩舌和连挂杆进行润滑,转动钩舌,动作良好。 3. 空气软管无鼓包、破裂,与钩体连接处无松动。 4. 过渡车钩与自动车钩钩头配合良好,功能正常。 (二)四级修 1. 各零件无损伤或锈蚀。模块3:锁定弹簧片、扭矩弹簧、制动软管连接器总成更新。模块4:钢丝绳、圆环扣更新。下列部件探伤检查,无裂纹: (1)模块3:焊接钩体、连挂杆、钩舌、中心轴、连挂杆销、连接销。 (2)模块4:焊接钩体、连接销。进行气密试验正常。(适用于CRH3系列动车组) 2. 空气软管更新。(适用于CRH380A、CRH2系列动车组) 3. 检修后进行连挂、解钩测试,功能正常	1. 过渡车钩部件缺失或状态不良。 2. 探伤件未按规定探伤。 3. 必换件未按规定更新	

续上表

序号	检查项点	检查依据	检查重点	易发问题	备注
14	密接式车钩检修(适用于CRH380A、CRH2型动车组)	《CRH2A/2C/380A平台动车组高级修检修规程》(铁机辆〔2021〕115号)	(一)三级修 1. 钩体、解钩杆、解钩锁、拉伸弹簧部位无裂纹、断裂,紧固件状态良好无松脱。端部车钩前端风管橡胶密封圈无破损、龟裂及异常变形。 2. 对端部车钩凸锥、凹锥和钩舌进行清洁、润滑;对端部全自动车钩进行单钩自动和手动解钩动作检查,对端部半自动车钩进行单钩手动解钩动作检查,动作无卡滞。 3. 车辆解编时,对凸锥、凹锥和钩舌进行清洁、润滑;手动拉动中间车钩解钩杆模拟车钩动作过程,部件转动及恢复过程顺畅无卡滞;中间车钩前端风管橡胶密封圈无破损、龟裂及异常变形。 (二)四级修 1. 分解、清洗;外观检查无裂纹及影响功能的损伤。 2. 磁粉探伤部位:钩体,钩舌,解钩杆。 3. 组装后进行风缸动作及气密性试验,车钩连挂、解钩动作顺畅;连挂状态下进行钩气密试验及钩间隙测量。 4. 车钩各尺寸满足限度要求	1. 连挂机构润滑不到位,造成解钩或重联故障。 2. 探伤件未按规定探伤。 3. 必换件未按规定更换	

续上表

序号	检查项点	检查依据	检查重点	易发问题	备注
15	轮对检修	1.《和谐3型动车组高级修检修规程》(铁总机辆〔2018〕211号) 2.《CRH2A/2C/380A平台动车组高级修检修规程》(铁机辆〔2021〕115号) 3.《CR400AF、BF平台动车组三级检修规程》(铁机辆〔2020〕35号) 4.《和谐1A、1B、1E型动车组三级检修规程》(铁总运〔2016〕202号) 5.《和谐1A、1B、1E型动车组四级检修规程》(铁总机辆〔2018〕211号) 6.《和谐5A/5G型动车组三级检修规程》(铁总运〔2016〕236号) 7.《和谐5A型动车组四级检修规程》(铁总运〔2014〕123号)	(一)三级修 1. CRH5、CR400AF系列动车组动力轮对组成分解检修,其他型号动车组动力轮对组成状态检修。轮对检修后进行动平衡检测,轮对动不平衡量、车轮端面跳动量、车轮踏面径向跳动量、轮对电阻值等满足规定要求。轮对内侧距、轮位差、轮辋宽度限度符合规定。 2. 车轮踏面旋修,旋修后踏面区域间隙、轮缘内侧面间隙、滚动圆直径、表面粗糙度等满足要求。 3. 空心车轴和车轮按规定超声波探伤,车轴外露金属表面进行磁粉探伤。 (二)四级修 1. 同一车轴上组装的车轮、制动盘均须满足同生产厂家、同型号、同材质。 2. 车轮、制动盘压装符合相关要求。 3. 轮对车轮及轴盘静不平衡位置符合要求	1. 关键尺寸不按规定测量,臆测数据。 2. 轴颈等关键部位缺陷修复不到位,或未通知互检员和技术人员到场确认	

续上表

序号	检查项点	检查依据	检查重点	易发问题	备注
16	轴箱轴承检修	1.《和谐3型动车组高级修检修规程》(铁总机辆〔2018〕211号) 2.《CRH2A/2C/380A平台动车组高级修检修规程》(铁机辆〔2021〕115号) 3.《CR400AF、BF平台动车组三级检修规程》(铁机辆〔2020〕35号) 4.《和谐1A、1B、1E型动车组三级检修规程》(铁总运〔2016〕202号) 5.《和谐1A、1B、1E型动车组四级检修规程》(铁总机辆〔2018〕211号) 6.《和谐5A/5G型动车组三级检修规程》(铁总运〔2016〕236号)	1. 新品轴箱轴承运用(120±12)万km时分解检修;分解检修后运用(120±12)万km报废。 2. 轴箱装置各部无裂纹,更新紧固件及密封垫圈。 3. 轴箱定位节点更新,重新压装轴箱节点前须测量内孔径与轴箱节点外径,配合过盈量满足要求,同一轮对使用同一刚度等级轴箱节点,同一转向架使用不超出相邻刚度等级轴箱节点(适用于CRH3系列动车组)。定位节点刚度检测满足要求,定位节点组装过程中须使用配对加工的轴箱体和压盖,确认两者编号一致(适用于CR400AF系列动车组)。定位节点状态检查,同一轮对轴箱节点不许新旧混用(适用于CR400BF系列动车组)。定位节点状态检查,轴箱定位节点刚度检测满足要求,定位节点寿命为240万km或自生产之日起不大于7年(适用于CRH380A、CRH2系列动车组)。	1. 关键尺寸不按规定测量,臆测数据。 2. 轴承压装完成后贴合力、轴承轴向游隙检测不标准	

续上表

序号	检查项点	检查依据	检查重点	易发问题	备注
16	轴箱轴承检修	7.《和谐5A型动车组四级检修规程》(铁总运〔2014〕123号)	4. 轴箱体内孔尺寸、前盖孔尺寸、后盖孔尺寸、内孔轴承座圆柱度满足要求。(适用于CRH1系列动车组) 5. 轴承压装时须按要求选配轴承。压装完成后检测贴合力、轴向游隙		
17	一系悬挂装置检修	1.《和谐3型动车组高级修检修规程》(铁总机辆〔2018〕211号) 2.《CRH2A/2C/380A平台动车组高级修检修规程》(铁机辆〔2021〕115号) 3.《CR400AF、BF平台动车组三级检修规程》(铁机辆〔2020〕35号) 4.《和谐1A、1B、1E型动车组三级检修规程》(铁总运〔2016〕202号)	(一)三级修 1. 拆下轴箱弹簧外观检查,外露表面无裂纹、折损。 2. 轴箱弹簧挡板无裂纹,调整垫无裂纹。簧间有磨碰压痕时更换;拆下叠层弹簧并做外观检查,无划伤、裂纹缺陷;金属与橡胶结合面无脱胶现象;紧固件无松动;叠层弹簧进行电阻检测。(适用于CRH3、CR400BF系列动车组) 3. 轴箱弹簧进行载荷试验。弹簧钢条直径磨耗、接触处磨耗不超限。(适用于CR400AF、CRH380A、CRH2、CRH1、CRH5系列动车组)	1. 轴箱弹簧检查不到位,造成缺陷漏检。 2. 一系垂向减振器分解时工艺控制不到位,造成后期漏油	

续上表

序号	检查项点	检查依据	检查重点	易发问题	备注
17	一系悬挂装置检修	5.《和谐1A、1B、1E型动车组四级检修规程》(铁总机辆〔2018〕211号) 6.《和谐5A/5G型动车组三级检修规程》(铁总运〔2016〕236号) 7.《和谐5A型动车组四级检修规程》(铁总运〔2014〕123号)	4. 一系垂向减振器分解检修。减振器两端橡胶节点外观检查,缺陷超限时更换;橡胶节点寿命不超期;所有橡胶密封件更新;减振器性能试验合格。 5. 拆下上拉杆组成,更新弹性套。拆下下拉杆组成,更新下拉杆横向垫、下拉杆弹性节点、双层弹性节点及紧固件。 (二)四级修 1. 一系叠层弹簧、一系支座更新,对轴箱弹簧组进行载荷试验,并测量内、外圈弹簧自由状态下垂直度。(适用于CRH3系列动车组) 2. 轴箱弹簧表面磁粉探伤,绝缘罩更新。(适用于CRH380A、CRH2系列动车组) 3. 更新一系橡胶节点、绝缘垫及橡胶止挡。(适用于CRH1系列动车组)		

续上表

序号	检查项点	检查依据	检查重点	易发问题	备注
18	二系悬挂装置检修	1.《和谐3型动车组高级修检修规程》(铁总机辆〔2018〕211号) 2.《CRH2A/2C/380A平台动车组高级修检修规程》(铁机辆〔2021〕115号) 3.《CR400AF、BF平台动车组三级检修规程》(铁机辆〔2020〕35号) 4.《和谐1A、1B、1E型动车组三级检修规程》(铁总运〔2016〕202号) 5.《和谐1A、1B、1E型动车组四级检修规程》(铁总机辆〔2018〕211号)	1. 新品空气弹簧运行(120±12)万km状态检修;状态检修后运行(120±12)万km分解检修,并随车组运行至下次高级修报废。同一转向架两处空气弹簧气囊须同新或同旧,同一辆车上须使用同一型号空气弹簧的气囊。气囊及辅助弹簧外表面外观状态检查;气密性检测合格。(适用于CRH3、CR400BF系列动车组) 2. 空气弹簧每运行360万km或10年时胶囊及橡胶座更新。上下进气口处O形圈更新;无负荷及空气排空的状态下测量空气弹簧橡胶堆高度满足要求;气密性试验合格。(适用于CR400AF、CRH380A、CRH2系列动车组) 3. 空气弹簧胶囊外观检查,缺陷超限时更换;气密性试验合格。(适用于CRH1系列动车组)	1. 空气弹簧检查不到位,造成缺陷漏检。 2. 减振器分解时工艺控制不到位,造成后期漏油	

续上表

序号	检查项点	检查依据	检查重点	易发问题	备注
18	二系悬挂装置检修	6.《和谐 5A/5G 型动车组三级检修规程》(铁总运〔2016〕236 号) 7.《和谐 5A 型动车组四级检修规程》(铁总运〔2014〕123 号)	4. 空气弹簧组成每运营 360 万 km 或 8 年结合高级修更换新品。外观检查后,气密性试验合格。(适用于 CRH5 系列动车组) 5. 横向减振器、二系垂向减振器、抗蛇行减振器、车端减振器检修要求同一系垂向减振器。 6. 高度阀杆球接头更新;高度阀、管接头及弯头保留在枕梁上不分解,高度阀功能试验正常(适用于 CRH3、CR400BF 系列动车组)。四级修高度阀分解检修,弹簧、密封圈、阀头、滤尘网等更新,组装后进行功能试验;高度阀调整杆更新(适用于 CRH3 系列动车组)。 7. 高度调整阀分解检修,橡胶件、磨耗件、过滤器等更新;硅油更新;气密性试验、不感应区试验、时间迟延试验合格。(适用于 CR400AF、CRH380A、CRH2 系列动车组) 8. 高度阀、差压阀三级修测试功能正常,四级修分解检修。(适用于 CRH5 系列动车组)		

续上表

序号	检查项点	检查依据	检查重点	易发问题	备注
18	二系悬挂装置检修		9. 高度控制阀调整螺杆及调整螺母的螺纹完好;球铰保险卡箍的尾部须入槽,内卡簧无明显磨损;润滑球铰。四级修高度控制阀分解检修,检修后在试验台上试验,功能正常;更换连接密封件及紧固件。(适用于 CRH1 系列动车组) 10. 抗侧滚扭杆:扭杆组成、连杆组成外观状态检查,杆体、杆座无裂纹、凹陷及变形;测量扭杆外径和轴承内径之差不超限;扭杆轴承组装前须在内、外面涂锂基润滑脂;扭杆轴承防尘圈更新(适用于 CR400AF、CRH380A、CRH2 系列动车组)。外观检查,出现裂纹时,抗侧滚扭杆更换;衬套组成内磨滑套及密封圈更新(适用于 CRH3、CR400BF 系列动车组);抗侧滚扭杆扭臂、连杆组成磁粉探伤(适用于 CRH1 系列动车组)。四级修衬套组成和功能垫更新(适用于 CRH3		

续上表

序号	检查项点	检查依据	检查重点	易发问题	备注
18	二系悬挂装置检修		系列动车组）；轴承座、连杆座分解后，扭杆轴、扭转臂、连杆杆体等主要承载件磁粉探伤，连杆缓冲橡胶、连杆组成的杆端轴承更新（适用于 CRH380A、CRH2 系列动车组）；更新抗侧滚扭杆连杆轴套及橡胶轴承（适用于 CRH1 系列动车组）；更新带整体防尘盖的球形节点、弹性节点及安装紧固件（适用于 CRH5 系列动车组）		
19	齿轮箱组成检修	1.《和谐 3 型动车组高级修检修规程》（铁总机辆〔2018〕211 号） 2.《CRH2A/2C/380A 平台动车组高级修检修规程》（铁机辆〔2021〕115 号） 3.《CR400AF、BF 平台动车组三级检修规程》（铁机辆〔2020〕35 号）	（一）三级修 1. 齿轮箱可视部位无裂纹。磁性油堵表面无金属碎屑聚集。油位观察窗、油堵、油封密封处无渗漏；齿轮箱紧固件紧固状态良好，无松动。清洗后重新加入齿轮箱润滑油。（适用于 CRH1、CRH3、CR400BF 系列动车组） 2. 分解齿轮箱上盖，齿轮啮合面检查，有毛刺时打磨消除；大轴承与大齿轮之间弛缓线无错位，上盖	1. 齿轮箱清洗不到位。 2. 齿轮箱未按规定量注油。 3. 齿轮箱未按规定进行性能试验。	

续上表

序号	检查项点	检查依据	检查重点	易发问题	备注
19	齿轮箱组成检修	4.《和谐1A、1B、1E型动车组三级检修规程》(铁总运〔2016〕202号) 5.《和谐1A、1B、1E型动车组四级检修规程》(铁总机辆〔2018〕211号) 6.《和谐5A/5G型动车组三级检修规程》(铁总运〔2016〕236号) 7.《和谐5A型动车组四级检修规程》(铁总运〔2014〕123号)	用垫片更新;测量齿轮箱齿隙满足限度要求;大齿轮磁粉探伤检查,齿轮齿面、齿根无裂纹;大、小齿轮侧防尘圈更新;通气装置分解检修,垫片、浮标及填充物更新;清洗栓、注油栓、排油栓、磁栓用垫片更新;齿轮箱吊杆组成及安全托架分解检查。(适用于CR400AF系列动车组) 3. 齿轮箱分解上盖,齿轮啮合面有毛刺时消除,无裂纹缺陷。大轴承与大齿轮之间的弛缓线无错位。大齿轮、小齿轮轴组成磁粉探伤检查。分解齿轮箱通气装置,管内填充物及管支架的紧固件更新。齿轮箱吊杆组成及安全托座分解检查,吊杆螺栓磁粉探伤。吊杆橡胶垫寿命为240万km或自生产之日起不超过7年。(适用于CRH380A、CRH2系列动车组,SE363型齿轮箱除外)	4. 探伤件未按规定探伤。 5. 必换件未按规定更新	

续上表

序号	检查项点	检查依据	检查重点	易发问题	备注
19	齿轮箱组成检修		4. 分解齿轮箱组成。拆下大齿轮，检查大、小齿轮，更新所有紧固件。更新齿轮箱内所有轴承、所有密封圈、后盖油槽。小齿轮轴承内环、轴承外环宽度及平行度满足要求。更新齿轮箱排气阀组成。分解齿轮箱吊杆组成，更新两端吊杆弹性衬套组成和关节轴承等。跑合试验正常。（适用于 CRH5 系列动车组） （二）四级修 1. 齿轮箱分解检修，紧固件更新。C 形支架叠层弹簧更新，对 C 形支架高应力区域进行磁粉或渗透探伤检查；箱体机加工配合面进行渗透探伤。齿轮箱输出、输入端滚动轴承更新。对齿轮箱进行例行试验：齿轮箱试验过程中，检测轴承最高允许温度不超标、润滑油最高允许温度不超标。振动测试合格。（适用于 CRH3 系列动车组）		

续上表

序号	检查项点	检查依据	检查重点	易发问题	备注
19	齿轮箱组成检修		2. 小齿轮侧圆锥滚子轴承、大齿轮侧截油环（乙）更新（GU63-31/35 型齿轮箱）。大、小齿轮轴承更新；齿轮箱各座外露金属表面须进行磁粉探伤检查；集流环、挡油环、轴承、大齿轮组装过盈量满足要求（G314/301、KD580/575/653/578-A-M 型齿轮箱）。 3. 分解检查齿轮箱，装配时测量小齿轮轴承轴向间隙、大齿轮轴向距离、轴承与车轴的过盈量、大齿轮轴承间隙、大小齿轮间齿隙值满足要求。更新齿轮箱圆柱滚子轴承、四点球轴承及轮轴圆锥滚子轴承，更新油位仪。装配完成后，进行跑合试验。（适用于 CRH1 系列动车组）		
20	联轴节检修	1.《和谐 3 型动车组高级修检修规程》（铁总机辆〔2018〕211 号）	1. ZK177 型联轴节：三级修检查联轴节无裂纹、漏油；联轴节连接紧固件及 O 形圈更换；电机侧联轴节压装压入深度满足要求；电机	1. 联轴节未按规定量注油或注脂。 2. 未按规定进行密封性等各试验。	

续上表

序号	检查项点	检查依据	检查重点	易发问题	备注
20	联轴节检修	2.《CRH2A/2C/380A平台动车组高级修检修规程》(铁机辆〔2021〕115号) 3.《CR400AF、BF平台动车组三级检修规程》(铁机辆〔2020〕35号) 4.《和谐1A、1B、1E型动车组三级检修规程》(铁总运〔2016〕202号) 5.《和谐1A、1B、1E型动车组四级检修规程》(铁总机辆〔2018〕211号)	侧联轴节压装完成后,衬套端面与电机轴端面高度差不超限;电机侧联轴节压装完成后须保压,保压后推力泵压强不小于25 MPa。四级修联轴节分解检修,润滑油(脂)更新;电机侧半联轴节滑移衬套更新;半联轴节重新组装后进行气密性试验。 2. ZBG240型联轴节:三级修检查联轴节无裂纹、渗漏;联轴器啮合齿部位无机械损伤;牵引电机和齿轮侧的半联轴节法兰接头注定量润滑脂;连接紧固件全部更换;电机侧联轴节再次压装压入深度满足要求;电机侧联轴节压装完成后,滑移衬套外端面须高出内齿圈端面不超限;电机侧联轴节压装完成后须保压,保压后推力泵压强不小于25 MPa。四级修联轴节更新。 3. KWD型联轴节:联轴节从电机轴和齿轮箱小轴上退卸,状态检查;各紧固件无松动;表面无渗油、损	3. 探伤件未按规定探伤。 4. 必换件未按规定更新	

续上表

序号	检查项点	检查依据	检查重点	易发问题	备注
20	联轴节检修		坏,沿轴向移动无卡滞,退卸后再次组装须向半联轴节内注入定量润滑油;检测锥度配合面贴合率、产品间锥度配合面贴合率符合要求;滑移衬套、O 形圈及连接用螺栓组更新(CR400AF 系列动车组)。联轴节无裂纹、渗漏现象;联轴节补充注润滑脂;连接紧固件及 O 形圈更换(CR400BF、BF-A、BF-B 系列动车组)。联轴节分解检修,润滑脂更新;所有拆卸紧固件及 O 形圈更新;电机侧鼓形齿内孔直径满足新造尺寸要求,齿轮箱侧鼓形齿内锥孔锥度及尺寸满足新造要求;电机侧半联轴节滑移衬套更新;半联轴节重新组装后进行气密性试验(CR400BF-G 系列动车组)。联轴节状态检查,各紧固件目视检查无松动;O 形圈及连接螺栓组更新,润滑油更新(适用于 CRH380A、CRH2、CRH1 系列动车		

续上表

序号	检查项点	检查依据	检查重点	易发问题	备注
20	联轴节检修		组);四级修分解检修,测量鼓形齿公法线及鼓形齿压入端面距离满足要求,半联轴节组装后气密性试验合格,润滑油/润滑脂更新(适用于CRH380A、CRH2系列动车组);四级修分解检修,拆卸前,标记毂齿与环齿上组装位置,检修过程中该标记不许丢失,组装时齿套和齿毂须严格按照此标记进行组装,并更新密封垫、连接螺栓等零部件,压装后24 h后反拉试验(适用于CRH1系列动车组)。 4. ESCO型联轴节:分解检查,O形圈、密封装置及紧固件更新;检测锥度配合面贴合率、产品间锥度配合面贴合率符合要求;半联轴节重新组装时在外筒齿轮上涂抹定量的联轴节润滑脂。 5. WN型联轴节:分解检修,小齿轮齿面(含齿顶齿根部位)及外筒齿面(含齿顶齿根部位)磁粉探伤检		

续上表

序号	检查项点	检查依据	检查重点	易发问题	备注
20	联轴节检修		查。半联轴节的外筒和小齿轮的编号须一致。 6. IGW 型联轴节：分解检修，清洗检查各部件；测量毂齿 6 个齿宽尺寸；更新联轴节缓冲圈、O 形圈、塑料堵；每半联轴节加注定量润滑脂；联轴节拉拔试验		
21	万向轴检修	1.《和谐 5A/5G 型动车组三级检修规程》（铁总运〔2016〕236 号） 2.《和谐 5A 型动车组四级检修规程》（铁总运〔2014〕123 号）	（一）三级修 1. 拆卸并检查长度补偿装置，滑动键组成发生异常磨耗时更换万向轴。 2. 拆卸万向轴单元包。更新全部轴承衬套、单元包十字轴及安装紧固件。 3. 测量弯曲度值、弯矩值及径跳值。进行动平衡测试及配平。 （二）四级修 运营里程达 240 万 km 的万向轴更换新品，运营里程未达到 240 万 km 的万向轴（剩余寿命须大于 60 万 km）按相关规定分解检修	1. 万向轴未按规定量注脂。 2. 未按规定进行动平衡测试或配平。 3. 未按规定进行关键尺寸测量	

续上表

序号	检查项点	检查依据	检查重点	易发问题	备注
22	牵引装置检修	1.《和谐3型动车组高级修检修规程》(铁总机辆〔2018〕211号) 2.《CRH2A/2C/380A平台动车组高级修检修规程》(铁机辆〔2021〕115号) 3.《CR400AF、BF平台动车组三级检修规程》(铁机辆〔2020〕35号) 4.《和谐1A、1B、1E型动车组三级检修规程》(铁总运〔2016〕202号) 5.《和谐1A、1B、1E型动车组四级检修规程》(铁总机辆〔2018〕211号) 6.《和谐5A/5G型动车组三级检修规程》(铁总运〔2016〕236号) 7.《和谐5A型动车组四级检修规程》(铁总运〔2014〕123号)	1. 牵引拉杆杆体外观状态检查,无异常磕碰、损伤;橡胶节点无明显破损、龟裂、老化现象。四级修牵引拉杆节点、轴套(如有)更新。 2. 中心销状态良好,无裂纹、变形等缺陷,中心销套橡胶部位无裂纹缺陷。四级修中心销套节点更新(适用于CRH3、CR400AF、CR400BF系列动车组)。四级修关键部位焊缝磁粉探伤合格(适用于CRH380A、CRH2系列动车组)。 3. 牵引梁无裂纹。 4. 四级修分解牵引装置,牵引拉杆磁粉探伤,牵引梁渗透探伤。(适用于CRH5系列动车组)	1. 探伤件未按规定探伤。 2. 必换件未按规定更新。 3. 关键部件裂纹漏检	

续上表

序号	检查项点	检查依据	检查重点	易发问题	备注
23	制动盘检修	1.《和谐3型动车组高级修检修规程》(铁总机辆〔2018〕211号) 2.《CRH2A/2C/380A平台动车组高级修检修规程》(铁机辆〔2021〕115号) 3.《CR400AF、BF平台动车组三级检修规程》(铁机辆〔2020〕35号) 4.《和谐1A、1B、1E型动车组三级检修规程》(铁总运〔2016〕202号) 5.《和谐1A、1B、1E型动车组四级检修规程》(铁总机辆〔2018〕211号) 6.《和谐5A/5G型动车组三级检修规程》(铁总运〔2016〕236号) 7.《和谐5A型动车组四级检修规程》(铁总运〔2014〕123号)	1. 制动盘紧固件按要求进行外观检查及扭矩校核(CRH1、CRH5系列动车组无扭矩校核要求;CRH2系列动车组注油轮对制动盘螺栓无扭矩校核要求,但需探伤检查)。 2. 制动盘允许存在发纹,无穿透裂纹。制动盘裂纹、划痕、磨损符合限度要求。 3. 轴装制动盘注油堵无松动	1. 制动盘未按规定进行扭矩校核。 2. 制动盘裂纹、划痕、磨损超限	

续上表

序号	检查项点	检查依据	检查重点	易发问题	备注
24	制动夹钳装置检修	1.《和谐3型动车组高级修检修规程》(铁总机辆〔2018〕211号) 2.《CRH2A/2C/380A平台动车组高级修检修规程》(铁机辆〔2021〕115号) 3.《CR400AF、BF平台动车组三级检修规程》(铁机辆〔2020〕35号) 4.《和谐1A、1B、1E型动车组三级检修规程》(铁总运〔2016〕202号) 5.《和谐1A、1B、1E型动车组四级检修规程》(铁总机辆〔2018〕211号) 6.《和谐5A/5G型动车组三级检修规程》(铁总运〔2016〕236号)	(一)三级修 1. 机械部件无裂纹、变形或损坏等缺陷;紧固件无松动、缺失;波纹管无破裂。销轴活动自如,无损坏,管路连接牢固。闸片托外观状态良好无损坏、裂纹,连接件无松动、缺失或失效。(适用于CRH3、CR400AF、CR400BF系列动车组) 2. 液压制动夹钳:制动卡钳分解检修,拆解的紧固件、挡圈、密封圈、隔热板、波纹管更新;闸调器、球面轴承状态检查;卡钳本体、支持架和外侧闸片托磁粉探伤;分解后测量主要部件尺寸符合要求;组装后进行气密试验、初期低压漏油试验、低压动作试验、初期高压漏油试验、高压动作试验、低压漏油试验、高压漏油试验。(适用于CRH2系列动车组) 3. 气动制动夹钳:外观状态检查,波纹管无破损,转动悬架转轴无卡滞。夹钳平行杆滑块磨耗不超限。(适用于CRH380A、CRH2系列动车组)	1. 未按规定进行组装或性能试验,造成后期夹钳漏油、偏磨。 2. 探伤件未按规定探伤。 3. 必换件未按规定更新	

续上表

序号	检查项点	检查依据	检查重点	易发问题	备注
24	制动夹钳装置检修	7.《和谐5A型动车组四级检修规程》(铁总运〔2014〕123号)	4. 制动夹钳转动灵活,作用良好;组装螺栓无松动,对外露可操作螺栓70%扭矩检查;更换拖车制动夹钳平衡架滑块,拆下的紧固件更新。(适用于CRH1系列动车组) 5. 制动夹钳单元机械部件无裂纹、变形或腐蚀等缺陷;紧固件无松动、缺失或失效,连接牢固。销轴处须活动自如。(适用于CRH5系列动车组) (二)四级修 1. 制动夹钳装置分解检修;除吊杆螺栓、杠杆螺栓、闸片托螺栓、制动缸固定螺栓外的紧固件、所有橡胶件和磨耗到限的零部件更新;制动缸分解检修,缸体无裂纹;吊杆螺栓和杠杆螺栓探伤检查;组装后,进行外观尺寸检查,强度试验、漏泄试验、间隙调整试验、复位机构试验合格;带停放制动的制动夹钳装置还须做弹簧停放制动力、制动行程和最小缓解压力测试、辅助缓解机构试验。(适用于CRH3系列动车组)		

续上表

序号	检查项点	检查依据	检查重点	易发问题	备注
24	制动夹钳装置检修		2. 液压制动夹钳闸调器分解检修，各零件状态无损伤、变形等。气动制动夹钳分解检修，弹簧垫片、气缸隔膜、螺栓、O 形圈、密封圈、圆柱销、弹性挡圈、弹垫、轴套、卡箍、滑块更新；各零部件尺寸检查，超限时更新；检修后进行强度、漏泄、夹紧力、常用制动最大行程、灵活性、闸调器测试等性能试验合格。（适用于 CRH2 系列动车组） 3. 制动夹钳分解检修，更新制动夹钳卡簧、平衡杆滑块。检修后制动夹钳在试验台上试验，功能正常。（适用于 CRH1 系列动车组） 4. 分解制动夹钳单元，销轴磨耗量、衬套磨耗量、闸片托燕尾槽磨耗、闸片托与闸片端部接触面的磨损在限度范围内。杠杆吊座上的三个销体探伤检查。制动缸分解检修。组装后，进行外观尺寸检查，进行强度试验（耐压试验）、漏泄试验、间隙调整试验、复位机构试验。带停放制动的制动夹钳单元还须做弹簧停放制动力、制动行程和最小缓解压力测试、辅助缓解机构试验。（适用于 CRH5 系列动车组）		

续上表

序号	检查项点	检查依据	检查重点	易发问题	备注
25	安全及监测装置检修	1.《和谐 3 型动车组高级修检修规程》(铁总机辆〔2018〕211 号) 2.《CRH2A/2C/380A 平台动车组高级修检修规程》(铁机辆〔2021〕115 号) 3.《CR400AF、BF 平台动车组三级检修规程》(铁机辆〔2020〕35 号) 4.《和谐 1A、1B、1E 型动车组三级检修规程》(铁总运〔2016〕202 号) 5.《和谐 1A、1B、1E 型动车组四级检修规程》(铁总机辆〔2018〕211 号) 6.《和谐 5A/5G 型动车组三级检修规程》(铁总运〔2016〕236 号)	1. 各传感器检测部位及连接插头安装正确、牢固。连接器外壳、绝缘体无机械损伤及变形,插针无缩针、电蚀、锈蚀、变形等现象。 2. 温度传感器保护套表面无穿透性破损,探针无弯折、变形(拆卸时)。速度传感器线缆不许有穿透性损伤。对温度传感器进行绝缘试验、绝缘电阻试验、阻值检测。四级修时,CRH3 系列动车组更新轴端温度传感器,CRH380A、CRH2 系列动车组轴温实时检测系统温度传感器更新,CRH1 系列动车组更新齿轮箱温度传感器、牵引电机温度传感器。 3. 横向加速度传感器、半主动控制装置加速度传感器、转向架失稳装置加速度传感器等外观状态良好,安装牢固;连接器安装牢固,无影响功能的损伤、锈蚀;连接器插拔时检查连接器插针无缩针、变形、烧损、松动。	1. 电气连接器插针松动、缩针未及时发现。 2. 未按规定进行传感器性能试验。 3. 安装后传感器与测速齿轮间隙不符合要求。 4. 传感器安装时磕碰,表面存在腐蚀、污损	

续上表

序号	检查项点	检查依据	检查重点	易发问题	备注
25	安全及监测装置检修	7.《和谐5A型动车组四级检修规程》(铁总运〔2014〕123号)	4. 速度传感器绝缘测试满足要求,齿轮箱速度传感器耐压测试合格。齿轮箱温度传感器、牵引电机温度传感器耐压试验合格。(适用于CRH1系列动车组) 5. 组装时速度传感器探头与测速齿轮间间隙满足要求,ATP用速度传感器探头、LG速度传感器探头、防滑速度传感器探头安装后与测速齿轮间隙满足要求		
26	接地装置检修	1.《和谐3型动车组高级修检修规程》(铁总机辆〔2018〕211号) 2.《CRH2A/2C/380A平台动车组高级修检修规程》(铁机辆〔2021〕115号) 3.《CR400AF、BF平台动车组三级检修规程》(铁机辆〔2020〕35号)	1. 接地连接碳刷表面掉块或磨耗到限时更换;碳刷可视部位线缆及线缆端子无损伤。适配器、摩擦盘及测速齿轮(如有)无裂纹。 2. 转向架接地装置接地线缆及端子清洁,无灰尘和锈蚀。四级修轴端接地更新恒力弹簧装置。(适用于CRH3系列动车组) 3. 轴端接地装置接地盖无裂纹,密封垫更新(适用于CRH3系列动车组)。接地回流装置外盖脱漆渗透探伤,接地摩擦盘3个安装座渗透	1. 接地装置弹簧压力检测不认真,导致不合格品装车。 2. 轴箱端盖漏打扭矩或扭矩不符合标准要求	

续上表

序号	检查项点	检查依据	检查重点	易发问题	备注
26	接地装置检修	4.《和谐1A、1B、1E型动车组三级检修规程》（铁总运〔2016〕202号） 5.《和谐1A、1B、1E型动车组四级检修规程》（铁总机辆〔2018〕211号） 6.《和谐5A/5G型动车组三级检修规程》（铁总运〔2016〕236号） 7.《和谐5A型动车组四级检修规程》（铁总运〔2014〕123号）	探伤（适用于CRH5系列动车组）。弹簧压力测试、接地装置外壳与线缆之间的绝缘阻值满足要求，绝缘件及O形圈更新（适用于金属壳体轴端接地装置）。 4. 齿轮箱接地装置分解检修，各部件无裂纹；碳刷位于视窗两刻度线之间，有断裂、磨耗到限、碳刷导线的芯线断裂超过10%时电刷须更换；弹簧压力检测合格；安装扭矩符合要求		
27	撒砂装置检修	1.《和谐3型动车组高级修检修规程》（铁总机辆〔2018〕211号） 2.《CRH2A/2C/380A平台动车组高级修检修规程》（铁机辆〔2021〕115号）	（一）三级修 1. 撒砂装置安装臂、托架外表面焊缝无裂纹。安装臂打磨焊缝的外侧焊缝及锯齿部位磁粉探伤检查（适用于CR400AF系列动车组）。关键部位、焊缝磁粉探伤检查合格（适用于CRH380A、CRH2系列动车组）。砂箱喷嘴支座、砂箱保护支座、砂箱加热器安装支座整体磁粉探伤（适用于CRH5系列动车组）。	1. 紧固件漏打扭矩或扭矩不符合标准要求。 2. 探伤件未按规定探伤。 3. 必换件未按规定更换。 4. 撒砂装置喷嘴安装高度不符合规定	

续上表

序号	检查项点	检查依据	检查重点	易发问题	备注
27	撒砂装置检修	3.《CR400AF、BF 平台动车组三级检修规程》(铁机辆〔2020〕35 号) 4.《和谐 1A、1B、1E 型动车组三级检修规程》(铁总运〔2016〕202 号) 5.《和谐 1A、1B、1E 型动车组四级检修规程》(铁总机辆〔2018〕211 号) 6.《和谐 5A/5G 型动车组三级检修规程》(铁总运〔2016〕236 号) 7.《和谐 5A 型动车组四级检修规程》(铁总运〔2014〕123 号)	2. 加热器无裂纹、变形等影响功能的机械性损伤,撒砂调整座及安装座无裂纹。测量撒砂加热器电源线与电源线之间阻值、电源线与接地线之间阻值满足要求(适用于 CRH3 系列动车组)。对撒砂加热器进行绝缘测试(适用于 CRH1 系列动车组)。 3. 砂箱状态良好,无裂纹和破损,紧固件无松动、丢失。 4. 撒砂装置钢丝绳无破损,喷嘴安装高度须符合规定。 (二)四级修 撒砂控制装置、撒砂切换电磁阀、撒砂单元分解检修,更新所有橡胶件以及拆卸过的紧固件,更新撒砂单元加热器,组装完毕后绝缘耐压试验、功能试验和密封功能良好。撒砂加热器组成分解检修,组装完毕后进行绝缘耐压试验和功能试验。砂箱与撒砂单元、砂箱盖组装后进行气密性试验。(适用于 CRH1 系列动车组)		

续上表

序号	检查项点	检查依据	检查重点	易发问题	备注
28	扫石器检修	1.《和谐3型动车组高级修检修规程》(铁总机辆〔2018〕211号) 2.《CRH2A/2C/380A平台动车组高级修检修规程》(铁机辆〔2021〕115号) 3.《CR400AF、BF平台动车组三级检修规程》(铁机辆〔2020〕35号) 4.《和谐1A、1B、1E型动车组三级检修规程(铁总运〔2016〕202号)》 5.《和谐1A、1B、1E型动车组四级检修规程》(铁总机辆〔2018〕211号) 6.《和谐5A/5G型动车组三级检修规程》(铁总运〔2016〕236号) 7.《和谐5A型动车组四级检修规程》(铁总运〔2014〕123号)	1. 拆下扫石器装置。扫石器装置无裂痕、变形等明显机械损伤。 2. 扫石器安装高度符合规定	1. 扫石器安装高度不符合规定。 2. 紧固件漏打扭矩或扭矩不符合标准要求	

续上表

序号	检查项点	检查依据	检查重点	易发问题	备注
29	排障装置检修	1.《和谐3型动车组高级修检修规程》(铁总机辆〔2018〕211号) 2.《CRH2A/2C/380A平台动车组高级修检修规程》(铁机辆〔2021〕115号) 3.《CR400AF、BF平台动车组三级检修规程》(铁机辆〔2020〕35号) 4.《和谐1A、1B、1E型动车组三级检修规程》(铁总运〔2016〕202号) 5.《和谐1A、1B、1E型动车组四级检修规程》(铁总机辆〔2018〕211号) 6.《和谐5A/5G型动车组三级检修规程》(铁总运〔2016〕236号) 7.《和谐5A型动车组四级检修规程》(铁总运〔2014〕123号)	1. 排障器装置无裂痕、变形等明显机械损伤。紧固件状态良好、无松动。 2. 排障器安装高度符合限度表规定。 3. 排障器橡胶板无影响功能的破损。 4. 关键部位、焊缝磁粉探伤检查合格。(适用于CRH380A、CRH2系列动车组)	1. 紧固件漏打扭矩或扭矩不符合标准要求。 2. 排障器安装高度不符合规定	

续上表

序号	检查项点	检查依据	检查重点	易发问题	备注
30	轮缘润滑装置检修	1.《和谐3型动车组高级修检修规程》(铁总机辆〔2018〕211号) 2.《CRH2A/2C/380A平台动车组高级修检修规程》(铁机辆〔2021〕115号) 3.《CR400AF、BF平台动车组三级检修规程》(铁机辆〔2020〕35号) 4.《和谐1A、1B、1E型动车组三级检修规程》(铁总运〔2016〕202号) 5.《和谐1A、1B、1E型动车组四级检修规程》(铁总机辆〔2018〕211号) 6.《和谐5A/5G型动车组三级检修规程》(铁总运〔2016〕236号) 7.《和谐5A型动车组四级检修规程》(铁总运〔2014〕123号)	1. 各部组成无裂纹、松动,零部件齐全,喷嘴无堵塞。 2. 供风供油橡胶软管组成、橡胶软管表面无龟裂、鼓泡和破损等缺陷。 3. 调整喷嘴与轮缘的距离符合规定。 4. 测试轮缘润滑功能正常。 5. 四级修更新所有供风供油橡胶软管组成,更新转向架上的轮缘润滑过滤器、喷嘴、供风供油管路、管接头、管卡及安装紧固件。(适用于CRH5系列动车组)	1. 部件组成裂纹、松动未发现。 2. 安装后喷嘴与轮缘距离不符合要求。 3. 未按规定进行必换件更新	

续上表

序号	检查项点	检查依据	检查重点	易发问题	备注
31	踏面清扫装置检修	1.《和谐3型动车组高级修检修规程》(铁总机辆〔2018〕211号) 2.《CRH2A/2C/380A平台动车组高级修检修规程》(铁机辆〔2021〕115号) 3.《CR400AF、BF平台动车组三级检修规程》(铁机辆〔2020〕35号) 4.《和谐1A、1B、1E型动车组三级检修规程》(铁总运〔2016〕202号) 5.《和谐1A、1B、1E型动车组四级检修规程》(铁总机辆〔2018〕211号) 6.《和谐5A/5G型动车组三级检修规程》(铁总运〔2016〕236号) 7.《和谐5A型动车组四级检修规程》(铁总运〔2014〕123号)	(一)三级修 1. 踏面清扫装置外观状态检查，橡胶波纹管破损时须更新。试验时动作良好无卡滞。 2. 研磨子内外侧厚度尺寸检测合格。 3. 研磨子到车轮轮缘外端面的距离符合要求。(适用于CR400BF系列动车组) (二)四级修 踏面清扫装置分解检修，过滤器、密封件、紧固件、研磨子安装卡簧及橡胶波纹管等更新，重要部件进行尺寸检查合格；组装后动作试验、气密性试验、返回试验、间隙调整试验等合格。(适用于CRH380A、CRH2系列动车组)	1. 关键尺寸未按规定测量。 2. 未按规定进行动作试验。 3. 未按规定进行必换件更新	

续上表

序号	检查项点	检查依据	检查重点	易发问题	备注
32	空压机检修	1.《和谐3型动车组高级修检修规程》(铁总机辆〔2018〕211号) 2.《CRH2A/2C/380A平台动车组高级修检修规程》(铁机辆〔2021〕115号) 3.《CR400AF、BF平台动车组三级检修规程》(铁机辆〔2020〕35号) 4.《和谐1A、1B、1E型动车组三级检修规程》(铁总运〔2016〕202号) 5.《和谐1A、1B、1E型动车组四级检修规程》(铁总机辆〔2018〕211号) 6.《和谐5A/5G型动车组三级检修规程》(铁总运〔2016〕236号)	(一)三级修 1. 滤油芯筒、密封圈、油气分离器更新,加注新压缩机油。 2. SL22-101/SL16-120型空压机:检查油管道过滤器,清洁金属丝滤网,喷嘴须通畅,止推环更新。 3. GAR14BD型空压机:各压接端子无松动、异常变色、锈蚀;各配线及接线状态良好;安全阀动作试验合格;组装后排污电磁阀、膜式干燥器反吹电磁阀、放空电磁阀动作试验合格,管路和膜式干燥器气密性试验合格,绝缘、振动、干燥器露点、电机电压电流测试合格。 4. A1240-HS20-8型空压机:分解检修。压缩机曲轴箱内部清洁;各磨耗零部件相关尺寸符合要求;中间冷却器气密试验合格。电动机分解检修,两端轴承、V形圈、带弹垫螺栓、密封垫更新;组装完成后绝缘、耐压、转矩测试等性能试验合格。电动空气压缩机组装后磨合运转、容积效率、气密、启动、绝缘耐压等性能试验合格。	1. 安全阀、温度继电器(温度开关)未按要求进行功能检测。 2. 未按规定进行空压机性能试验。 3. 未按规定进行必换件更新	

续上表

序号	检查项点	检查依据	检查重点	易发问题	备注
32	空压机检修	7.《和谐5A型动车组四级检修规程》(铁总运〔2014〕123号)	5. 检查温度继电器(温度开关),关断范围满足要求。 6. 清洁干式空气滤清器,滤芯及安全元件更新。 7. 安全阀功能检测,开启压力、完全压力符合要求。(适用于CRH3、CRH5系列动车组) (二)四级修 1. 空压机电机分解检修,清洁定子和转子并做性能检测;驱动端和非驱动端轴承、O形圈、卡簧、弹性垫圈、V形圈更新;电机组装后进行功能测试,功能正常。空压机检修、组装完毕后,进行温升测试、转速测量、油温测量、气密性试验、卸载阀快速卸压压力值测试、最小压力阀测试、排气量测试。(适用于CRH3系列动车组) 2. 膜式干燥器、橡胶连接块、减振垫、排水软管、电控箱线束橡胶垫、电机轴承更新。(GAR14BD型空压机)		

续上表

序号	检查项点	检查依据	检查重点	易发问题	备注
32	空压机检修		3. 每运行720万km时油温开关、排污电磁阀、放空电磁阀、膜式干燥器反吹电磁阀、电控箱内继电器、波纹管更新。(适用于CRH380A系列动车组) 4. 更新主压缩机单元高低压气缸、连杆、活塞、活塞环、活塞销、卡簧;更新曲轴箱轴密封、轴承圈及深槽滚子轴承,更新油位显示器;更新活塞缸的进气阀、排气阀、高压缸安全阀及低压缸减压阀。分解检修电机单元,更新电机深槽滚子轴承、密封圈和O形圈。检修后主压缩机须在试验台上试验,功能正常。(适用于CRH1系列动车组) 5. 压缩机检修组装后进行气密性试验和功能检测。(适用于CRH5系列动车组)		
33	空气管路检修	1.《和谐3型动车组高级修检修规程》(铁总机辆〔2018〕211号)	1. 各管路防松标记无错位,管接头无松动。	1. 空气软管鼓包、表面裂纹超限。	

续上表

序号	检查项点	检查依据	检查重点	易发问题	备注
33	空气管路检修	2.《CRH2A/2C/380A平台动车组高级修检修规程》(铁机辆〔2021〕115号) 3.《CR400AF、BF平台动车组三级检修规程》(铁机辆〔2020〕35号) 4.《和谐1A、1B、1E型动车组三级检修规程》(铁总运〔2016〕202号) 5.《和谐1A、1B、1E型动车组四级检修规程》(铁总机辆〔2018〕211号) 6.《和谐5A/5G型动车组三级检修规程》(铁总运〔2016〕236号) 7.《和谐5A型动车组四级检修规程》(铁总运〔2014〕123号)	2. 空气软管外观无鼓包、污物、破损;压套铆压均匀一致、端正;软管表面裂纹不超限。各橡胶空气软管寿命为8年(适用于CRH380A、CRH2系列动车组)。 3. 单车管路气密性试验合格。(适用于解编车组)	2. 部件拆卸后防护不到位,导致异物进入	

续上表

序号	检查项点	检查依据	检查重点	易发问题	备注
34	受电弓检修	1.《和谐3型动车组高级修检修规程》(铁总机辆〔2018〕211号) 2.《CRH2A/2C/380A平台动车组高级修检修规程》(铁机辆〔2021〕115号) 3.《CR400AF、BF平台动车组三级检修规程》(铁机辆〔2020〕35号) 4.《和谐1A、1B、1E型动车组三级检修规程》(铁总运〔2016〕202号) 5.《和谐1A、1B、1E型动车组四级检修规程》(铁总机辆〔2018〕211号) 6.《和谐5A/5G型动车组三级检修规程》(铁总运〔2016〕236号)	(一)三级修 1. 各部件安装牢固,无变形、裂纹、缺失;供风管路无损伤、弯折,固定良好。 2. 气囊无破损。阻尼器防尘罩无破损,无卡滞、漏油。 3. 手动按压两侧钢丝绳,张紧程度基本一致,外观检查发现绳股有断丝时更新(适用于CRH1、CRH5、CRH380A、CRH2、CR400AF、CR400BF系列动车组)。更新并润滑提升装置钢丝绳,钢丝绳在降弓位置两侧钢丝绳的张紧程度一致(适用于CRH3系列动车组)。 4. 检查高压编织线(软连线)连接牢固,断线大于10%或断股时更新,端子无烧损。 5. 静态压力特性检查、自动降弓装置(ADD)特性、升降弓特性检查合格。测试落弓位保持力合格。(适用于CX系列受电弓) 6. 绝缘子外观检查,标准参照绝缘子检查要求。	1. 受电弓上臂、下臂、底架等裂纹未及时发现。 2. 钢丝绳断股、升弓气囊裂纹未发现。 3. 必换件未按规定更新。 4. 关键尺寸漏测。 5. 升降弓压力不合格	

续上表

序号	检查项点	检查依据	检查重点	易发问题	备注
34	受电弓检修	7.《和谐5A型动车组四级检修规程》(铁总运〔2014〕123号)	(二)四级修 1. 各零部件有缺失和裂纹时更新。 2. 上臂杆组焊、下臂杆组焊、底架组焊、肘接轴承管以及底架轴承管中的焊接件探伤检查,无裂纹。阻尼器分解检修,减振功能不良或漏油时更新。(适用于CRH3系列动车组) 3. 按规定更新轴承、气囊、气路、软连线、密封圈、紧固件等必换件。更新钢丝装配,更新弓头组装中拉簧组成和扭簧。(适用于CRH1系列动车组) 4. 安装后进行尺寸检查和气密性检查,弓头长度、弓头高度、落弓高度等符合要求		
35	真空断路器(主断路器)检修	1.《和谐3型动车组高级修检修规程》(铁总机辆〔2018〕211号)	(一)三级修 1. 真空断路器外观良好,无破损,安装牢固;电气连接牢固,无破损;进气口无漏泄;接地触点弹簧无损坏;排空压力调节器和气缸底部的冷凝水。	1. 未按规定件性能试验。 2. 未按规定更新必换件	

续上表

序号	检查项点	检查依据	检查重点	易发问题	备注
35	真空断路器（主断路器）检修	2.《CRH2A/2C/380A平台动车组高级修检修规程》（铁机辆〔2021〕115号） 3.《CR400AF、BF平台动车组三级检修规程》（铁机辆〔2020〕35号） 4.《和谐1A、1B、1E型动车组三级检修规程》（铁总运〔2016〕202号） 5.《和谐1A、1B、1E型动车组四级检修规程》（铁总机辆〔2018〕211号） 6.《和谐5A/5G型动车组三级检修规程》（铁总运〔2016〕236号） 7.《和谐5A型动车组四级检修规程》（铁总运〔2014〕123号）	2. 主断路器各零部件损伤、变形时更换；金属件无锈蚀；固定螺栓和高压接线、紧固件安装牢固，无松动。互锁接地装置（如有）正常，接地触头及接地夹（如有）应接触可靠。进行分合闸（开关）动作试验、绝缘电阻检测。 3. 绝缘子外观检查，标准参照绝缘子检查要求。 （二）四级修 1. 清洁真空断路器，去除防污闪涂层。检查低压部分，电连接器及辅助触头无机械损伤、变形。电磁阀线圈阻值正常，电磁阀附带的O形圈及膜片更新。传动机构内部状态良好。进行阻值测量、真空泡真空度检查。真空断路器安装用防松螺母和弹簧垫圈更新，安装牢固，防松标记清晰。对真空断路器进行分、合闸试验，分闸时间、合闸时间满足要求。进行工频耐电压试验、绝缘电阻试验。 2. C-CB201S1型主断路器更新。		

续上表

序号	检查项点	检查依据	检查重点	易发问题	备注
35	真空断路器（主断路器）检修		3. C-CB201S3/S3C 型主断路器：电磁阀、压敏电阻、检查罩单元垫片侧密封条、橡胶垫更新。检修后进行耐压、绝缘电阻测量和气密性试验合格。主断路器动作次数不大于 30 万次。 4. TDVC-660/25E 型主断路器：密封件、软管、辅助开关更新。灭弧室组装检测开距和超程满足要求。检修后进行主回路电阻、电磁阀线圈电阻测量，以及减压阀调节、压力继电器动作和耐压试验合格。主断路器动作次数不大于 30 万次。 5. HVCB-ECB-050/HVCB-ENN-060 型主断路器：更新驱动杆上、下橡胶护套；更换带接地装置的主断路器的真空瓶；更新主断路器电容。测量插塞的正面和瓶形外壳之间的间距、主触头开口间隙、触簧长度符合要求。按要求进行功能试验。 6. BVAC. N99 型主断路器：各紧固件无松动，气管及接头无漏风现象。断路器分合闸动作顺畅。绝缘试验、性能检查正常		

续上表

序号	检查项点	检查依据	检查重点	易发问题	备注
36	接地开关检修	1.《和谐 3 型动车组高级修检修规程》(铁总机辆〔2018〕211 号) 2.《CRH2A/2C/380A 平台动车组高级修检修规程》(铁机辆〔2021〕115 号) 3.《CR400AF、BF 平台动车组三级检修规程》(铁机辆〔2020〕35 号) 4.《和谐 1A、1B、1E 型动车组三级检修规程》(铁总运〔2016〕202 号) 5.《和谐 1A、1B、1E 型动车组四级检修规程》(铁总机辆〔2018〕211 号) 6.《和谐 5A/5G 型动车组三级检修规程》(铁总运〔2016〕236 号) 7.《和谐 5A 型动车组四级检修规程》(铁总运〔2014〕123 号)	(一)三级修 1. 接地开关机械及电气连接安装牢固。清洁闸刀和触头弹簧,无严重变形,接地开关表面无严重磨损,触头弹簧片间距满足要求。重新涂抹润滑脂。传动机构各部件动作可靠,配合良好。辅助联锁状态良好,联锁关系逻辑正常。(适用于 CRH1、CRH3、CR400AF、CR400BF 系列动车组) 2. 接地保护开关各紧固件安装良好,防松标记清晰、无错位,箱体无锈蚀。清洁触头滑动面并涂抹润滑脂。闸刀闭合时接触压力满足要求。(适用于 CRH380A、CRH2 系列动车组) (二)四级修 1. 测量闸刀开放角度、低压导电部与大地间绝缘电阻须满足要求。(适用于 CRH380A、CRH2 系列动车组) 2. 更新触头弹簧片及其紧固件并涂润滑油脂。更新接地开关与车顶之间的 O 形圈。更新闸刀及其紧固件。更新软连线及其紧固件。(适用于 CRH1 系列动车组)	1. 未按规定进行关键尺寸测量。 2. 关键部位润滑不到位。 3. 必换件未按规定更新	

续上表

序号	检查项点	检查依据	检查重点	易发问题	备注
37	高压隔离开关检修	1.《和谐 3 型动车组高级修检修规程》(铁总机辆〔2018〕211 号) 2.《CRH2A/2C/380A 平台动车组高级修检修规程》(铁机辆〔2021〕115 号) 3.《CR400AF、BF 平台动车组三级检修规程》(铁机辆〔2020〕35 号) 4.《和谐 1A、1B、1E 型动车组三级检修规程》(铁总运〔2016〕202 号) 5.《和谐 1A、1B、1E 型动车组四级检修规程》(铁总机辆〔2018〕211 号) 6.《和谐 5A/5G 型动车组三级检修规程》(铁总运〔2016〕236 号)	(一)三级修 1. BT25.04/04A/07A、THG7、THGE-1000/25B 型高压隔离开关:分解检修。检查紧固件无松动;自由状态时,触头与凸轮应不接触;拉杆表面和腰形槽内均匀涂抹润滑脂;气缸解体,清洁并润滑,气缸表面无损伤、变形,气缸动作灵活,管螺栓、管接头无滑扣、裂纹;底板密封圈、管螺栓密封圈更新。电磁阀线圈电阻测量合格。 2. 其他型号高压隔离开关:各螺栓连接状态良好,无松动;闸刀、触头状态良好,无电灼伤。闸刀润滑良好,电气连接无松动。自由状态下两簧片(闸板)间的距离、闸刀接触部分厚度、闸刀和接触弹簧(闸板)接触长度满足要求。动作性能试验正常。 (二)四级修 1. BT25.04/04A/07A、THG7、THGE-1000/25B 型高压隔离开关:接触电阻测量及耐压、气密性、动作稳定性、动作电压试验合格。	1. 未按规定测量关键尺寸。 2. 关键部位润滑不到位。 3. 必换件未按规定更新	

续上表

序号	检查项点	检查依据	检查重点	易发问题	备注
37	高压隔离开关检修	7.《和谐5A型动车组四级检修规程》(铁总运〔2014〕123号)	2. PIS-B、3PIS型高压隔离开关：下车分解检修。活动部位均匀涂抹润滑脂，各部件动作正常，无变形、裂损，紧固件无松动；接触电阻测量合格，检修后进行气密性、动作性能、耐压试验合格。 3. 其他型号高压隔离开关：下车分解检修。隔离开关插座表面无损伤变形；插针无弯折松动；连接电缆无裂纹、破损；连接作用良好无虚接。在试验条件下，进行高压隔离开关分合动作，无异常现象。绝缘耐电压测试和气密测试，结果合格		
38	避雷器检修	1.《和谐3型动车组高级修检修规程》(铁总机辆〔2018〕211号) 2.《CRH2A/2C/380A平台动车组高级修检修规程》(铁机辆〔2021〕115号) 3.《CR400AF、BF平台动车组三级检修规程》(铁机辆〔2020〕35号)	(一)三级修 1. 避雷器外观良好，螺栓连接牢固，避雷器伞裙缺陷满足绝缘子检修限度要求。 2. 测量绝缘电阻满足要求。(适用于CR400AF、CRH380A、CRH2系列动车组) 3. 避雷器拆下，进行0.75倍直流参考电压下的漏电流试验、绝缘电阻测试、局部放电试验、密封试验等，试验结果合格。(适用于CRH5系列动车组)	1. 未按规定进行性能试验。 2. 避雷器伞裙、本体的缺损、裂纹、表面缺陷，超限未更换。	

续上表

序号	检查项点	检查依据	检查重点	易发问题	备注
38	避雷器检修	4.《和谐1A、1B、1E型动车组三级检修规程》(铁总运〔2016〕202号) 5.《和谐1A、1B、1E型动车组四级检修规程》(铁总机辆〔2018〕211号) 6.《和谐5A/5G型动车组三级检修规程》(铁总运〔2016〕236号) 7.《和谐5A型动车组四级检修规程》(铁总运〔2014〕123号)	(二)四级修 1. 进行电气性能测试、绝缘电阻测试、局部放电试验、密封试验,试验结果合格。(适用于CRH3系列动车组) 2. 漏电流、动作开始电压及密封试验合格。(适用于CRH380A、CRH2系列动车组) 3. 进行绝缘试验、动作开始电压试验、0.75倍直流参考电压下漏电流试验、额定电压下漏电流试验、密封性能试验合格。(适用于CRH1系列动车组)		
39	电压电流互感器检修	1.《和谐3型动车组高级修检修规程》(铁总机辆〔2018〕211号)	1. 安装状态良好,无破损烧痕,电气连接无松动。 2. 接线盒内部接线无松动,电缆无破损,螺栓无锈蚀,接线盒密封圈更新。(适用于CRH3系列动车组)	1. 电气连接不良,接线松动。 2. 必换件未按要求更新	

续上表

序号	检查项点	检查依据	检查重点	易发问题	备注
39	电压电流互感器检修	2.《CRH2A/2C/380A平台动车组高级修检修规程》(铁机辆〔2021〕115号) 3.《CR400AF、BF平台动车组三级检修规程》(铁机辆〔2020〕35号) 4.《和谐1A、1B、1E型动车组三级检修规程》(铁总运〔2016〕202号) 5.《和谐1A、1B、1E型动车组四级检修规程》(铁总机辆〔2018〕211号) 6.《和谐5A/5G型动车组三级检修规程》(铁总运〔2016〕236号) 7.《和谐5A型动车组四级检修规程》(铁总运〔2014〕123号)	3. 电流互感器波纹管安装牢固,无破损;与车体连接插头安装牢固,无破损。(适用于CRH3系列动车组)		

续上表

序号	检查项点	检查依据	检查重点	易发问题	备注
40	车顶高压线缆检修	1.《和谐3型动车组高级修检修规程》(铁总机辆〔2018〕211号) 2.《CRH2A/2C/380A平台动车组高级修检修规程》(铁机辆〔2021〕115号) 3.《CR400AF、BF平台动车组三级检修规程》(铁机辆〔2020〕35号) 4.《和谐1A、1B、1E型动车组三级检修规程》(铁总运〔2016〕202号) 5.《和谐1A、1B、1E型动车组四级检修规程》(铁总机辆〔2018〕211号) 6.《和谐5A/5G型动车组三级检修规程》(铁总运〔2016〕236号) 7.《和谐5A型动车组四级检修规程》(铁总运〔2014〕123号)	1. 各部件连接牢固,防松标记清晰,无错位。 2. 车顶高压螺旋线,夹钳和支架(铸铝零件)无裂缝和断裂。车顶高压螺旋线电缆露出线芯或保护层存在贯穿性裂纹时更新。 3. 高压电缆护套无开裂、孔洞或电流放电痕迹。 4. 高压电缆终端安装牢固,法兰盘无裂纹。接地线端子紧固良好。T形接头护套外表面,无破损、裂纹。 5. 地线热缩管无老化、破损,接线端子无烧损(适用于CRH3C系列动车组)。 6. 车顶特高压过桥连接线、直线型高压接头配件和三分型高压接头配件更新。车顶倾斜型电缆接头的过桥线更新。(适用于CRH380A、CRH2系列动车组) 7. 电缆终端伞套限度按照车顶绝缘子限度执行。 8. 四级修更新分体式高压电缆伞裙、端盖及接地环组成;分解检查T形接头;更换高压附件后须进行耐压试验。(适用于CRH1系列动车组)	1. 高压电缆护套开裂、孔洞或存在放电痕迹未发现。 2. 接地线松动。 3. 车顶高压过桥线破损或防护层失效	

续上表

序号	检查项点	检查依据	检查重点	易发问题	备注
41	橡胶/环氧树脂/复合材料/瓷绝缘子检修	1.《和谐3型动车组高级修检修规程》(铁总机辆〔2018〕211号) 2.《CRH2A/2C/380A平台动车组高级修检修规程》(铁机辆〔2021〕115号) 3.《CR400AF、BF平台动车组三级检修规程》(铁机辆〔2020〕35号) 4.《和谐1A、1B、1E型动车组三级检修规程》(铁总运〔2016〕202号) 5.《和谐1A、1B、1E型动车组四级检修规程》(铁总机辆〔2018〕211号) 6.《和谐5A/5G型动车组三级检修规程》(铁总运〔2016〕236号) 7.《和谐5A型动车组四级检修规程》(铁总运〔2014〕123号)	1. 伞裙表面缺陷不超限。 2. 喷涂防污闪时,防污闪性能及喷涂标准符合相关标准规定。 3. 绝缘子安装及电气连接牢固	1. 伞裙表面缺陷未按规定处置。 2. 防污闪喷涂质量不合格	

续上表

序号	检查项点	检查依据	检查重点	易发问题	备注
42	高压设备箱检修	1.《和谐3型动车组高级修检修规程》(铁总机辆〔2018〕211号) 2.《CRH2A/2C/380A平台动车组高级修检修规程》(铁机辆〔2021〕115号) 3.《CR400AF、BF平台动车组三级检修规程》(铁机辆〔2020〕35号) 4.《和谐1A、1B、1E型动车组三级检修规程》(铁总运〔2016〕202号) 5.《和谐1A、1B、1E型动车组四级检修规程》(铁总机辆〔2018〕211号) 6.《和谐5A/5G型动车组三级检修规程》(铁总运〔2016〕236号) 7.《和谐5A型动车组四级检修规程》(铁总运〔2014〕123号)	(一)三级修 1. 高压设备箱悬挂部件外观良好,吊座无裂纹;固定螺栓无松动,防松标记清晰。 2. 各高压导电软连线、接地线断线大于10%或断股时更新;端子、端子排无变形、腐蚀、异常变色、开裂、烧损,固定良好。 3. 锁装置功能良好,动作流畅无卡滞,锁装置安装牢固。 4. 密封胶条无龟裂,无贯穿性裂纹。 5. 拆卸过的紧固件更新。 (二)四级修 箱盖、过滤器及安装变压器高压端子防护罩处的密封垫更新,过滤器网更新	1. 高压设备箱密封失效。 2. 高压设备箱吊座裂纹或开焊	

续上表

序号	检查项点	检查依据	检查重点	易发问题	备注
43	牵引变压器检修	1.《和谐3型动车组高级修检修规程》(铁总机辆〔2018〕211号) 2.《CRH2A/2C/380A平台动车组高级修检修规程》(铁机辆〔2021〕115号) 3.《CR400AF、BF平台动车组三级检修规程》(铁机辆〔2020〕35号) 4.《和谐1A、1B、1E型动车组三级检修规程》(铁总运〔2016〕202号) 5.《和谐1A、1B、1E型动车组四级检修规程》(铁总机辆〔2018〕211号) 6.《和谐5A/5G型动车组三级检修规程》(铁总运〔2016〕236号)	(一)三级修 1. 各紧固部件无松动;电气接线连接牢固,电缆无老化、过热变色及机械损伤。 2. 油样检测合格。牵引变压器需加注绝缘油时,须符合规定要求。 3. 变压器原边回流插头和二次侧输出插头(端子),外壳无裂纹、破损(适用于CRH3、CR400BF系列动车组)。T形接头,无破损、裂纹(适用于CRH3系列动车组)。 4. 变压器冷却系统安装状态良好,机械部件无严重机械损伤。 5. 油位传感器、温度传感器、压力释放阀、油流继电器、电流互感器、瓦斯继电器(如有)安装状态良好,无破损及腐蚀,瓦斯继电器(如有)无漏泄。 6. 风机分解检修。重校叶轮一、叶轮二动平衡。绝缘电阻、启动试验、振动速度试验、机械运转试验、输入功率输入电流测量试验符合相关要求。(适用于CRH380A、CRH2系列动车组)	1. 未按规定进行性能试验。 2. 未按规定更新必换件。 3. T形接头存在裂纹、放电、电蚀、老化	

续上表

序号	检查项点	检查依据	检查重点	易发问题	备注
43	牵引变压器检修	7.《和谐5A型动车组四级检修规程》(铁总运〔2014〕123号)	(二)四级修 1. 分解油循环泵,油泵电机组内的所有衬垫更新,接线柱密封件更新,油泵安装法兰密封件和紧固件更新,轴承更新,油泵放气塞密封件更新,油泵组装后功能正常。电压比和极性检测合格,高、低压绕组的直流电阻、绝缘电阻满足要求。(适用于CRH3系列动车组) 2. 牵引变压器分解检修,安装吊座、冷却器吊座焊缝渗透探伤。测试油流继电器动作功能正常。油泵进行绝缘电阻及运转试验。油冷却器密封性试验、风阻测试符合相关要求。绕组电阻、极性试验、变比测量、空载电流及空载损耗测量符合要求。(适用于CRH380A、CRH2系列动车组) 3. 清洗牵引变压器箱及冷却单元;端子箱内零部件紧固无松动,端子和电缆压接紧固。更新牵引变压器橡胶减振垫。牵引变压器吊座焊缝磁粉探伤。性能试验满足要求。(适用于CRH1系列动车组) 4. 保护装置试验、绕组冷态直流电阻测量、绝缘电阻测量、电压比测量、冷却系统气密性试验满足相关要求。(适用于CRH5系列动车组)		

续上表

序号	检查项点	检查依据	检查重点	易发问题	备注
44	牵引变流器检修	1.《和谐3型动车组高级修检修规程》(铁总机辆〔2018〕211号) 2.《CRH2A/2C/380A平台动车组高级修检修规程》(铁机辆〔2021〕115号) 3.《CR400AF、BF平台动车组三级检修规程》(铁机辆〔2020〕35号) 4.《和谐1A、1B、1E型动车组三级检修规程》(铁总运〔2016〕202号) 5.《和谐1A、1B、1E型动车组四级检修规程》(铁总机辆〔2018〕211号) 6.《和谐5A/5G型动车组三级检修规程》(铁总运〔2016〕236号)	(一)三级修 1. 牵引变流器紧固件无松动。电气接线连接牢固,端子及端子排无烧损,电缆无老化、过热变色及机械损伤,带保护的电缆防护状态良好,固定牢固。 2. 箱体密封性良好,胶条无严重破损,箱门锁闭机构功能正常。 3. 冷却系统管路及连接处密封良好,无漏泄。进、出水口密封良好,散热片无破损、污物、渗漏。(适用于CRH3、CR400BF系列动车组) 4. 接触器、断路器等触点无烧损或影响功能的烧蚀,功能正常。接触器灭弧罩无烧损或影响功能的烧蚀,功能正常。(适用于CRH3、CR400AF、CR400BF系列动车组) 5. 光纤损伤或衰减超限时更新。绝缘电阻测试合格。(适用于CRH380A、CRH2系列动车组) 6. 冷却风机安装牢固,功能正常无异音;冷却系统静态压力和设定压力的差不大于10%。(适用于CRH1系列动车组)	1. 未按规定进行性能试验。 2. 未按规定更新必换件	

续上表

序号	检查项点	检查依据	检查重点	易发问题	备注
44	牵引变流器检修	7.《和谐5A型动车组四级检修规程》(铁总运〔2014〕123号)	(二)四级修 1. 进、出口蝶阀、牵引控制单元备用电池更新。(适用于CRH3C、CRH380B系列动车组) 2. 对功率模块进行绝缘电阻和耐电压检测。(适用于CRH380CL系列动车组) 3. 吊座、吊座焊缝及横梁渗透探伤检查,无裂纹。检修后进行耐压及光纤衰减量测量、动作、门极脉冲波形确认、洒水试验合格。(适用于CRH380A、CRH2系列动车组,TGA28型牵引变流器除外) 4. 检修后进行耐压、冷却系统压力、低压试验和高压试验合格。(适用于TGA28型牵引变流器) 5. 变流器箱体吊座焊缝进行渗透或涡流探伤检查。更新冷却软管、喉箍、塑料管和密封垫;更新与车体连接的紧固件;更新变流器热交换器过滤器滤网和垫圈;更换空气过滤器滤芯;更换冷却液。进行绝缘电阻测试、耐压测试、低压系统功能测试、水冷却系统漏泄检查、膨胀箱压力符合要求。(适用于CRH1系列动车组)		

续上表

序号	检查项点	检查依据	检查重点	易发问题	备注
44	牵引变流器检修		6. 冷却系统气密性试验正常。变流器冷却器中压/低压电路的绝缘电阻、变流器冷却器中压/低压电路对地线的耐压强度、变流器绝缘电阻试验、耐电压强度试验满足相关要求。(适用于 CRH5 系列动车组)		
45	牵引电机检修	1.《和谐 3 型动车组高级修检修规程》(铁总机辆〔2018〕211 号) 2.《CRH2A/2C/380A 平台动车组高级修检修规程》(铁机辆〔2021〕115 号) 3.《CR400AF、BF 平台动车组三级检修规程》(铁机辆〔2020〕35 号) 4.《和谐 1A、1B、1E 型动车组三级检修规程》(铁总运〔2016〕202 号)	1. 电机各连接电缆、连接器状态良好,安装牢固。拆卸的橡胶密封、紧固件更新。 2. 两端铝端盖轴承位进行渗透检测,无裂纹等缺陷。测量端盖、轴承盖、转轴轴承位的尺寸满足要求。(适用于 CRH3、CR400AF、CR400BF 系列动车组) 3. 定子采用清洗方式清理时,须做烘潮处理。不许使用有腐蚀性的清洗液。检测定子绕组的电气性能,性能试验合格。对定子框架的悬挂部分及焊缝进行探伤无裂纹(适用于 CRH380A、CRH2 系列动车组)。 4. 转子转轴进行磁粉探伤,无裂纹等缺陷。转子进行动平衡试验。	1. 未按规定进行性能试验。 2. 未按规定更新必换件	

续上表

序号	检查项点	检查依据	检查重点	易发问题	备注
45	牵引电机检修	5.《和谐1A、1B、1E型动车组四级检修规程》(铁总机辆〔2018〕211号) 6.《和谐5A/5G型动车组三级检修规程》(铁总运〔2016〕236号) 7.《和谐5A型动车组四级检修规程》(铁总运〔2014〕123号)	5. 电机轴承更新。 6. 牵引电机组装时,各紧固件的紧固扭矩符合规定。端盖装配后检查轴承绝缘电阻满足要求,转子装配到定子内紧固后测量轴承装配间隙符合要求,测量速度传感器与测速齿轮的间隙符合要求。(适用于CRH3、CR400AF、CR400BF系列动车组) 7. 测量绕组冷态直流电阻、绕组对地绝缘电阻、温度传感器电阻值和绝缘电阻、速度传感器的输出波形符合要求;磨合试验、空载试验、堵转试验、振动试验、耐电压试验、电缆屏蔽性检测、转轴对地绝缘检测合格。(适用于CRH3、CR400AF、CR400BF系列动车组) 8. 进行冷态直流电阻、绝缘、耐压、磨合、速度传感器输出波形试验(TQ-600型、JD188型牵引电机除外)、堵转、空载、轴承温升、介质损耗试验符合要求。TQ-600型、JD188型牵引电机检修后进行旋转		

续上表

序号	检查项点	检查依据	检查重点	易发问题	备注
45	牵引电机检修		变压器与永磁电机之间零位角度测量、空载反电动势试验和稳态短路电流试验符合要求。YQ-600 型牵引电机温度传感器阻值符合要求。(适用于 CRH380A、CRH2 系列动车组) 9. 绝缘电阻值测试、绕组电阻测试、耐压测试、空载测试合格,更换定子或转子时须做堵转测试。(适用于 CRH1 系列动车组) 10. 转向检查、空载试验、堵转试验、振动试验、磨合试验、转轴对地绝缘测量合格。(适用于 CRH5 系列动车组)		
46	辅助变流器检修	1.《和谐 3 型动车组高级修检修规程》(铁总机辆〔2018〕211 号) 2.《CRH2A/2C/380A 平台动车组高级修检修规程》(铁机辆〔2021〕115 号)	(一)三级修 1. 箱体外观无明显机械损伤。设备箱进风口、排气口、风道与散热片,无严重变形及机械损伤,紧固件安装牢固。功率模块、控制器以及电流、电压传感器等可视部位器件外观良好,安装牢固。 2. 箱体密封胶条无严重破损,箱门锁闭机构功能正常。	1. 未按规定进行性能试验。 2. 未按规定更新必换件	

续上表

序号	检查项点	检查依据	检查重点	易发问题	备注
46	辅助变流器检修	3.《CR400AF、BF 平台动车组三级检修规程》(铁机辆〔2020〕35号) 4.《和谐 1A、1B、1E 型动车组三级检修规程》(铁总运〔2016〕202号) 5.《和谐 1A、1B、1E 型动车组四级检修规程》(铁总机辆〔2018〕211号) 6.《和谐 5A/5G 型动车组三级检修规程》(铁总运〔2016〕236号) 7.《和谐 5A 型动车组四级检修规程》(铁总运〔2014〕123号)	3. 接触器及灭弧罩,烧损或外壳开裂时更新。 4. 冷却风扇外观状态良好,扇叶与格栅无干涉,底座可视区域无裂纹。 5. 可视部位电气连接和内部布线的连接器及端子连接牢固,插头外观无腐蚀、损坏,插头的固定螺栓定位可靠。端子无烧蚀。内、外部接线绑扎牢固。 (二)四级修 1. 辅助变流器分解检修。功率单元安装处密封条更新,进行绝缘电阻和耐电压测试,结果符合要求。(适用于 CRH380CL 系列动车组) 2. 出厂例行试验:绝缘电阻测试、耐电压试验、主电路常数测试、逻辑部电压试验、光纤衰减量测试、逻辑部动作试验、逻辑部保护动作试验、功率单元试验、洒水试验、继电器和接触器动作试验,试验结果符合规定要求。(适用于 CRH380CL 系列动车组)		

续上表

序号	检查项点	检查依据	检查重点	易发问题	备注
47	充电机检修	1.《和谐3型动车组高级修检修规程》(铁总机辆〔2018〕211号) 2.《CRH2A/2C/380A平台动车组高级修检修规程》(铁机辆〔2021〕115号) 3.《CR400AF、BF平台动车组三级检修规程》(铁机辆〔2020〕35号) 4.《和谐1A、1B、1E型动车组三级检修规程》(铁总运〔2016〕202号) 5.《和谐1A、1B、1E型动车组四级检修规程》(铁总机辆〔2018〕211号) 6.《和谐5A/5G型动车组三级检修规程》(铁总运〔2016〕236号) 7.《和谐5A型动车组四级检修规程》(铁总运〔2014〕123号)	1. 箱体内、外可视部位电气连接和内部布线的连接器及端子连接牢固。电缆无老化、过热变色及机械损伤,带保护的电缆防护状态良好,固定牢固。功率模块、控制器等外观良好,安装牢固。 2. 进气口、出气口、空气通道及散热片,安装良好,无严重机械损伤。 3. 箱体密封胶条无严重破损,箱门折页无可视裂纹,锁闭机构功能正常。 4. 接触器的灭弧罩,无击穿、变形;接触器触点无严重灼伤。 5. 冷却风扇外观状态良好,扇叶与格栅无干涉。 6. 四级修进行绝缘电阻测试、耐压测试、低压系统测试、高压测试、空载测试、负载及短路测试、通电运转测试及密封性测试合格(适用于CRH1系列动车组);绝缘耐压试验、介电强度检测、低压测试、IGBT测试、400 V交流试验、热测试、TSB的吸合试验合格(适用于CRH5系列动车组)	1. 未按规定进行性能试验。 2. 未按规定更新必换件	

续上表

序号	检查项点	检查依据	检查重点	易发问题	备注
48	电器柜检修	1.《和谐3型动车组高级修检修规程》(铁总机辆〔2018〕211号) 2.《CRH2A/2C/380A平台动车组高级修检修规程》(铁机辆〔2021〕115号) 3.《CR400AF、BF平台动车组三级检修规程》(铁机辆〔2020〕35号) 4.《和谐1A、1B、1E型动车组三级检修规程》(铁总运〔2016〕202号) 5.《和谐1A、1B、1E型动车组四级检修规程》(铁总机辆〔2018〕211号) 6.《和谐5A/5G型动车组三级检修规程》(铁总运〔2016〕236号) 7.《和谐5A型动车组四级检修规程》(铁总运〔2014〕123号)	(一)三级修 1. 内外门的门锁无缺失,安装牢固,锁闭功能正常。 2. 电气柜内各电气元件安装牢固,外观清洁,无烧损及影响功能的机械损伤。 3. 各连接线缆无异常老化且无过热变色及机械损伤,带保护的电缆防护状态良好,固定牢固,可视部位端子压接牢固,无烧损、锈蚀。 4. 各插头或连接器连接牢固。接地线无破损,安装牢固。 5. 端子排安装牢固,无破损、变色。 (二)四级修 1. 每运行480万km或12年时,升降弓、真空断路器控制、关门联锁、紧急制动等影响安全和秩序电气回路中的断路器、接触器、继电器(时间继电器除外)更新。(适用于CRH380A、CRH2系列动车组) 2. 操纵台面上的停车制动(绿色)按钮、汽笛按钮、准备离开按钮、司机钥匙开关、ATP激活继电器更新。安全回路电气元件按规程列表明细更新。(适用于CRH1系列动车组)	1. 门锁状态不良。 2. 电气柜内端子压接不牢固,电缆线抗磨。 3. 电器柜内滤网脏堵	

续上表

序号	检查项点	检查依据	检查重点	易发问题	备注
49	蓄电池检修	1.《和谐3型动车组高级修检修规程》(铁总机辆〔2018〕211号) 2.《CRH2A/2C/380A平台动车组高级修检修规程》(铁机辆〔2021〕115号) 3.《CR400AF、BF平台动车组三级检修规程》(铁机辆〔2020〕35号) 4.《和谐1A、1B、1E型动车组三级检修规程》(铁总运〔2016〕202号) 5.《和谐1A、1B、1E型动车组四级检修规程》(铁总机辆〔2018〕211号) 6.《和谐5A/5G型动车组三级检修规程》(铁总运〔2016〕236号) 7.《和谐5A型动车组四级检修规程》(铁总运〔2014〕123号)	(一)三级修 1. 铅酸蓄电池:测蓄电池组的单体电压满足要求;安全阀作用良好;连接螺栓、连接线、端子表面清洁,无松动、变色、烧损、腐蚀、裂纹;性能检测符合相关要求。(适用于CRH2A系列动车组) 2. 碱性(镉镍)蓄电池:电解液密度符合要求,电解液液面不得高于最高液面标志线;连接螺栓、连接线、连接片、端子表面清洁,无松动、异常变色、烧损、腐蚀、裂纹等;蓄电池组单体电压、充放电性能及绝缘电阻测试符合相关要求。 3. 蓄电池单体液位满足要求;电池单体、整体电压符合要求;绝缘测试合格。(适用于CRH1、CRH3、CRH5系列动车组) (二)四级修 铅酸蓄电池更新(适用于CRH2A系列动车组)。CRH2J、CRH380AJ系列等综合检测车每运行240万km或6年时蓄电池更新	1. 蓄电池未按规定加液。 2. 单体电池电压值等数据不合格	

续上表

序号	检查项点	检查依据	检查重点	易发问题	备注
50	车辆落成	1.《和谐3型动车组高级修检修规程》(铁总机辆〔2018〕211号) 2.《CRH2A/2C/380A平台动车组高级修检修规程》(铁机辆〔2021〕115号) 3.《CR400AF、BF平台动车组三级检修规程》(铁机辆〔2020〕35号) 4.《和谐1A、1B、1E型动车组三级检修规程》(铁总运〔2016〕202号) 5.《和谐1A、1B、1E型动车组四级检修规程》(铁总机辆〔2018〕211号) 6.《和谐5A/5G型动车组三级检修规程》(铁总运〔2016〕236号) 7.《和谐5A型动车组四级检修规程》(铁总运〔2014〕123号)	1. 在自重负荷条件下,在水平轨道上进行尺寸测量。空气弹簧无风状态下、充风状态下车体四角高符合要求(适用于CRH3、CR400BF系列动车组)。在空气弹簧充气状态下,测量空气弹簧高度、四角高度差等尺寸满足要求(适用于CR400AF、CRH380A、CRH2系列动车组)。转向架四角高、摇枕上面距轨面的高度、空气弹簧高度、动车牵引电机倾斜角度满足要求(适用于CRH5系列动车组)。 2. 测量横向缓冲器与中心销挡板间隙、轮缘润滑喷嘴距踏面距离、撒砂装置喷嘴距轨面高度、轨道电路接收天线(TCR、STM)距轨面高度、应答器接收天线(BTM、CAU)距轨面高度、过分相感应接收器距轨面高度、扫石器距轨面高度满足限度要求。 3. 整列通过式检测时,同一轮对两轮的轮重差不大于8%;单辆静态或整列步进式单辆静态方式检测时,同一轮对两轮的轮重差不大于4%	1. 简化称重测量程序或测量方法不正确,检测结果偏差大。 2. 质检、验收(监造)人员未按规定程序参与检验	

续上表

序号	检查项点	检查依据	检查重点	易发问题	备注
51	调试与试验	1.《和谐 3 型动车组高级修检修规程》(铁总机辆〔2018〕211 号) 2.《CRH2A/2C/380A 平台动车组高级修检修规程》(铁机辆〔2021〕115 号) 3.《CR400AF、BF 平台动车组三级检修规程》(铁机辆〔2020〕35 号) 4.《和谐 1A、1B、1E 型动车组三级检修规程》(铁总运〔2016〕202 号) 5.《和谐 1A、1B、1E 型动车组四级检修规程》(铁总机辆〔2018〕211 号) 6.《和谐 5A/5G 型动车组三级检修规程》(铁总运〔2016〕236 号) 7.《和谐 5A 型动车组四级检修规程》(铁总运〔2014〕123 号)	1. 动车组解编时仍按原动车组的顺序进行编组。 2. 按照各车型检修技术标准要求,进行牵引试验、受电弓试验、供电模块试验、空调试验、车钩试验、照明试验、制动静态试验、自动过分相装置静态试验、火警试验、外门控制试验、安全回路试验、牵引电制动静态试验等静态试验合格。 3. 按照各车型检修技术标准要求,进行制动、牵引等动态试验合格。 4. 按中国国家铁路集团有限公司(以下简称国铁集团)要求开展动车组检修后的试运行	1. 动车组常用制动、快速制动、紧急制动试验、空压机打风试验、管路保压试验过程不符合工艺文件要求。 2. 动车组动态检测出现故障代码,试验未通过。 3. 质检、验收(监造)人员未按规定程序参与检验	

续上表

序号	检查项点	检查依据	检查重点	易发问题	备注
52	空心轴探伤	《和谐系列动车组空心车轴超声波探伤规程》(铁总运〔2013〕100号)	1. 开工前按规定对空心车轴超声波探伤设备进行日常性能校验,校验通过后不得增大探伤螺距或提高探头转速。 2. 清除轴孔中的油泥、锈蚀等杂物。 3. 探伤扫查时,根据图像显示进行分析。当出现各台阶和界面显示断续时,应停止作业并查明原因。 4. 发现疑似缺陷时,用手动控制方式进一步确认缺陷与对比试样轴上同类缺陷的反射当量,必要时使用空心车轴便携式超声波探伤仪进行手工核查。 5. 对发现疑似缺陷按照上述操作仍无法判明的,由检修单位主管检修(生产)副段长或总工程师组织,轮轴专职、设备专职、探伤工长、探伤工、质检员共同参加复探,形成鉴定结论后共同签字并报上级部门核备。 6. 卸下轴端适配器,按规定对中心孔进行清理和防护。	1. 轴孔中的油泥、锈蚀、耦合剂等清除不彻底。 2. 轴端装置安装不到位,相关卡控措施未落实。 3. 疑似缺陷管理不到位。 4. 季度性能校验时部分人员不按要求参加	

续上表

序号	检查项点	检查依据	检查重点	易发问题	备注
52	空心轴探伤	《和谐系列动车组空心车轴超声波探伤规程》(铁总运〔2013〕100号)	7. 安装轴端防尘堵。 8. 探伤完毕后按规定填写探伤记录。 9. 每季度由单位主管检修(生产)领导组织,探伤技术人员、设备管理人员、探伤工长、探伤工和设备维修工共同进行季度性能检查,由质检员、验收(监造)人员进行结果确认。结束后应填写校验记录表,相关人员应确认检查记录内容并签字或盖章。新购置及大、小修后的探伤设备,第一次使用前应按季度性能检查的要求进行检查并做好记录		
53	车轮超声波探伤	《和谐系列动车组车轮超声波探伤规定》(铁总运〔2013〕190号)	1. 开工前按规定对车轮超声波探伤设备进行日常性能校验,校验通过后方可进行探伤作业。 2. 对疑似缺陷进行手工复核探伤,无法判定的,由检修单位主管检修(生产)的副段长或总工程师组织,轮轴专职、设备专职、探伤工长、探伤工、质检员共同参加复探,形成鉴定结论并报上级部门核备。	1. 疑似缺陷管控不到位。 2. 季度性能校验时部分人员不按要求参加	

续上表

序号	检查项点	检查依据	检查重点	易发问题	备注
53	车轮超声波探伤		3. 探测发现比标准小 3 dB 的缺陷（已排除疲劳缺陷）时，应复探跟踪。 4. 每季度由单位主管检修（生产）领导组织，探伤技术人员、设备管理人员、探伤工长、探伤工和设备维修工共同进行季度性能检查，由质检员、验收（监造）人员进行结果确认。结束后应填写校验记录表，相关人员应确认检查记录内容并签字或盖章。新购置及大、小修后的探伤设备，第一次使用前应按季度性能检查的要求进行检查并做好记录		
54	磁粉探伤	《动车组轮对管理办法》（铁总运〔2016〕33 号）	1. 每班开工前，应由探伤工、探伤工长进行日常性能校验；每班完工后，在同样的磁化条件下，进行系统探伤灵敏度复核。质检员对校验和复核结果确认。 2. 每季度由单位主管检修（生产）领导组织，探伤技术人员、设备管理人员、探伤工长、探伤工和设备维修工共同进行季度性能检查，	1. 磁悬液的浓度不符合要求，或未定期更换。 2. 季度性能校验时部分人员不按要求参加。 3. 完工后，不进行系统探伤灵敏度复核	

续上表

序号	检查项点	检查依据	检查重点	易发问题	备注
54	磁粉探伤		由质检员、验收(监造)人员进行结果确认。结束后应填写校验记录表,相关人员应确认检查记录内容并签字或盖章。新购置及大、小修后的探伤设备,第一次使用前应按季度性能检查的要求进行检查并做好记录。 3. 剩磁符合规定。 4. 探伤发现缺陷需要做好相关的记录		

客
车

1 客车运用

1.1 动力集中动车组 D1 修

序号	检查项点	检查依据	检查重点	易发问题	备注
一、车下无电作业					
1	插设安全号志	1.《铁路客车运用维修规程》(铁总运〔2015〕22 号) 2.《铁路动车组运用维修规程》(铁总运〔2017〕238 号) 3. 时速 160 公里动力集中电动车组维修卡	在动车组头车转向架上部车体一位侧插设安全号志	作业前没有确认动车组施加停放制动、安全号志未插设	
2	控制车走行部	1.《铁路客车运用维修规程》(铁总运〔2015〕22 号) 2.《铁路动车组运用维修规程》(铁总运〔2017〕238 号) 3. 时速 160 公里动力集中电动车组维修卡	1. 控制车前部开闭机构导流罩、排障器、车钩安装座螺栓等,外观状态良好,无变形、破损、松动。 2. 排障器外观状态良好,各安装螺栓无松动,防松标记清晰、无错位。 3. 自动车钩安装座螺栓无松动,防松标记清晰、无错位。 4. 导流罩外观状态良好,各安装螺栓无松动,防松标记清晰、无错位。	1. 防松标记不清晰。 2. 感应器有击打痕迹。 3. 轮轴轴身有打痕、碰伤、磨伤。 4. 金属软管抗磨、差压阀故障、牵引拉杆座裂纹。	

续上表

序号	检查项点	检查依据	检查重点	易发问题	备注
2	控制车走行部		5. 自动过分相传感器、站台感应器外观状态良好，无变形、破损，安装牢固，螺栓紧固无松动。 6. 扫石器构架、胶皮良好，安装螺栓紧固无松动，扫石器胶皮下沿距轨面的高度 20 mm。 7. 车轮轮辋、辐板、轮缘、轮毂、踏面等符合运用限度要求。铁道车辆运行品质轨旁动态监测系统（TPDS）报警时，对轮对及转向架部位须重点检查。 8. 制动盘及轮轴无松动、裂纹，轮轴轴身打痕、碰伤、磨伤深度不大于 1 mm。 9. 制动夹钳单元各连接螺栓紧固无松动，闸片符合运用限度。 10. 金属软管组成无松动、破损、抗磨、别劲、脱落。防松标记无错位。差压阀无漏泄，安装螺栓无松动。 11. 构架、定位转臂无裂纹。 12. 空气弹簧管系无漏泄。空气弹簧座及盖无裂纹，空气弹簧胶囊无老化、破损、漏泄、鼓泡。	5. 易发生防滑排风阀漏风	

续上表

序号	检查项点	检查依据	检查重点	易发问题	备注
2	控制车走行部		13. 牵引拉杆及座无裂纹，安装螺栓无松动。 14. 横向油压减振器无漏油、折损，安装螺栓无松动，弹性节点无脱胶、老化、窜出、破损，安装座无裂纹。 15. 防滑器排风阀安装紧固，接线盒安装牢固；排风阀及进风管路无漏风。 16. 接地线状态良好，无断股。 17. 集便箱、电池箱吊座状态良好，安装螺栓紧固，防松标记无错位。 18. 各风缸、气路控制箱、电空制动机箱、组合式集尘器、截断塞门、缓解阀、各管路安装牢固，无裂纹漏泄，作用良好。 19. 制动缓解显示器安装螺栓无松动，防松标记无错位，塞门为开通位，管系无漏风现象。 20. 车下充电机、逆变器箱悬吊装置固定螺栓齐全无松动，接地保护线齐全		

续上表

序号	检查项点	检查依据	检查重点	易发问题	备注
3	密接车钩	1.《铁路客车运用维修规程》(铁总运〔2015〕22号) 2.《铁路动车组运用维修规程》(铁总运〔2017〕238号) 3. 时速160公里动力集中电动车组维修卡	1. 密接式车钩作用良好,防松标记清晰无错位,各部限度符合规定。 2. 密接式车钩缓冲器法兰盘安装座螺栓无松动,缓冲器内半筒相对外壳后端面伸出量不超过35 mm,弹性胶泥无溢出。 3. 支架、支撑弹簧盒无裂纹变形。 4. 水平复原弹簧盒作用良好。 5. 钩体外表面无裂纹,支架水平面和垂直面内无弯曲,安装座外表面无裂纹	密接式车钩缓冲器内半筒相对外壳后端面伸出量超过35 mm,弹性胶泥溢出	
4	拖车空调机组	1.《铁路客车运用维修规程》(铁总运〔2015〕22号) 2.《铁路动车组运用维修规程》(铁总运〔2017〕238号) 3. 时速160公里动力集中电动车组维修卡	1. 在车下外侧检查空调机组盖板、护板齐全,无翘起、破损,发现不良或无法判断时需登顶进行确认。 2. 空调排水管固定牢靠,管卡无松动	空调排水管各焊接点开焊,管卡松动	

续上表

序号	检查项点	检查依据	检查重点	易发问题	备注
5	拖车通信控制、重联、DC 110 V、DC 600 V 电力连接器各部状态（全列）	1.《铁路客车运用维修规程》（铁总运〔2015〕22 号） 2.《铁路动车组运用维修规程》（铁总运〔2017〕238 号） 3. 时速 160 公里动力集中电动车组维修卡	1. 各连接器座配件齐全，无损伤。 2. 各连接器安装螺栓、螺母齐全，密封胶垫无缺失。 3. 各连接器摇臂、防开装置作用良好。 4. 各线身无裂损，连接器头与线身无脱出	各连接器密封胶垫失效	
6	折角塞门及软管检查（全列）	1.《铁路客车运用维修规程》（铁总运〔2015〕22 号） 2.《铁路动车组运用维修规程》（铁总运〔2017〕238 号） 3. 时速 160 公里动力集中电动车组维修卡	1. 制动管、总风管、制氧管折角塞门无松动漏风，开口销齐全无折损。 2. 制动管、总风管、制氧管软管及连接器良好无漏风	制动管、总风管软管及连接器漏风	

续上表

序号	检查项点	检查依据	检查重点	易发问题	备注
7	拖车塞拉门及外操作锁(全列)	1.《铁路客车运用维修规程》(铁总运〔2015〕22号) 2.《铁路动车组运用维修规程》(铁总运〔2017〕238号) 3. 时速160公里动力集中电动车组维修卡	1. 外门板玻璃无破损,各密封胶条齐全无松脱裂损,外扣手安装牢固。 2. 塞拉门外操作锁状态良好	外门板各密封胶条松脱	
8	拖车外部显示器静态检查(全列)	1.《铁路客车运用维修规程》(铁总运〔2015〕22号) 2.《铁路动车组运用维修规程》(铁总运〔2017〕238号) 3. 时速160公里动力集中电动车组维修卡	拖车外部显示器安装牢固,屏幕无裂纹、损坏,外观状态良好	外部显示器屏幕作用不良	

续上表

序号	检查项点	检查依据	检查重点	易发问题	备注
9	拖车污物箱及导筒(全列)	1.《铁路客车运用维修规程》(铁总运〔2015〕22 号) 2.《铁路动车组运用维修规则》(铁总运〔2017〕238 号) 3. 时速 160 公里动力集中电动车组维修卡	1. 污物箱悬吊安装螺栓紧固无松动,悬吊架无裂纹。检查盖、电源箱盖安装牢固、无破损,安装螺钉齐全。 2. 排水导筒状态良好无破损,卡子无松动	排水导筒卡子松动	
10	拖车牵引梁(全列)	1.《铁路客车运用维修规程》(铁总运〔2015〕22 号) 2.《铁路动车组运用维修规则》(铁总运〔2017〕238 号) 3. 时速 160 公里动力集中电动车组维修卡	车底板及梁无变形裂纹,铆钉齐全无松动		

续上表

序号	检查项点	检查依据	检查重点	易发问题	备注
11	拖车走行部	1.《铁路客车运用维修规程》(铁总运〔2015〕22号) 2.《铁路动车组运用维修规则》(铁总运〔2017〕238号) 3. 时速160公里动力集中电动车组维修卡	1. 车轮轮缘、踏面、轮辋、辐板、轮毂无裂纹、缺损,轮对各部数据符合运用限度。 2. 轮缘产生辗堆时须消除,轮缘不得有锋芒	车轮踏面异常磨耗,轮缘有锋芒	
12	拖车转向架轴箱及弹簧(全列)	1.《铁路客车运用维修规程》(铁总运〔2015〕22号) 2.《铁路动车组运用维修规程》(铁总运〔2017〕238号) 3. 时速160公里动力集中电动车组维修卡	1. 转向架轴箱后壁无甩油,轴箱弹簧无折断。 2. 油压减振器无漏油、折损,安装螺栓无松动,防松标记无错位。 3. 轮对提吊安装螺栓紧固,防松铁丝齐全,轮对提吊间隙不小于30 mm。 4. 轴箱前盖无裂纹,铅封良好、安装螺栓无松动、防松标记清晰无移位。 5. 空气弹簧橡胶堆、下座、橡胶囊、上盖及空气弹簧支撑梁处状态良好,管系无漏泄。空车状态下高度符合规定	油压减振器漏油	

续上表

序号	检查项点	检查依据	检查重点	易发问题	备注
13	速度传感器及轴温传感器(全列)	1.《铁路客车运用维修规程》(铁总运〔2015〕22 号) 2.《铁路动车组运用维修规程》(铁总运〔2017〕238 号) 3. 时速 160 公里动力集中电动车组维修卡	1. 速度传感器安装紧固,传感器探头与轴箱盖密贴。引线卡子固定良好,引线不外露抗磨轴箱,蛇形管不破损断裂。 2. 速度传感器与齿轮顶径向间隙符合规定。 3. 轴温传感器安装紧固,紫铜垫与轴箱、传感器密贴;传感器引线无老化、破损,与车体无抗磨。 4. 轴温传感器接线盒、进出线管安装紧固,无配线外露	1. 轴温传感器故障误报警。 2. 传感器橡胶防护套破损	
14	拖车轴端接地装置(全列)	1.《铁路客车运用维修规程》(铁总运〔2015〕22 号) 2.《铁路动车组运用维修规程》(铁总运〔2017〕238 号) 3. 时速 160 公里动力集中电动车组维修卡	1. 轴端接地体与接地线固定螺栓无松动、丢失,防松标记清晰无错位,线身无断股、破损。 2. 接地装置与构架、构架与车体铜编织线状态良好。接地线端子压接牢固,导线无外露、断股	转向架构架与车体铜编织线丢失	

续上表

序号	检查项点	检查依据	检查重点	易发问题	备注
15	拖车转向架轴箱定位转臂及节点（全列）	1.《铁路客车运用维修规程》（铁总运〔2015〕22号） 2.《铁路动车组运用维修规程》（铁总运〔2017〕238号） 3. 时速160公里动力集中电动车组维修卡	转向架轴箱定位转臂螺栓无松动，节点定位套无开裂老化，防松标记清晰无移位	轴箱定位臂裂纹，易发生行车事故	
16	拖车转向架构架及高度调整阀（全列）	1.《铁路客车运用维修规程》（铁总运〔2015〕22号） 2.《铁路动车组运用维修规程》（铁总运〔2017〕238号） 3. 时速160公里动力集中电动车组维修卡	转向架构架无裂纹，高度调整阀作用良好无漏泄		

续上表

序号	检查项点	检查依据	检查重点	易发问题	备注
17	拖车转向架加速度传感器、车体加速度传感器(全列)	1.《铁路客车运用维修规程》(铁总运〔2015〕22 号) 2.《铁路动车组运用维修规程》(铁总运〔2017〕238 号) 3. 时速 160 公里动力集中电动车组维修卡	1. 转向架加速度传感器盒、车体加速度传感器安装紧固,防护罩无破损,螺母防松标记无错位。 2. 线管无破损,安装紧固,配线无外露;管箍无松动。 3. 接线盒无破损,盒盖安装螺栓齐全紧固	线管破损,配线外露	
18	外温传感器(全列)	1.《铁路客车运用维修规程》(铁总运〔2015〕22 号) 2.《铁路动车组运用维修规程》(铁总运〔2017〕238 号) 3. 时速 160 公里动力集中电动车组维修卡	1. 外温传感器安装紧固,紫铜垫与轴箱、传感器密贴;传感器引线、橡胶护套良好无破损,与车体无抗磨。 2. 外温传感器接线盒、进出线管无破损,安装紧固,无配线外露	1. 传感器橡胶防护套破损。 2. 线管安装卡松脱	

续上表

序号	检查项点	检查依据	检查重点	易发问题	备注
19	拖车裙板（全列）	1.《铁路客车运用维修规程》（铁总运〔2015〕22号） 2.《铁路动车组运用维修规程》（铁总运〔2017〕238号） 3. 时速160公里动力集中电动车组维修卡	1. 裙板无破损、缺失、变形，各标识清晰。 2. 裙板紧固螺栓无缺失，防松标记清晰无错位	已发生途中裙板自然开启事故案例	
20	拖车单向逆变器、充电器箱、电空制动机箱（全列）	1.《铁路客车运用维修规程》（铁总运〔2015〕22号） 2.《铁路动车组运用维修规程》（铁总运〔2017〕238号） 3. 时速160公里动力集中电动车组维修卡	1. 箱锁状态良好，箱门锁闭到位。 2. 搭扣齐全，焊接牢固无开焊	箱门锁作用不良或漏锁闭	

续上表

序号	检查项点	检查依据	检查重点	易发问题	备注
21	拖车蓄电池箱(全列)	1.《铁路客车运用维修规程》(铁总运〔2015〕22 号) 2.《铁路动车组运用维修规程》(铁总运〔2017〕238 号) 3. 时速 160 公里动力集中电动车组维修卡	1. 拖车电池箱悬吊装置固定螺栓齐全无松动,防松标记无错位。 2. 箱锁状态良好,定检标记清晰不过期	箱锁作用不良	
22	缓解显示器(全列)	1.《铁路客车运用维修规程》(铁总运〔2015〕22 号) 2.《铁路动车组运用维修规程》(铁总运〔2017〕238 号) 3. 时速 160 公里动力集中电动车组维修卡	缓解显示器螺栓紧固,无漏风,护罩无裂损,无水汽	缓解显示器护罩有裂损水汽	

续上表

序号	检查项点	检查依据	检查重点	易发问题	备注
23	动力车走行部	1.《铁路客车运用维修规程》(铁总运〔2015〕22号) 2.《铁路动车组运用维修规程》(铁总运〔2017〕238号) 3. 时速160公里动力集中电动车组维修卡	同控制车走行部要求相同		
二、车上无电作业					
24	塞拉门(全列)	1.《铁路客车运用维修规程》(铁总运〔2015〕22号) 2.《铁路动车组运用维修规程》(铁总运〔2017〕238号) 3. 时速160公里动力集中电动车组维修卡	1. 塞拉门翻板外观状态良好,转轴转动灵活无卡滞,液压杆无漏油损坏。 2. 翻板锁开关状态良好,锁盒、墙板锁安装牢固、作用良好	1. 翻板转轴转动卡滞。 2. 翻板锁作用不良	

续上表

序号	检查项点	检查依据	检查重点	易发问题	备注
25	厕所内部设备(全列)	1.《铁路客车运用维修规程》(铁总运〔2015〕22号) 2.《铁路动车组运用维修规程》(铁总运〔2017〕238号) 3. 时速160公里动力集中电动车组维修卡	1. 烟火报警器外观无破损,安装牢固,检定不过期。 2. 顶板安装牢固。 3. 卫生间水龙头及洗手盆作用良好。 4. 集便器作用良好		
26	电暖器、废排出风口(全列)	1.《铁路客车运用维修规程》(铁总运〔2015〕22号) 2.《铁路动车组运用维修规程》(铁总运〔2017〕238号) 3. 时速160公里动力集中电动车组维修卡	1. 电暖器护罩安装紧固,无松动。 2. 废排出风口,网框安装紧固,无松动、脱出	电暖器护罩松脱、变形	

续上表

序号	检查项点	检查依据	检查重点	易发问题	备注
27	空调滤网、回风网（全列）	1.《铁路客车运用维修规程》（铁总运〔2015〕22号） 2.《铁路动车组运用维修规程》（铁总运〔2017〕238号） 3. 时速160公里动力集中电动车组维修卡	空调机组滤网无堵塞、脱落、变形。回风网框良好无散架。锁具或插销安装到位，作用良好	回风网脱落造成旅客意外伤害	
28	灭火器（全列）	1.《铁路客车运用维修规程》（铁总运〔2015〕22号） 2.《铁路动车组运用维修规程》（铁总运〔2017〕238号） 3. 时速160公里动力集中电动车组维修卡	1. 灭火器型号正确，压力指示正常，插销、铅封无缺失、无破封，定检不过期，喷嘴及手柄状态良好。 2. 灭火器数量及类型（1具2 L水型和1具2 L干粉）配置正确，压力指针应在绿区，不允许出现欠压（红区）或超压（黄区）。 3. 灭火器标识清晰、无缺失。 4. 灭火器座安装牢固，无松动	灭火器压力指示不正常，定检过期	

续上表

序号	检查项点	检查依据	检查重点	易发问题	备注
29	车厢内烟火报警器探头(全列)	1.《铁路客车运用维修规程》(铁总运〔2015〕22 号) 2.《铁路动车组运用维修规程》(铁总运〔2017〕238 号) 3. 时速 160 公里动力集中电动车组维修卡	烟火报警器探头外观无破损,安装牢固,检定不过期	车厢内烟火报警器探头没有定期校验	
30	车厢内部(全列)	1.《铁路客车运用维修规程》(铁总运〔2015〕22 号) 2.《铁路动车组运用维修规程》(铁总运〔2017〕238 号) 3. 时速 160 公里动力集中电动车组维修卡	1. 紧急破窗锤齐全,作用良好;安全锤外观状态良好,安装牢固,铅封未破封。 2. 插座,面板安装牢固,不松动。面板无变形、破裂,插孔无烧损痕迹。电压及功率标识清晰、准确	1. 电源插座功率标识不准确。 2. 紧急破窗锤、安全锤丢失	

续上表

序号	检查项点	检查依据	检查重点	易发问题	备注
31	电开水器（全列）	1.《铁路客车运用维修规程》（铁总运〔2015〕22号） 2.《铁路动车组运用维修规程》（铁总运〔2017〕238号） 3. 时速160公里动力集中电动车组维修卡	1. 电开水炉控制盒各指示灯齐全。 2. 炉体及管路各部无漏泄。 3. 电开水器接地保护线齐全良好。 4. 电开水器操作规程齐全、无脱落	1. 电开水器接地保护线丢失。 2. 电开水器操作规程丢失	
32	照明配电柜（全列）	1.《铁路客车运用维修规程》（铁总运〔2015〕22号） 2.《铁路动车组运用维修规程》（铁总运〔2017〕238号） 3. 时速160公里动力集中电动车组维修卡	1. 照明配电柜配件齐全，安装牢固，作用良好。 2. 配电柜面板各指示灯、轴报声光报警器等安装紧固，作用良好。 3. 柜内各元器件及线排安装紧固、配件齐全、作用良好。感温纸粘贴牢固无变色。电气原理图纸齐全、正确	感温纸粘贴不牢固脱落、变色	

续上表

序号	检查项点	检查依据	检查重点	易发问题	备注
33	电气综合控制柜(全列)	1.《铁路客车运用维修规程》(铁总运〔2015〕22号) 2.《铁路动车组运用维修规程》(铁总运〔2017〕238号) 3. 时速160公里动力集中电动车组维修卡	1. 控制柜指示灯、视频监控指示灯、水位仪、PLC、轴报器、行车安全主机、防滑器、影视系统安装牢固,作用良好。 2. 各转换开关、接触器、欠压保护器、防雷防浪涌保护器、空气开关安装牢固,作用正常。电气元件定检不过期。 3. 高原双源动力集中动车组DC 600 V干线防雷保护装置SPD1和DC 110 V干线防雷保护装置SPD2安装牢固,接线无松动、老化、变色。 4. 紧急断电按钮安装良好,铅封无破损,标识齐全。 5. 电气原理图纸齐全正确。 6. 绝缘在线检测装置调整漏电流值为100 mA	1. 紧急断电按钮铅封丢失。 2. 配线感温纸变色、翘起。 3. 绝缘在线检测装置漏电值设置错误	

续上表

序号	检查项点	检查依据	检查重点	易发问题	备注
34	风表、紧急制动阀（全列）	1.《铁路客车运用维修规程》（铁总运〔2015〕22号） 2.《铁路动车组运用维修规程》（铁总运〔2017〕238号） 3. 时速160公里动力集中电动车组维修卡	总风压表、制动风压表安装紧固，作用良好，检定不过期	总风压表、制动风压表检定过期	
35	人力制动机或停放制动装置（全列）	1.《铁路客车运用维修规程》（铁总运〔2015〕22号） 2.《铁路动车组运用维修规程》（铁总运〔2017〕238号） 3. 时速160公里动力集中电动车组维修卡	1. 人力制动机摇把状态良好无损坏，转向标志牌清晰、铅封无丢失。 2. 高原双源动力集中动车组停放制动装置各部配件齐全，作用良好	人力制动机铅封丢失	

续上表

序号	检查项点	检查依据	检查重点	易发问题	备注
36	机械师室各主机及柜内各配件状态	1.《铁路客车运用维修规程》(铁总运〔2015〕22 号) 2.《铁路动车组运用维修规程》(铁总运〔2017〕238 号) 3. 时速 160 公里动力集中电动车组维修卡	1. 轴温记录仪主机、DC 110 V 漏电报警器、列车级行车安全显示屏及列车级车厢监控主机显示屏外观良好,屏幕无裂损,安装牢固。 2. 各显示屏外观良好,配件无缺失,各安装座无缺失。 3. 柜内主机安装牢固,板卡及插头无松动,原理图粘贴牢靠准确。 4. 柜内各配件插头无松动,配线固定良好,无弯折,各配线线身无破损	柜内主机插头松动,原理图粘贴不牢靠或脱落丢失	
三、车上有电作业					
37	塞拉门试验(全列)	1.《铁路客车运用维修规程》(铁总运〔2015〕22 号) 2.《铁路动车组运用维修规程》(铁总运〔2017〕238 号) 3. 时速 160 公里动力集中电动车组维修卡	1. 在司机室对塞拉门进行释放操作,各门开关动作良好。 2. 塞拉门开关门时,风管路无漏风。 3. 站台补偿器运行平稳无卡滞。 4. 防挤压功能测试、5 km/h 速度试验、隔离锁试验、紧急解锁检查作用良好	塞拉门开关门时,系统风管无漏风	

续上表

序号	检查项点	检查依据	检查重点	易发问题	备注
38	测试电伴热绝缘	1.《铁路客车运用维修规程》(铁总运〔2015〕22号) 2.《铁路动车组运用维修规程》(铁总运〔2017〕238号) 3. 时速160公里动力集中电动车组维修卡	使用兆欧表测试冷态绝缘值大于等于200 MΩ,热态绝缘值大于20 MΩ	作业人员没有按照规定测试绝缘	
39	综合控制柜检修(全列)	1.《铁路客车运用维修规程》(铁总运〔2015〕22号) 2.《铁路动车组运用维修规程》(铁总运〔2017〕238号) 3. 时速160公里动力集中电动车组维修卡	1. 各空气开关、继电器作用良好,无拉弧、跳闸、卡滞现象。 2. 供电试验性能良好	打开柜门前未设置“严禁供电”牌,存在触电伤害风险	

续上表

序号	检查项点	检查依据	检查重点	易发问题	备注
40	列车控制单元(VCU)、各传感器状态检查	1.《铁路客车运用维修规程》(铁总运〔2015〕22号) 2.《铁路动车组运用维修规程》(铁总运〔2017〕238号) 3. 时速160公里动力集中电动车组维修卡	1. VCU各指示灯正常,运行状态良好。 2. 传感器指示灯常亮		
41	DC 600 V绝缘监测装置	1.《铁路客车运用维修规程》(铁总运〔2015〕22号) 2.《铁路动车组运用维修规程》(铁总运〔2017〕238号) 3. 时速160公里动力集中电动车组维修卡	检查DC 600 V在线绝缘检测装置状态,“电源”指示灯常亮。漏电流值设定在100 mA挡位	漏电流值调整挡位设定错误	

续上表

序号	检查项点	检查依据	检查重点	易发问题	备注
42	触摸屏状态	1.《铁路客车运用维修规程》(铁总运〔2015〕22 号) 2.《铁路动车组运用维修规程》(铁总运〔2017〕238 号) 3. 时速 160 公里动力集中电动车组维修卡	1. 检查触摸显示屏各参数显示正确清晰。 2. 主画面上车厢号、车内温度、当前时间显示正确。 3. Ⅰ路电压、Ⅱ路电压、逆变器电压、110 V 母线电压、充电电流范围符合规定	1. 触摸显示屏主画面上车厢号与本车顺位号不一致。 2. 本车电压低于 92 V	
43	PLC 本车各部功能	1.《铁路客车运用维修规程》(铁总运〔2015〕22 号) 2.《铁路动车组运用维修规程》(铁总运〔2017〕238 号) 3. 时速 160 公里动力集中电动车组维修卡	本车轴报、防滑器等联网功能显示正常,本车网络信息不离线	轴报、防滑器离线	

续上表

序号	检查项点	检查依据	检查重点	易发问题	备注
44	空调系统运转状态	1.《铁路客车运用维修规程》(铁总运〔2015〕22号) 2.《铁路动车组运用维修规程》(铁总运〔2017〕238号) 3. 时速160公里动力集中电动车组维修卡	检查通风机、冷凝风机及压缩机运转无异音、异常振动。空调系统运行平稳,符合要求	通风机、冷凝风机及压缩机运转有异音	
45	KAX1行车安全车厢主机带电试验	1.《铁路客车运用维修规程》(铁总运〔2015〕22号) 2.《铁路动车组运用维修规程》(铁总运〔2017〕238号) 3. 时速160公里动力集中电动车组维修卡	车厢级主机各板卡指示灯状态应符合规定,试验作用良好		

续上表

序号	检查项点	检查依据	检查重点	易发问题	备注
46	轴温报警器检查（全列）	1.《铁路客车运用维修规程》（铁总运〔2015〕22 号） 2.《铁路动车组运用维修规程》（铁总运〔2017〕238 号） 3. 时速 160 公里动力集中电动车组维修卡	1. 检查轴温报警器的技术参数，如车号、报警温度、日期等 2. 检查各轴温度。同车同侧轴与轴间温差不大于 5 ℃。 3. 轴温报警器控制显示器轴位、温度、报警参数显示准确，通信功能良好，主机接地可靠。 4. 联网报警功能良好。 5. 轴温报警器主机定检不过期	轴温报警器超期服役	
47	防滑器主机（全列）	1.《铁路客车运用维修规程》（铁总运〔2015〕22 号） 2.《铁路动车组运用维修规程》（铁总运〔2017〕238 号） 3. 时速 160 公里动力集中电动车组维修卡	1. 主机自动上电、手动上电功能良好。 2. 主机液晶显示屏显示防滑器“88”。 3. 防滑器无故障代码	1. 电子防滑器在进行自我诊断试验时，车上、车下作业人员（一侧）没有同步作业，没有按照规定做好呼唤应答。 2. 防滑器主机液晶显示屏显示故障代码	

续上表

序号	检查项点	检查依据	检查重点	易发问题	备注
48	蓄电池（全列）	1.《铁路客车运用维修规程》（铁总运〔2015〕22 号） 2.《铁路动车组运用维修规程》（铁总运〔2017〕238 号） 3. 时速 160 公里动力集中电动车组维修卡	蓄电池电压显示正常，负载电压 DC 110 V 蓄电池组不低于 92 V	DC 110 V 蓄电池组低于 92 V	
49	全车交流插座（全列）	1.《铁路客车运用维修规程》（铁总运〔2015〕22 号） 2.《铁路动车组运用维修规程》（铁总运〔2017〕238 号） 3. 时速 160 公里动力集中电动车组维修卡	1. 检查控制柜、客室、乘务间内“交流插座”，车内交流插座外观无破损。 2. 检查插座 USB 供电接口有电压输出，满足 5 ×（1 ±5%）V 的电压范围要求	交流插座功率标识错误	

续上表

序号	检查项点	检查依据	检查重点	易发问题	备注
50	电暖器检查(全列)	1.《铁路客车运用维修规程》(铁总运〔2015〕22 号) 2.《铁路动车组运用维修规程》(铁总运〔2017〕238 号) 3. 时速 160 公里动力集中电动车组维修卡	1. 综合控制柜内电暖器电路无异状。 2. 电加热片通电 20 min,鼻闻是否有异味,并测试温升。电暖器护罩表面任意点最高温度不大于 68 ℃。 3. 电暖器护罩松脱变形	没有按照要求对电加热片护罩表面温度进行测温	
51	电开水器通电加热状态	1.《铁路客车运用维修规程》(铁总运〔2015〕22 号) 2.《铁路动车组运用维修规程》(铁总运〔2017〕238 号) 3. 时速 160 公里动力集中电动车组维修卡	1. 电开水器炉体及管路各部无漏水,各相应指示灯显示正确清晰,缺水、防干烧保护功能齐全良好。 2. 电开水器三相工作电压、电流正常。 3. 电开水器通电后各部电路无异味异响,工作正常	1. 电开水炉炉体及管路漏泄。 2. 电开水炉缺少防干烧保护功能	

续上表

序号	检查项点	检查依据	检查重点	易发问题	备注
52	PIS 系统（全列）	1.《铁路客车运用维修规程》（铁总运〔2015〕22 号） 2.《铁路动车组运用维修规程》（铁总运〔2017〕238 号） 3. 时速 160 公里动力集中电动车组维修卡	1. PIS 系统显示屏各参数正确良好。 2. 试验人工播报作用良好	PIS 系统参数错误	
53	行车安全监控系统检查	1.《铁路客车运用维修规程》（铁总运〔2015〕22 号） 2.《铁路动车组运用维修规程》（铁总运〔2017〕238 号） 3. 时速 160 公里动力集中电动车组维修卡	1. 查看客车运行安全监控系统（TCDS）监控界面，作业车次、编组信息正确，无离线列车信息。 2. 主机各功能板卡指示灯点亮或闪烁	TCDS 监控界面显示离线信息	

续上表

序号	检查项点	检查依据	检查重点	易发问题	备注
54	车厢监控系统	1.《铁路客车运用维修规程》(铁总运〔2015〕22 号) 2.《铁路动车组运用维修规程》(铁总运〔2017〕238 号) 3. 时速 160 公里动力集中电动车组维修卡	1. 在工程师车查看各车厢制动管、制动缸和首尾客车总风管压力传感器显示数值,邻车制动管压力误差不大于 20 kPa。 2. 首尾车总风压力数值与总风表误差不大于 20 kPa。 3. 各车厢制动管压力数值与制动风表误差不大于 20 kPa。 4. 车厢处于缓解状态,制动缸压力应为 0,列车制动状态,制动缸压力应有数值显示	地勤机械师没有按照规定查看参数记录	
55	制动试验	1.《铁路客车运用维修规程》(铁总运〔2015〕22 号) 2.《铁路动车组运用维修规程》(铁总运〔2017〕238 号)	1. 制动试验时由机务地勤司机和车辆地勤机械师共同配合完成。 2. 本务车制动系统上电,司机确认制动机状态正常,地勤机械师通知司机将制动系统设置为本务模式。 3. 制动试验中,凡要求投入或切除电空制动时,可采取在操纵端司机室显示屏设置投入/切除方式,试验完毕后,确认电空制动处于投入状态。	司机与地勤机械师配合不到位,没有按照规定进行制动机试验	

续上表

序号	检查项点	检查依据	检查重点	易发问题	备注
55	制动试验	3. 时速160公里动力集中电动车组维修卡	4. 按照规定进行空气制动试验、电空制动试验、持续一定时间的保压试验及总风系统漏泄试验		
56	撤除安全号志	1.《铁路客车运用维修规程》(铁总运〔2015〕22号) 2.《铁路动车组运用维修规程》(铁总运〔2017〕238号) 3. 时速160公里动力集中电动车组维修卡	在动车组头车转向架上部车体一位侧撤除安全号志	地勤机械师忘记撤除安全号志	

1.2 动力集中动车组 D2 修

序号	检查项点	检查依据	检查重点	易发问题	备注
1	综合要求	1.《铁路客车运用维修规程》(铁总运〔2015〕22 号) 2.《铁路动车组运用维修规程》(铁总运〔2017〕238 号) 3. 时速 160 公里动力集中电动车组维修卡	1. 确认停放制动装置施加或按照规定实施防溜措施。 2. 作业前插设安全防护号志。 3. 按规定穿戴劳保用品,携带工具、材料备品良好齐全,现场定置摆放。 4. 查阅 D2 修前 1 个月 TPDS 探测数据,冲击当量不符合要求时,提报计划进行轮对旋修或换轮处理。 5. 查阅 D2 修前 1 个月轴报数据,对运行途中发生预警的车辆轴箱进行开盖检查准备工作。 6. 各项检修记录齐全,填写规范。 7. D2 修严格按照时间/走行公里周期实施检修	1. 没有确认停放制动装置施加或实施防溜措施。 2. 没有严格按照规定时间/走行公里周期实施检修。 3. 没有按照规定查询监测数据	
2	动力车车体底架	1.《铁路客车运用维修规程》(铁总运〔2015〕22 号) 2.《铁路动车组运用维修规程》(铁总运〔2017〕238 号)	1. 开闭机构无裂纹变形,开闭装置锁定机构及开关功能正常。 2. 车钩缓冲器外观检查良好,无开焊裂纹,安装螺栓齐全紧固,“三态”试验良好。 3. 车体底架各梁、牵引座、减振器安装无裂纹、开焊。	车体底架减振器安装座裂纹	

续上表

序号	检查项点	检查依据	检查重点	易发问题	备注
2	动力车车体底架	3. 时速160公里动力集中电动车组维修卡	4. 脚踏、扶手无裂损变形，安装牢固。 5. 裙板安装螺栓齐全紧固无裂纹；门锁有效，紧固件齐全		
3	动力车转向架	1.《铁路客车运用维修规程》（铁总运〔2015〕22号） 2.《铁路动车组运用维修规程》（铁总运〔2017〕238号） 3. 时速160公里动力集中电动车组维修卡	1. 转向架构架及附件不许有裂损，紧固螺栓防松标识清晰不错位。 2. 扫石器安装牢固，橡胶板完好，扫石器支架不允许有变形、裂纹，砂管距轨面高度、踏面距离须符合限度要求。 3. 车轮防护板装置不许有损坏、松动、丢失。 4. 空气管路各接头及软管不允许有松动漏泄。 5. 转向架上的防脱钢丝绳完好无裂损。 6. 过分相安装支架安装牢固，不许有变形、裂损。 7. 踏面清扫器波纹管无破损，呼吸口和安全阀无堵塞。 8. 轮对外观检查无异常，各部限度符合运用要求。	过分相安装支架变形、裂损	

续上表

序号	检查项点	检查依据	检查重点	易发问题	备注
3	动力车转向架		9. 车轮轮辋进行超声波探伤检查，轮辋不允许存在裂纹。 10. 制动盘磨损≤1 mm，划痕深度≤1 mm。制动盘螺栓不得松动		
4	动力车转向架轴箱、驱动装置、悬挂装置	1.《铁路客车运用维修规程》（铁总运〔2015〕22 号） 2.《铁路动车组运用维修规程》（铁总运〔2017〕238 号） 3. 时速 160 公里动力集中电动车组维修卡	1. 机车车载安全防护系统地面专家诊断分析中，轴承、温升、振动无异常。 2. 轴箱接地线状态良好。 3. 轴箱接地装置不许有裂损，绝缘件、密封件状态良好；轴承密封罩状态良好。 4. 驱动装置空心轴、连杆盘无裂纹，连杆关节橡胶无开裂，传动销和紧固螺栓无松动，油位显示正常，油标标识清晰，观察窗无裂损。按照要求补充或更新齿轮箱润滑油。更新齿轮箱油时，清洗磁性螺栓。 5. 悬挂装置无裂纹，橡胶关节无老化开裂，一、二系弹簧无裂损、压死，电机吊杆无裂纹，油压减振器无裂损漏油	1. 轴箱接地线状态不良。 2. 各橡胶关节开裂。 3. 油压减振器漏油	

续上表

序号	检查项点	检查依据	检查重点	易发问题	备注
5	动力车转向架牵引装置、基础制动装置、轮缘润滑装置、站台感应器、自动过分相地感器	1.《铁路客车运用维修规程》(铁总运〔2015〕22号) 2.《铁路动车组运用维修规则》(铁总运〔2017〕238号) 3. 时速160公里动力集中电动车组维修卡	1. 牵引杆无变形裂纹;钢丝绳断股率不超过10%;紧固件不松动。 2. 基础制动装置制动缓解时,闸片和制动盘间隙之和为2~4 mm。 3. 制动夹钳单元各部件无裂纹变形,闸片最小厚度不小于16 mm,更换闸片时,同一制动夹钳单元闸片厚度差不大于3 mm。 4. 制动盘摩擦面不许有从内径贯穿到外径以及贯穿到散热筋片的穿透裂纹。 5. 轮缘润滑装置无变形裂纹,油脂罐储量符合规定,喷脂功能试验良好。 6. 站台感应器表面无变形裂纹,各插头紧固无松动,各接线无龟裂破损,试验作用良好。 7. 自动过分相地感器安装支架无变形裂损,地感器安装牢固,表面无变形裂纹,距轨面高度符合110~120 mm的要求	1. 站台感应器作用不良。 2. 自动过分相地感器支架变形	

续上表

序号	检查项点	检查依据	检查重点	易发问题	备注
6	牵引电机	1.《铁路客车运用维修规程》(铁总运〔2015〕22 号) 2.《铁路动车组运用维修规则》(铁总运〔2017〕238 号) 3. 时速 160 公里动力集中电动车组维修卡	1. 各紧固件及防松标记状态良好。 2. 机座无裂纹损伤,电机铭牌完好、清晰、牢固。 3. 传感器电缆紧固夹无脱落。 4. 下部排水孔无堵塞现象。 5. 端盖上的网罩板无裂纹。 6. 轴承附近区域无漏油。 7. 机车车载安全防护系统(6A系统)地面专家诊断分析中,轴承不许有异常。 8. 按照要求补充油脂。补脂时,检查油嘴不许有松动及破损,油道畅通。 9. 牵引电机风筒外观良好无破损,各安装螺栓齐全紧固	1. 传感器电缆紧固夹脱落丢失 2. 轴承附近区域有漏油	
7	主变压器	1.《铁路客车运用维修规程》(铁总运〔2015〕22 号) 2.《铁路动车组运用维修规程》(铁总运〔2017〕238 号)	1. 所有密封件、箱体、放油阀及管路无漏泄现象。 2. 出线套管、蝶阀及其他连接件无松动。 3. 压力释放阀外观良好,无喷油痕迹。	1. 油泵有渗、漏油现象。 2. 变压器油样没有进行气相色谱分析	

续上表

序号	检查项点	检查依据	检查重点	易发问题	备注
7	主变压器	3. 时速160公里动力集中电动车组维修卡	4. 油泵运转正常,无渗、漏油和异音现象。 5. 油流继电器状态良好,安装牢固,不许有漏泄。 6. 温度传感器功能正常。 7. 变压器油样进行耐压试验及理化分析。 8. 变压器油样进行气相色谱分析		
8	端子排、各接触器、接线	1.《铁路客车运用维修规程》(铁总运〔2015〕22号) 2.《铁路动车组运用维修规程》(铁总运〔2017〕238号) 3. 时速160动力集中电动车组维修卡	1. 各部外观完好,各触头、接线无烧损、无过热现象,各电子插件安装螺栓齐全紧固。 2. 检查接触器各触头无卡滞,端子无松动	接线端子松动	
9	牵引风机	1.《铁路客车运用维修规程》(铁总运〔2015〕22号)	1. 风机各安装螺栓齐全紧固,通电试验作用良好无异音。 2. 通风机外观完好,密封圈无破损,密封状态完好。	1. 通风机没有按照规定注油脂。 2. 牵引通风机有异音	

续上表

序号	检查项点	检查依据	检查重点	易发问题	备注
9	牵引风机	2.《铁路动车组运用维修规程》(铁总运〔2017〕238 号) 3. 时速 160 公里动力集中电动车组维修卡	3. 打开电机接线盒盖,接线固定螺栓齐全紧固,接线无松动烧损。 4. 用 500 V 兆欧表对地测电机绝缘电阻不小于 10 MΩ。 5. 各通风机按照规定注脂量注脂		
10	蓄电池	1.《铁路客车运用维修规程》(铁总运〔2015〕22 号) 2.《铁路动车组运用维修规程》(铁总运〔2017〕238 号) 3. 时速 160 公里动力集中电动车组维修卡	1. 蓄电池外观无破裂、鼓胀、漏液。 2. 壳体无裂纹,各连接螺栓牢固无松动。各连线不许有破损露铜现象。 3. 蓄电池电解液液面高度符合要求	蓄电池电解液液面高度不符合要求	
11	复合冷却机组	1.《铁路客车运用维修规程》(铁总运〔2015〕22 号)	1. 冷却塔水路、油路无漏泄,水位、油位正常。 2. 冷却塔除湿器干燥剂变色不超过三分之二。 3. 冷却塔冷却水泵无异音。	1. 冷却塔水路、油路有跑、冒、滴、漏现象。 2. 布赫继电器故障报警	

续上表

序号	检查项点	检查依据	检查重点	易发问题	备注
11	复合冷却机组	2.《铁路动车组运用维修规程》(铁总运〔2017〕238 号) 3. 时速 160 公里动力集中电动车组维修卡	4. 冷却塔接线盒不许有变形,接线端子安装紧固。 5. 冷却水泵电缆线完好,接线头连接安装螺栓紧固。 6. 用 500 V 兆欧表测量,冷却塔通风机电机对地绝缘值不小于 10 MΩ。 7. 布赫继电器无漏泄,排气阀打开畅通,关闭可靠,开关功能正常		
12	司机室	1.《铁路客车运用维修规程》(铁总运〔2015〕22 号) 2.《铁路动车组运用维修规程》(铁总运〔2017〕238 号) 3. 时速 160 公里动力集中电动车组维修卡	1. 显示器表面清洁无划痕,屏显清晰,各按键动作良好有效。 2. 显示器各安装螺栓齐全紧固,外部连线接插件完好,无裂纹破损,插头紧固无松动。 3. 显示器与监控装置的日期、时间以监控装置为准,误差不超 ±15 s。 4. 调取显示屏故障记录,无严重故障记录。 5. 各按键动作性能良好。	1. 各端口、插口松动。 2. 各仪表检定过期	

续上表

序号	检查项点	检查依据	检查重点	易发问题	备注
12	司机室		6. 试验大小闸各位置标识良好，动作灵活，无卡滞，大闸固定销良好，安装螺栓紧固。 7. 司机控制器状态良好，各操作手柄操作灵活，无过紧、卡滞或松动现象；机械联锁可靠准确。 8. 手动试验高音风笛、无人警惕装置、左/右车门按钮动作是否灵活、可靠。 9. 空调、雨刮器等转换开关外观良好，旋钮齐全，动作灵活可靠。 10. 脚踏撒砂阀开关、风笛阀开关、无人警惕开关自复性良好，试验功能正常。 11. 速度表、网压表、电压表固定螺栓安装齐全紧固，外观良好，检定不过期。 12. 各风表无破损，表盘刻度清晰，风表在有效期内		

续上表

序号	检查项点	检查依据	检查重点	易发问题	备注
13	6A 系统及 CMD 柜	1.《铁路客车运用维修规程》(铁总运〔2015〕22 号) 2.《铁路动车组运用维修规程》(铁总运〔2017〕238 号) 3. 时速 160 公里动力集中电动车组维修卡	1. 6A 系统及 CMD 柜柜体、柜门、门锁工作状态正常。 2. 6A 系统主机柜内各插件安装状态、灯显状态良好,CPU 工作正常,各项数据下载正常。 3. 接地线完整,柜内清洁。 4. 各电器部件无破裂、烧损,功能正常,安装牢固。 5. 各摄像头角度正确,外罩齐全、无划痕、裂损,各安装螺栓紧固	接地线松脱或丢失	
14	网络控制系统	1.《铁路客车运用维修规程》(铁总运〔2015〕22 号) 2.《铁路动车组运用维修规程》(铁总运〔2017〕238 号) 3. 时速 160 公里动力集中电动车组维修卡	1. 中央控制单元、微机网络控制系统等各模块、机箱无破损变形。 2. 各模块功能正常、指示灯状态正常,散热风扇运转良好。 3. 各模块、机箱插头紧固无松动,接地线连接良好。 4. 司机室故障端口性能良好	各模块、机箱及交换机表面灰尘没有清理	

续上表

序号	检查项点	检查依据	检查重点	易发问题	备注
15	网侧柜	1.《铁路客车运用维修规程》(铁总运〔2015〕22 号) 2.《铁路动车组运用维修规程》(铁总运〔2017〕238 号) 3. 时速 160 公里动力集中电动车组维修卡	1. 网侧柜安全联锁装置功能正常。 2. 高压电压互感器无烧损及放电痕迹,外绝缘伞裙、一次高压端子引线绝缘无破损。 3. 接地线和各接线柱连接可靠,紧固螺栓紧固到位。 4. 互感器安装牢固,螺栓紧固到位。 5. 高压电流、低压回流互感器安装牢固,外表无变形破损,各接线紧固,无过热现象。 6. 真空主断路器和高压接地开关接地连接端连接状态良好,开关簧片与主断路器刀片配合良好,开关传动机构各部件作用良好。 7. 高压绝缘子无电蚀、裂纹,缺损深度达到 1 mm 时须更新。 8. 高压穿墙瓷瓶、避雷器绝缘子无裂纹、破损现象	高压绝缘子表面不清洁,有电蚀现象	

续上表

序号	检查项点	检查依据	检查重点	易发问题	备注
16	变流柜	1.《铁路客车运用维修规程》(铁总运〔2015〕22 号) 2.《铁路动车组运用维修规程》(铁总运〔2017〕238 号) 3. 时速 160 公里动力集中电动车组维修卡	1. 柜体两侧插头插座插接牢靠,接地线齐全,无断股,紧固良好。膨胀水箱液位正确。高压指示灯显示正常。 2. 牵引控制单元(TCU)、辅助控制单元(ACU)、列车供电功率控制单元(LGU)控制箱各电子插件安装螺栓齐全紧固。各插头插接牢靠,无松动。 3. 充电接触器、短接接触器外观完好,无卡滞,各接线无过热松动。接触器各触头无烧损过热现象。 4. 直流支撑电容外观完好无鼓胀漏泄。电容连接端子无松动。 5. 充电电阻、固定放电电阻外观完好,固定螺栓齐全紧固。各电阻接线紧固,无过热烧损现象。 6. 主变、辅变、列供模块整流、逆变、辅助逆变器模块接线牢固。各模块输入/输出铜母排连接部位无烧损。各模块驱动板、光纤、连接器无松动。	1. 各大线接线铜排变形,不密贴。 2. 接触器各触头有烧损过热现象	

续上表

序号	检查项点	检查依据	检查重点	易发问题	备注
16	变流柜		7. 热交换器、热交换风机各接线无松动,运转正常无异音。热交换器输入/输出水管无漏泄现象。 8. 辅变、列供短接接触器外观完好无卡滞。各接线无过热松动。接触器各触头无烧损过热现象。 9. 各接线固定螺栓齐全紧固,各大线接线铜排密贴无变形,各铜排无放电烧损现象。 10. 电压、电流、水压、温度传感器外观完好无破损开裂,各传感器接线紧固无松动。中间回路直流电压、冷却液温度、水压值显示正常。 11. 水泵蝶阀各螺栓安装齐全紧固,各液压、液温传感器安装紧固无松动,水泵各处无漏液。 12. 滤波电抗、滤波电容、隔离变压器外观无变形烧损,各接线端子无松动		

续上表

序号	检查项点	检查依据	检查重点	易发问题	备注
17	列车供电柜	1.《铁路客车运用维修规程》(铁总运〔2015〕22号) 2.《铁路动车组运用维修规程》(铁总运〔2017〕238号) 3. 时速160公里动力集中电动车组维修卡	1. 连接器安装紧固;连接插头固定卡子无断裂。 2. 控制箱接地可靠;插件安装到位;对外连接插头安装正确可靠。 3. 同步变压器无鼓包、开裂;连接线紧固、可靠。 4. 充电接触器、短接接触器、输出接触器触头无烧损。 5. 继电器连接端子及连接线不许有烧损松动。 6. 显示屏显示正常,插头安装可靠。 7. 电压、电流、水压、温度传感器各接线无松动、破损、开裂。 8. 熔断器外观良好,无烧损松动。 9. 电容无鼓包、漏液、烧损现象,电容端子连接线紧固可靠。 10. 充电电阻无烧损,接线端子无松动。	1. 机箱冷却风扇工作有异音。 2. 冷却回路有渗漏现象	

续上表

序号	检查项点	检查依据	检查重点	易发问题	备注
17	列车供电柜		11. 整流模块接线牢固，输入输出铜母排连接部分无烧损。驱动板、光纤、连接器无松动。 12. 机箱冷却风扇工作正常无异音。 13. 冷却回路不许有渗漏		
18	制动柜检修	1.《铁路客车运用维修规程》（铁总运〔2015〕22号） 2.《铁路动车组运用维修规程》（铁总运〔2017〕238号） 3. 时速160公里动力集中电动车组维修卡	1. 制动柜各模块、传感器作用良好，辅助压缩机及风缸、停放风缸无漏泄。各电磁阀、塞门位置正确，标识清晰，各接线无松动。 2. 电空制动控制单元（EPCU）各模块电源插头紧固无松动，灯显正常。 3. 防滑主机状态良好，各插头紧固无松动，灯显正常	各插头、接线松动	
19	压缩机检修	1.《铁路客车运用维修规程》（铁总运〔2015〕22号）	1. 压缩机工作性能正常无异音；各管路接头无漏风、漏油现象。 2. 空气过滤器无变形，真空指示器工作正常，过滤器无漏油、变形、破损。	润滑油乳化变质没有更换	

续上表

序号	检查项点	检查依据	检查重点	易发问题	备注
19	压缩机检修	2.《铁路动车组运用维修规程》(铁总运〔2017〕238 号) 3. 时速 160 公里动力集中电动车组维修卡	3. 油位表玻璃无破损,油位符合要求。 4. 润滑油无乳化变质		
20	干燥器状态检查	1.《铁路客车运用维修规程》(铁总运〔2015〕22 号) 2.《铁路动车组运用维修规程》(铁总运〔2017〕238 号) 3. 时速 160 公里动力集中电动车组维修卡	1. 各部件安装状态良好,防松标识无错位。 2. 控制电源盒指示灯外观良好无破损,电气线路无抗磨、破损。 3. 微油过滤器、除尘过滤器无变形,各管路接头紧固。 4. 干燥剂指示器无变色	干燥剂变色没有及时更换	
21	各电压电流互感器	1.《铁路客车运用维修规程》(铁总运〔2015〕22 号)	1. 外表清洁,无烧损及放电痕迹,外绝缘伞裙无破损。 2. 高压端子引线绝缘无损坏、磨损和龟裂。	高压端子引线绝缘磨损和龟裂	

续上表

序号	检查项点	检查依据	检查重点	易发问题	备注
21	各电压电流互感器	2.《铁路动车组运用维修规程》(铁总运〔2017〕238号) 3. 时速160公里动力集中电动车组维修卡	3. 接地线和各接线柱连接可靠，紧固螺栓紧固到位。 4. 互感器安装牢固，螺栓紧固到位		
22	真空主断路器、高压接地开关	1.《铁路客车运用维修规程》(铁总运〔2015〕22号) 2.《铁路动车组运用维修规程》(铁总运〔2017〕238号) 3. 时速160公里动力集中电动车组维修卡	1. 真空主断路器外表清洁，接地连接端连接状态良好 2. 开关簧片与主断路器刀片配合良好。 3. 软连线断股不超过原形的5%。 4. 开关传动机构各部件能够可靠动作，配合良好	1. 开关簧片与主断路器刀片配合不良。 2. 软连线断股超过规定	
23	高压绝缘子、避雷器及穿墙瓷瓶	1.《铁路客车运用维修规程》(铁总运〔2015〕22号) 2.《铁路动车组运用维修规程》(铁总运〔2017〕238号)	1. 绝缘子表面清洁，无电蚀裂纹现象。 2. 紧固件齐全良好		

续上表

序号	检查项点	检查依据	检查重点	易发问题	备注
23	高压绝缘子、避雷器及穿墙瓷瓶	3. 时速160公里动力集中电动车组维修卡			
24	受电弓检修	1.《铁路客车运用维修规程》(铁总运〔2015〕22号) 2.《铁路动车组运用维修规程》(铁总运〔2017〕238号) 3. 时速160公里动力集中电动车组维修卡	1. 各连杆机构紧固件齐全紧固，关节灵活，擦拭并适量给油。 2. 车顶受电弓摄像头安装位置正确，安装螺栓齐全紧固，表面清洁无破损。 3. 弓头螺栓齐全紧固，防松标识清晰，分流线无过热烧损，折损超过10%更新。 4. 碳滑板无裂纹掉块，碳滑板厚度不低于27 mm，两侧碳滑板厚度差不得大于3 mm。 5. 底架外观良好，气囊外观表面无裂纹漏气，各风管路无老化漏风，支撑绝缘子外观良好无破损。 6. 高压电缆总成软编织线安装牢固、紧固件齐全。 7. 避雷器绝缘子表面清洁，安装牢固。	1. 各连杆机构给油不到位。 2. 碳滑板裂纹、掉块。 3. 风压表检定过期	

续上表

序号	检查项点	检查依据	检查重点	易发问题	备注
24	受电弓检修		8. 自动降弓装置管路连接良好，橡胶管无老化漏风。ADD 阀、试验阀、关闭阀位置正确，接头紧固，试验良好。 9. 受电弓接触压力值符合规定。(65～75 N 之间为正常) 10. 风压表安装牢靠无漏风，压力显示良好，检定不过期		
25	轮对检查	1.《铁路客车运用维修规程》(铁总运〔2015〕22 号) 2.《铁路动车组运用维修规程》(铁总运〔2017〕238 号) 3. 时速 160 公里动力集中电动车组维修卡	1. 车轮踏面、轮辋、轴身等各部状态良好。 2. 车轮轮径、轮缘垂直磨耗、轮缘厚度、踏面擦伤、剥离等各部限度符合轮对 D2 修限度。 3. 查阅 D2 修前一个月 TPDS 探测数据，冲击当量不符合要求时进行轮对修形或换轮。 4. 轴箱各部无裂纹、甩油，螺栓无松动。 5. 轴端接地装置接地体、车体接地线连接牢固，螺栓无松动，配件齐全	车体接地线松脱或丢失	

续上表

序号	检查项点	检查依据	检查重点	易发问题	备注
26	电子防滑器	1.《铁路客车运用维修规程》(铁总运〔2015〕22号) 2.《铁路动车组运用维修规程》(铁总运〔2017〕238号) 3. 时速160公里动力集中电动车组维修卡	防滑器排风阀作用良好,接线无烧损,速度传感器、接线分线盒、附属装置安装牢固		
27	空气管系	1.《铁路客车运用维修规程》(铁总运〔2015〕22号) 2.《铁路动车组运用维修规程》(铁总运〔2017〕238号) 3. 时速160公里动力集中电动车组维修卡	1. 制动软管、总风软管、金属软管、制氧管无鼓泡,安装角度正确,作用良好。 2. 管系各管卡、吊架无松动、丢失。 3. 截断塞门、远心集尘器须分解检查,清扫、除尘、给油,各部状态及作用须良好;折角塞门无裂损。 4. 高度调整阀、差压阀,安装牢固,配件无缺损。	1. 单元制动缸金属支管与车体转向架发生磕碰。 2. 远心集尘器止尘伞检修后漏涂写检修日期	

续上表

序号	检查项点	检查依据	检查重点	易发问题	备注
27	空气管系		5. 集成电空制动机箱、气路控制箱箱体及安装座无破损松动，各部配件齐全良好。 6. 制动缓解显示器无破损，安装螺栓紧固，试验显示正确，作用良好。 7. 单元制动缸金属支管与车体转向架无磕碰、抗磨现象		
28	分配阀及中间体	1.《铁路客车运用维修规程》（铁总运〔2015〕22 号） 2.《铁路动车组运用维修规程》（铁总运〔2017〕238 号） 3. 时速 160 公里动力集中电动车组维修卡	1. F8 型分配阀各部配件齐全、安装牢固、标记清晰、不过期。 2. 中间体外观良好无裂纹	F8 型分配阀标记不清晰	

续上表

序号	检查项点	检查依据	检查重点	易发问题	备注
29	基础制动装置	1.《铁路客车运用维修规程》(铁总运〔2015〕22 号) 2.《铁路动车组运用维修规程》(铁总运〔2017〕238 号) 3. 时速 160 公里动力集中电动车组维修卡	1. 基础制动装置各部配件齐全,状态良好。 2. 单元制动缸及夹钳无杂物,销轴压板螺栓紧固,防脱挡、开口销状态良好。 3. 闸片与制动盘两侧间隙之和不超过 3 ~ 5 mm。闸片最薄处厚度不小于 5 mm。 4. 制动盘盘毂及连接螺栓紧固无松动裂纹。散热片无贯穿裂纹。盘面热裂纹长度符合要求	更换闸片时,误将手指伸入闸片和制动盘之间,存在挤压伤害风险	
30	人力制动机、停放制动装置	1.《铁路客车运用维修规程》(铁总运〔2015〕22 号) 2.《铁路动车组运用维修规程》(铁总运〔2017〕238 号) 3. 时速 160 公里动力集中电动车组维修卡	1. 人力制动机配件齐全,作用良好,紧固件良好无松动,标记清楚正确,铅封齐全无丢失。 2. 动态检查。车辆在缓解状态下,向制动方向拧紧人力制动机摇把制动,确认各基础制动装置状态。二位基础制动装置须抱紧制动盘。缓解人力制动机,闸片须离开摩擦盘(或闸片无压力)。 3. 高原双源动力集中动车组停放制动装置配件齐全,作用良好	1. 人力制动机或停放制动装置没有按照规定检查试验。 2. 人力制动机铅封丢失或破封	

续上表

序号	检查项点	检查依据	检查重点	易发问题	备注
31	控制车转向架检修	1.《铁路客车运用维修规程》(铁总运〔2015〕22 号) 2.《铁路动车组运用维修规程》(铁总运〔2017〕238 号) 3. 时速 160 公里动力集中电动车组维修卡	1. 转向架构架及附件不许有裂损,紧固螺栓防松标识清晰不错位。 2. 扫石器安装牢固,橡胶板完好,扫石器支架不允许有变形、裂纹,砂管距轨面高度、踏面距离须符合限度要求。 3. 车轮防护板装置不许有损坏、松动、丢失。 4. 空气管路各接头及软管不允许有松动漏泄。 5. 转向架上的防脱钢丝绳完好无裂损。 6. 过分相安装支架安装牢固,不许有变形、裂损。 7. 踏面清扫器波纹管无破损,呼吸口和安全阀无堵塞。 8. 轮对外观检查无异常,各部限度符合运用要求。 9. 制动盘磨损≤1 mm,划痕深度≤1 mm。制动盘螺栓不得松动	过分相安装支架变形、裂损	

续上表

序号	检查项点	检查依据	检查重点	易发问题	备注
32	控制车车体底架	1.《铁路客车运用维修规程》(铁总运〔2015〕22号) 2.《铁路动车组运用维修规程》(铁总运〔2017〕238号) 3. 时速160公里动力集中电动车组维修卡	1. 开闭机构无裂纹变形,开闭装置锁定机构及开关功能正常。 2. 车体底架各梁、牵引座、减振器安装无裂纹、开焊。 3. 脚踏、扶手无裂损变形,安装牢固。 4. 裙板安装螺栓齐全紧固无裂纹;门锁有效,紧固件齐全	车体底架减振器安装座裂纹	
33	105型电钩及钩缓装置	1.《铁路客车运用维修规程》(铁总运〔2015〕22号) 2.《铁路动车组运用维修规程》(铁总运〔2017〕238号) 3. 时速160公里动力集中电动车组维修卡	1. 105型车钩钩舌、钩舌销、推铁、锁铁探伤检查良好。 2. 运动面间给油润滑。 3. 钩舌内侧面、钩舌尾部和锁铁接触面磨耗限度符合要求;钩舌销孔衬套无松动、裂损,磨耗不过限,钩舌销磨耗、弯曲过限、丝扣不良时报废。钩舌冲击台、牵引台磨耗超过1 mm时焊修并探伤检查。	1. 车钩运动面间给油润滑不到位。 2. 电气部分插针、插孔缩针、缩孔、弯曲变形或进水绝缘不良	

续上表

序号	检查项点	检查依据	检查重点	易发问题	备注
33	105 型电钩及钩缓装置		4. 钩缓装置应左右摆动灵活，去除外力后可自动复位。缓冲器壳体、钩体、安装座、支架外观状态检查无裂纹。缓冲器拉杆松动或存在 8 mm 以上的不复位时，钩缓装置需下车检修或更换缓冲器芯子。 5. 电气部分插针、插孔无缩针、缩孔、弯曲变形		

1.3 动力集中动车组随车机械师一次出乘作业

序号	检查项点	检查依据	检查重点	易发问题	备注
1	出勤	1.《时速160公里动力集中动车组运用维修管理暂行办法》(铁总机辆〔2018〕200号) 2.《铁路客车运用维修规程》(铁总运〔2015〕22号) 3.《加强旅客列车车辆乘务工作的规定》(铁总运〔2013〕175号)	1. 按时叫班。 2. 酒精测试合格。 3. 动车组车内各设备设施状态符合动车组出库质量标准。 4. 各备品状态良好,校验合格不超期。 5. 随车机械师持证上岗	1. 出勤迟到导致动车组出库晚点或漏乘。 2. 随车机械师违反规定,发生当班饮酒等两纪问题。 3. 对讲机、GSM-R手持终端、录音笔等设备故障。 4. 行车集备工具、应急备品检定过期。 5. 随车机械师岗位适应性培训不到位	
2	出库作业	1.《时速160公里动力集中动车组运用维修管理暂行办法》(铁总机辆〔2018〕200号) 2.《铁路客车运用维修规程》(铁总运〔2015〕22号)	1. 对车统—181记录故障处理情况进行复核。 2. 动车组关键部位状态确认到位。 3. 巡视时严格落实人身安全规定	1. 车统—181引荐故障没有处理或处理不到位。 2. 动车组关键部位检查不到位。 3. 未认真检查备品情况,高压备品是否过期等。	

续上表

序号	检查项点	检查依据	检查重点	易发问题	备注
2	出库作业	3.《加强旅客列车车辆乘务工作的规定》(铁总运〔2013〕175号)		4. 出库途中,随车机械师未从主控端向非主控端对动车组进行一次巡视,检查动车组运转情况,确认机械间无跑、冒、滴、漏,无异音、异响、异味。(高原双源动力集中动车组动力车机械间由机务人员负责巡视) 5. 巡视时未确认临侧股道是否有车辆移动	
3	始发作业	1.《时速160公里动力集中动车组运用维修管理暂行办法》(铁总机辆〔2018〕200号) 2.《铁路客车运用维修规程》(铁总运〔2015〕22号)	1. 与司机、列车长按规定交接。 2. 站台作业符合规定。 3. 对动车组供电状态、集控塞拉门开关门信息等进行确认	1. PIS系统未及时设定车次或无法设定车次影响旅客正常乘降。 2. 站台作业未与司机、列车长联控。	

续上表

序号	检查项点	检查依据	检查重点	易发问题	备注
3	始发作业	3.《加强旅客列车车辆乘务工作的规定》(铁总运〔2013〕175号)		3. 未确认动车组供电状态、集控塞拉门开关门信息等	
4	途中作业	1.《时速160公里动力集中动车组运用维修管理暂行办法》(铁总机辆〔2018〕200号) 2.《铁路客车运用维修规程》(铁总运〔2015〕22号) 3.《加强旅客列车车辆乘务工作的规定》(铁总运〔2013〕175号)	1. 途中巡视制度落实到位。 2. 台账按规定及时填写。 3. 随车机械师业务熟练,应急及时有效。 4. 随车资料完整有效	1. 巡视时未按照作业图表规定时间节点进行巡视。 2. “动车组随车机械师一次出乘技术作业图表”与此次交路不符。 3. 未配备《铁路技术管理规程》《普速铁路行车组织规则》等规章或规章废止。 4. 随车机械师未在监控室监控,在车厢内睡觉、休息;随车机械师在监控室做与工作无关的事	

续上表

序号	检查项点	检查依据	检查重点	易发问题	备注
5	折返站作业	1.《时速160公里动力集中动车组运用维修管理暂行办法》(铁总机辆〔2018〕200号) 2.《铁路客车运用维修规程》(铁总运〔2015〕22号) 3.《加强旅客列车车辆乘务工作的规定》(铁总运〔2013〕175号)	1. 动车组终到、立折制动系统站折试验按照规定进行。 2. 按规定站台作业	随车机械师没有确认动车组制动系统制动、缓解状态	
6	换乘作业	1.《时速160公里动力集中动车组运用维修管理暂行办法》(铁总机辆〔2018〕200号) 2.《铁路客车运用维修规程》(铁总运〔2015〕22号) 3.《加强旅客列车车辆乘务工作的规定》(铁总运〔2013〕175号)	换乘交接齐全	1. 继乘随车机械师未按规定时间到站接车。 2. 继退乘双方未按照要求进行交接或交接遗漏重要事项及重点故障。 3. 继退乘随车机械师没有到客列检或公寓酒精测试	

续上表

序号	检查项点	检查依据	检查重点	易发问题	备注
7	终到作业	1.《时速160公里动力集中动车组运用维修管理暂行办法》(铁总机辆〔2018〕200号) 2.《铁路客车运用维修规程》(铁总运〔2015〕22号) 3.《加强旅客列车车辆乘务工作的规定》(铁总运〔2013〕175号)	1. 提前进入司机室与司机沟通动车组运行情况。(高原双源动力集中动车组随车机械师不进入司机室) 2. 与客运部门做好动车组客服设施的巡视交接。 3. 车外巡视到位。 4. 确认防溜	终到后,未会同列车长巡视车厢,办理固定服务设施状态交接	
8	退勤	1.《时速160公里动力集中动车组运用维修管理暂行办法》(铁总机辆〔2018〕200号) 2.《铁路客车运用维修规程》(铁总运〔2015〕22号) 3.《加强旅客列车车辆乘务工作的规定》(铁总运〔2013〕175号)	1. 车统—181记录故障交接签认。 2. 酒精测试合格,及时登记	车统—181记录故障没有按照规定交接	

1.4 库检车列技术检查

序号	检查项点	检查依据	检查重点	易发问题	备注
1	综合要求	《铁路客车运用维修规程》(铁总运〔2015〕22号)	1. 作业人员穿戴劳动保护用品，携带齐全作业工具及测试仪表。 2. 确认车列防溜，设置车列防护号志	不按规定设置防护号志	
2	地面技术检查	《铁路客车运用维修规程》(铁总运〔2015〕22号)	1. 连接车列制动管和总风管前，对系统管路进行排水排尘，连接风管后尾部进行贯通试验。 2. 充风至600 kPa，按照作业指导书规定和要求进行地面技术检查，检查时须对所有风缸进行排水除尘。 3. 将列车管减压170 kPa，按照要求进行地沟作业。 4. 检车员检查发现的故障在故障部位涂打标记并记录车统—15，全部检查作业完毕后及时通知修理人员处理故障并对故障处理结果进行复查。 5. 所有发现故障处理完毕后，按照要求进行列车制动机试验，试验	1. 没有按照规定进行排水排尘。 2. 运用限度卡控不严。 3. 修理人员未处理故障并涂抹故障标记，检车人员未对发现故障处理结果进行复查。 4. 盘形制动车列未安排在地沟线作业	

续上表

序号	检查项点	检查依据	检查重点	易发问题	备注
2	地面技术检查		前，解除人力制动机防溜，对人力制动机链状态、一位闸托缓解状态进行检查确认。列车制动管尾部达到定压 600 kPa 后，检查列车尾部车辆压力表与尾部测试设备（校对风表）压力差不大于 20 kPa。按照试验方法及技术要求进行列车制动机试验。 6. 列车技检作业结束后，撤除车列防护号志并及时通知车间值班室恢复人力制动机防溜，检查确认人力制动机状态、一位闸托制动状态		
3	绝缘测试检查	《铁路客车运用维修规程》（铁总运〔2015〕22 号）	（一）DC 48 V 客车干线绝缘检测 1. 绝缘测试前先将全列连接开关接通，检查 DC 48 V/8 W 校灯绝缘层、灯泡良好。 2. 使用校灯插头分别接触大线座正负端子，校灯灯泡亮，校灯良好。 3. 使用 DC 48V/8W 校灯插头测试大线座内正负端子与车体漏电	1. 没有按照规定检查兆欧表检定日期。 2. 没有配备湿度计	

续上表

序号	检查项点	检查依据	检查重点	易发问题	备注
3	绝缘测试检查		情况。正负极对地以灯泡钨丝不红为准,雨天和寒冷地区冬季入整备库房时,以灯泡不红为准。 4. 恢复电力连接器护盖。 (二)AC 380 V 空调客车干线绝缘测试 1. 检查电子兆欧表检修标签不过期,测试表笔接触良好。 2. 逐辆车卸载、断电、归零,将红黑表笔对接校表,兆欧表显示器显示“0”,并记录湿度。 3. 选择电子兆欧表的测试伏级为 500 V,打开 AC 380 V 电力连接器座,分别对线间、线对地绝缘进行测试,并记录数值。 4. 恢复电力连接器护盖。 (三)DC 600 V 空调客车干线绝缘测试 1. 检查电子兆欧表检修标签不过期,测试表笔接触良好。		

续上表

序号	检查项点	检查依据	检查重点	易发问题	备注
3	绝缘测试检查		2. 确认全列 Q1、Q2 主空气开关处于断开位置，将红黑表笔对接校表，兆欧表显示器显示“0”，并记录湿度。 3. 选择电子兆欧表的测试伏级为 1 000 V，打开 DC 600 V 电力连接器座，对Ⅰ、Ⅱ路正负线线间、正负线对地绝缘进行测试，并记录数值。 4. 恢复电力连接器护盖		
4	车载监控装置检查	《铁路客车运用维修规程》（铁总运〔2015〕22 号）	1. 列车通风通电，依次检查与 KAX1 车厢级主机连接线及接插件，并对车厢级主机板卡检查及通电试验，P1C1 板卡上“ON/OFF”指示灯点亮。将“ON/OFF”开关拨到“ON”位，此时 P1C1 板卡上“PD”灯点亮，表示 P1C1 板卡已经正常输出 24 V（主机各板卡供电电压）。	1. 对 KAX1 车厢级主机板卡插拔时，未将主机 DC 110 V 电断开，存在带电插拔问题。 2. 工程师车列车级组网通信功能检查时，作业人员联控不到位	

续上表

序号	检查项点	检查依据	检查重点	易发问题	备注
4	车载监控装置检查		2. 在 KAX 报警显示终端上进行调试和功能测试，检查列车网络和校线，并在工程师室，检验 KAX1 列车级组网通信功能。 3. 车下转向架监测子系统检查。 4. 检查试验后关闭电源，清点工具，确认状态良好并擦拭干净后放入工具箱内，然后撤除车列防护号志		

1.5 客列检作业

序号	检查项点	检查依据	检查重点	易发问题	备注
1	始发作业	《铁路客车运用维修规程》(铁总运〔2015〕22号)	1. 旅客列车机车与第一辆客车的连挂、摘解。 2.“三捆绑”、列车尾部软管防尘堵按照规定吊起。 3. 按规定进行制动机简略试验。 4. 列车出发时,客列检采取蹲式送车	1. 车钩未按要求进行连挂、摘解,未对状态进行确认。 2. 电力连接线未按要求进行摘结。 3. 未对“三捆绑”状态进行检查。 4. 未按要求进行简略试验或者简略试验不合格,列车制动管系漏泄超标应急处置不当造成晚点。 5. 未按照规定设置防护号志。 6. 未进行送车作业	
2	通过作业	1.《铁路客车运用维修规程》(铁总运〔2015〕22号)	1. 列车进站时,客列检检车员采用蹲式接车,观察车底走行部及悬吊件、车下各箱盖状态,检查有无异音、异状、异味等。	1. 未按照规定设置防护号志。 2. 未进行接、送车作业。 3. 未按要求进行技术检查作业等。	

续上表

序号	检查项点	检查依据	检查重点	易发问题	备注
2	通过作业	2.《铁路技术管理规程(普速铁路部分)》(铁总科技〔2014〕172号、铁总科技〔2017〕221号) 3.《中国铁路总公司运输局关于明确客车运用管理有关事项的通知》(运辆客车电〔2016〕1409号) 4. 中国铁路总公司运输局《关于明确普速旅客列车总风软管摘结要求的通知》(运辆客车电〔2017〕351号)	2. 列车停靠低站台时,一般采用两侧平行检查方式进行技术检查作业;停靠高站台时,采用非站台侧单侧跨轨检查方式进行技术检查作业。 3. 列车出发时,客列检检车员采取蹲式送车。 4. 密封风挡及电气连接线的摘结由车辆乘务员负责;“三捆绑”等其他作业由客列检人员负责,必要时打开车门,以便于调车作业。 5. 装有密接式车钩的客车车辆摘挂时,过渡车钩的安装和拆卸由客列检人员负责。 6. 客列检发现处理的故障,需要车辆乘务员进行现场确认的,由客列检检车员或值班员通知车辆乘务员,车辆乘务员确认前,客列检检车员不得撤除防护号志。	4. 未按要求办理列车技术状态交接。 5. 处理故障不及时造成晚点,未与通知车辆乘务员确认故障。 6. 未按要求进行双改单作业。 7. 对 TVDS 故障未处理或未检查。 8. 未按要求处置故障或处置故障时因材料不到位等因素造成故障处置时间过长、故障处置不彻底等	

续上表

序号	检查项点	检查依据	检查重点	易发问题	备注
2	通过作业		7. 双管供风旅客列车应由双管供风机车牵引,运行途中因机车供风系统故障或用单管供风机车救援接续牵引,需改为单管供风时:客列检接到通知后,客列检人员根据调度命令将编组客车风管路改为单管供风状态。 8. 负责总风管摘结,以及摘解后总风管加装防尘堵并吊起。 9. 检查加挂车辆与原列车车辆间车钩、制动软管、总风管的连接状态,两车风管折角塞门安装开口销、车钩下锁销和钩提杆安装防跳装置。 10. 列车加挂车辆,客列检检车员在与车辆乘务员办理技术交接时,将加挂车辆通知单交给车辆乘务员。 11. 处理 TVDS、THDS 和车辆乘务员预报的故障。 12. 按规定进行制动机简略试验		

续上表

序号	检查项点	检查依据	检查重点	易发问题	备注
3	站折作业	1.《铁路客车运用维修规程》(铁总运〔2015〕22号) 2. 中国铁路总公司运输局《关于明确普速旅客列车总风软管摘结要求的通知》(运辆客车电〔2017〕351号)	1. 负责总风管摘结,以及摘解后总风管加装防尘堵并吊起;检查加挂车辆与原列车车辆间车钩、制动软管、总风管的连接状态,两车风管折角塞门安装开口销、车钩下锁销和钩提杆安装防跳装置。 2. 列车加挂车辆,客列检检车员在与车辆乘务员办理技术交接时,将加挂车辆通知单交给车辆乘务员。 3. 处理THDS、TVDS预报的故障。 4. 按规定进行列车制动机试验。 5. 检查车端连接处互钩差、“三捆绑”及各电气连接线及座、软管、风挡连接状态。 6. 检查车轮缺损,踏面剥离、擦伤及局部凹入。 7. 检查转向架、钩缓装置、制动装置、车下各箱体等配件丢失、脱落、裂损及异物撞击导致的变形等故障。	1. 未按照规定设置安全防护号志。 2. 未与车辆乘务员进行交接。 3. 对TVDS故障未处理或未检查或未按要求对车辆进行技术检查作业等。 4. 制动机试验不合格,应急处置时间过长等。 5. 未进行接、送车作业。 6. 未按要求恢复双管供风	

续上表

序号	检查项点	检查依据	检查重点	易发问题	备注
3	站折作业		8. 列车进站时,客列检检车员要提前准备,采用蹲式接车,对车轮踏面是否损伤做出判断,及时发现焦糊、呛鼻等异味车辆,观察车底走行部及悬吊件是否发生配件脱落、车下各箱盖是否开启等情况。 9. 列车出发时,客列检检车员要蹲式送车,观察折角塞门是否关闭,防护号志是否撤除等情况。 10. 列车停靠低站台时,一般采用两侧平行检查方式进行技术检查作业;停靠高站台时,采用非站台侧单侧跨轨检查方式进行技术检查作业。 11. 双改单列车运行至终到站后,接续开行其他车次时,维持单管供风至接续列车终到站的,终到不入库检修的列车由客列检恢复双管供风状态。 12. 旅客列车运行途中客车发生热轴,终到后,不入库作业的由客列检负责开盖检查		

续上表

序号	检查项点	检查依据	检查重点	易发问题	备注
4	终到作业	《铁路客车运用维修规程》（铁总运〔2015〕22 号）	1. 列车进站时，客列检检车员采用蹲式接车，观察车底走行部及悬吊件、车下各箱盖状态，检查有无异音、异状、异味等。 2. 旅客列车机车与第一辆客车的摘解： （1）车钩、软管摘解，由客列检人员负责。 （2）电气连接线摘解由客列检人员负责。由机车供电的旅客列车，客列检人员在机车降弓且供电钥匙交接后，才可进行电气连接线摘解。 （3）“三捆绑”、列车尾部软管防尘堵的安装及软管的吊起由客列检人员负责	1. 未按照规定设置防护号志。 2. 未按要求进行接车作业。 3. 车钩未按要求进行摘解，未对状态进行确认。 4. 电力连接线未按要求进行摘结。 5. 未对“三捆绑”状态进行检查。 6. 未按要求办理钥匙交接等	
5	TVDS 故障预报及处置	1.《铁路客车故障轨旁图像检测系统（TVDS）运用管理办法》（运辆客车函〔2016〕188 号）	1. 拦停类故障：需要立即安排停车检查的 TVDS 预报故障，停于客列检作业站时，由客列检进行确认并按不摘车修范围进行处理，完毕后通知车站，由车辆乘务员通知机	客列检值班员未对确认及预报类确认处理信息在故障推送终端录入	

续上表

序号	检查项点	检查依据	检查重点	易发问题	备注
5	TVDS 故障预报及处置	2.《关于优化 TVDS 拦停类故障处置要求的通知》(机辆动客网〔2018〕27 号)	车乘务员,车辆乘务员与客列检须按规定办理交接。经车辆乘务员确认处理的,由车辆乘务员将确认处理信息(故障是否属实、属实故障的处理措施),经客列检确认处理的,由客列检检车员经所属客列检值班员转告 TVDS 动态检车室;动态检车工长负责将确认处理信息录入作业平台。 2. 确认及预报类故障:确认类及联网预报故障推送后,客列检值班员在故障推送终端查询到故障信息后通知现场检车员进行确认处理。TVDS 所在地客列检现场检车员须对确认类故障进行现车确认处理;站折客列检现场检车员对联网预报故障全部进行确认,并按规定进行处理。确认处理完毕后,现场检车员将确认处理信息向对其预报的值班员进行反馈,值班员须在故障推送终端录入确认处理信息		

续上表

序号	检查项点	检查依据	检查重点	易发问题	备注
6	综合管理	1.《关于印发〈普速旅客列车车辆防护信号设置及确认规定〉的通知》(铁总机辆〔2018〕183号) 2.《铁路客车运用维修规程》(铁总运〔2015〕22号) 3.《关于明确通过旅客列车客列检作业相关规定的通知》(运辆客车函〔2015〕261号)	1. 机车摘挂作业时,首尾客列检检车员或车辆乘务员须做好联控。 2. 列车换向时,以列车出发方向为准,设置红色信号旗(灯)。 3. 客车与机车连接风管时,应先开放机车折角塞门。 4. 客列检应编制日工作计划,以列车运行图为依据,包括作业线路、作业时间和作业班组安排,并应注明有关作业重点和要求。 5. 客列检按规定进行KMIS基础运用数据录入或维护,确保数据录入及时、准确。 6. 客列检配备酒精测试设备	1. 未按要求设置防护信号。 2. 在与机车连挂时未按要求进行排水。 3. 未按要求编制日工作计划,或计划编制不详细。 4. 处理的故障未及时、准确录入KMIS系统。 5. 作业人员在现场工作期间玩手机、作业未按照安全行走路线图行走、过股道未执行"一停、二看、三确认、四通过"	

1.6 客车辅(A1)修

序号	检查项点	检查依据	检查重点	易发问题	备注
1	质量监督要求	《铁路客车运用维修规程》(铁总运〔2015〕22 号)	质量检查人员对客车辅(A1)修过程全程盯控,对各部位施修质量把关验收,确保达标	验收把关不严,施修质量不达标	
2	轮对	《铁路客车运用维修规程》(铁总运〔2015〕22 号)	1. 检查踏面、轮辋、轴身等各部状态,测量轮径、轮缘垂直磨耗高度等尺寸,各部尺寸不符合限度表中 A1 修限度时进行轮对踏面修形。 2. 查阅 A1 修前 1 个月 TPDS 探测数据,冲击当量不符合限度表中 A1 修限度要求时进行轮对修形	未查阅前 1 个月 TPDS 探测数据	
3	轴箱	《铁路客车运用维修规程》(铁总运〔2015〕22 号)	1. 轴箱清除外部尘垢,各部无裂纹、甩油,螺栓无松动。 2. 对轴端接地装置进行检修,轴箱盖目测无裂纹,螺栓无锈蚀、松动,配件齐全	轴端接地装置检修时扭矩未校正	
4	分配阀	《铁路客车运用维修规程》(铁总运〔2015〕22 号)	1. 104 型分配阀更换为合格品,F8 型分配阀进行状态检修;安装牢固、标记清晰、不过期。	1. 104 型分配阀更换过程中未进行防尘保护。	

续上表

序号	检查项点	检查依据	检查重点	易发问题	备注
4	分配阀		2. 对分配阀中间体进行外观检查，裂纹者更换；对各空气室及气路进行吹尘，中间体内的滤尘器须分解检查、清扫	2. 中间体内的滤尘器未分解检查	
5	压力表	《铁路客车运用维修规程》（铁总运〔2015〕22号）	检查制动、总风压力表状态，检定标记须在有效期内	量程精度不符合1.6级规定	
6	空气管系	《铁路客车运用维修规程》（铁总运〔2015〕22号）	1. 制动软管、总风软管、制氧机金属软管无鼓泡，安装角度正确、无松动。 2. 球形折角塞门和截断塞门状态及作用须良好；分解清扫远心集尘器、过滤器及其滤网，阀体、止尘伞状态须良好，胶垫、螺栓及螺母更换新品；对气路控制箱进行除尘，分解清扫过滤器及其滤网。 3. 检查管卡、吊架无松动；各塞门、单向阀、制动缓解指示器、金属软管等作用良好；高度调整阀、空重车阀、差压阀安装牢固，配件无缺损；电空制动装置进行外观检查，各部配件须齐全。	1. 漏泄检查时遗漏部分部件和活接。 2. 风管安装角度不正。 3. 气路控制箱滤尘器滤网未分解检查	

续上表

序号	检查项点	检查依据	检查重点	易发问题	备注
6	空气管系		4. 各风缸排除积水，排水塞门须作用良好。 5. 以 600 kPa 风压吹扫除尘，组装后对空气管路系统进行漏泄检查，各部无漏泄		
7	基础制动装置	《铁路客车运用维修规程》（铁总运〔2015〕22 号）	1. 检查基础制动装置及各安全托（吊）无松动、裂损、开焊，各圆销、开口销磨耗及销套配合间隙符合要求，销套不窜出。 2. 人力制动机清除尘垢，分解蜗轮盒，并油润保养		
8	制动缸	《铁路客车运用维修规程》（铁总运〔2015〕22 号）	1. 非密封式制动缸须分解检查，清洗给油；活塞压板、皮碗无裂纹、破损、变形、变质，弹簧无折损。 2. 密封式制动缸作用良好者可不分解，防尘套须作用良好，不良者更换。 3. 单元制动缸配件齐全，安装牢固		

续上表

序号	检查项点	检查依据	检查重点	易发问题	备注
9	自动间隙调整器和ST1-600型闸调器	《铁路客车运用维修规程》(铁总运〔2015〕22号)	1. 自动间隙调整器应分解检查、检修,确保作用良好,并清扫给油,调整螺栓须留有1/2扣以上的调整量。 2. ST1-600型闸调器应清除外露部分尘垢,并进行外观检查;螺杆、护管、闸调器体、控制杆等无弯曲、变形,连接部位配件齐全,紧固件无松动,圆销、开口销磨耗不过限,螺杆工作长度不得少于100 mm		
10	电子防滑器	《铁路客车运用维修规程》(铁总运〔2015〕22号)	1. 测量速度传感器与齿轮顶径向间隙须符合规定。 2. 检查压力开关、排风阀、速度传感器等各部配件齐全、安装牢固,各处接线紧固。车下线管、接线盒须完整,断裂或严重腐蚀时更换新品。主机内部及接线排处清洁,接插件插接牢固	1. 速度传感器与齿轮顶径向间隙漏测量或测量数据不准确。 2. 主机内部清洁不彻底。 3. 车下线管腐蚀未更新	

续上表

序号	检查项点	检查依据	检查重点	易发问题	备注
11	试验要求	《铁路客车运用维修规程》(铁总运〔2015〕22号)	1. 按《客车制动机单车试验方法》进行制动机试验。 2. 按《电子防滑器静态试验方法》进行防滑器试验。 3. 制动机试验时,校对制动压力表、总风压力表与单车试验器压力表压力差小于±10 kPa。 4. 制动机试验时,单元制动缸制动、缓解作用良好,活塞杆复位无卡滞现象。制动时闸片、闸瓦分别压紧制动盘、车轮;缓解时,闸片对制动盘、闸瓦对车轮无压力。间隙调整器作用良好	单车试验器未进行机能校验,未进行过球试验	
12	油润保养	《铁路客车运用维修规程》(铁总运〔2015〕22号)	对各磨耗部位进行油润保养	磨耗部位油润存在遗漏	

续上表

序号	检查项点	检查依据	检查重点	易发问题	备注
13	涂打标记	1.《铁路客车运用维修规程》(铁总运〔2015〕22号) 2.《关于明确客车运用管理有关事项的通知》(运辆客车电〔2016〕1409号)	1. 非密封式制动缸活塞杆须按规定涂打标记。 2. 检修完毕后,在二、三位端墙定检标记A1栏内涂打检修标记	检修标记涂打错误,未涂打客整所简称	

1.7 客车专项修

序号	检查项点	检查依据	检查重点	易发问题	备注
1	综合要求	《铁路客车运用维修规程》（铁总运〔2015〕22号）	1. 按照各专项修周期合理编制专项修生产计划并组织实施。 2. 建立专项修台账，相关记录及时填写，数据真实有效	1. 部分专项修项目过期。 2. 检修记录不全，填写内容不真实	
2	轮对鉴定	《铁路客车运用维修规程》（铁总运〔2015〕22号）	1. 测量轮轴（含制动盘）各部尺寸及损伤符合运用限度要求。 2. 检查轮轴各部无裂纹，轮缘顶部不得形成锋芒，制动盘摩擦面均匀磨耗，锤击车轮踏面无异音，车轮无失圆。 3. 检查制动盘与盘毂连接部、半盘连接部无裂损、松动，制动盘摩擦面、散热筋（片）无贯穿裂纹，固定螺栓无松动。 4. 对鉴定发现不符合限度和异常的轮对安排旋修、更换，对不符合辅（A1）修限度的轮对纳入跟踪	1. 未测量制动盘尺寸。 2. 鉴定发现问题的轮对未按规定处置	

续上表

序号	检查项点	检查依据	检查重点	易发问题	备注
3	转向架深度检查	1.《铁路客车运用维修规程》(铁总运〔2015〕22 号) 2.《中国铁路总公司机辆部关于近期客车油压减振器故障情况的通报》(机辆电〔2018〕265 号) 3.《中国铁路总公司运输局关于呼和浩特局 K1276 次列车油压减振器螺杆折断故障的通报》(运辆客车电〔2017〕1595 号) 4.《中国铁路总公司运输局关于北京局 T254 次抗侧滚扭杆安全吊折断情况的通报》(运辆客车电〔2016〕2268 号)	1. 清除转向架污垢、锈垢,满足检查、测量和油润需要。 2. 检查构架、摇枕、弹簧托梁、轴箱定位装置、拉杆、基础制动装置等无裂纹、变形、松动、开焊。 3. 检查各圆销、开口销磨耗及销套配合间隙符合要求,销套不窜出。抗侧滚扭杆吊杆关节轴承无窜出、关节轴承转动灵活。 4. 测量横向缓冲器(横向挡)与构架纵向梁挡板间隙、制动装置各垂下品与轨面距离符合运用限度要求。 5. 磨耗部位给油	对经测量接近到限的故障或需要进一步确认的故障未纳入重点故障跟踪	

续上表

序号	检查项点	检查依据	检查重点	易发问题	备注
4	首尾车钩分解检查	《铁路客车运用维修规程》(铁总运〔2015〕22号)	1. 车钩中心线标记准确、清晰。车钩高度须符合规定。 2. 车钩按规定分解给油;测量钩高、试验车钩三态,作用良好	车钩高度不符合规定	
5	密接车钩分钩检查	《铁路客车运用维修规程》(铁总运〔2015〕22号)	1. 车钩高度须符合规定。 2. 对钩腔、钩舌、钩头凸锥体进行清扫、给油。 3. 测量缓冲器的内半筒相对外壳后端面的伸出量不超限	缓冲器内半筒相对外壳后端面的伸出量超限	
6	制动系统排水除尘	《铁路客车运用维修规程》(铁总运〔2015〕22号)	1. 首尾3辆车各风缸不得有积水;如第3辆有积水,继续对临车风缸进行排水,至无积水车辆为止。 2. 首尾车远心集尘器无积水、结冰;如积水或灰尘较多时,应继续分解临车远心集尘器		

续上表

序号	检查项点	检查依据	检查重点	易发问题	备注
7	拉铆式车窗检查	《铁路客车运用维修规程》（铁总运〔2015〕22号）	车窗不得有松动、外移；拉铆车窗铆钉（螺钉）无松脱、缺失、腐蚀		
8	登顶检查	《铁路客车运用维修规程》（铁总运〔2015〕22号）	1. 铁风挡扁簧无折损，安装牢固。折棚风挡车端阻尼装置无松动，开口销状态良好。 2. 防攀盒无腐蚀破洞、开焊、松动。 3. 空调机组各盖板、软风道防护罩及排水管安装牢固，螺栓、铆钉齐全无松动。作业后是否按照要求安排相关人员现车验收，是否遗留工具、配件。 4. 各类天线焊接良好。 5. 发电车车顶冷却风机防雨百叶挡板、消音器防雨帽、检修用防滑板固定良好，冷却风机防雨百叶挡板无脱落风险，排烟口防雨罩固定良好	1. 配件脱落。 2. 螺栓安装不全，相关人员未登顶确认，机组排水软管脱开。 3. 车顶走板固定状态不确认，百叶挡板轴异常磨损，活动部位螺栓松脱，消音器防雨帽开焊，检修后螺栓、垫片等材料遗留	

续上表

序号	检查项点	检查依据	检查重点	易发问题	备注
9	电开水器	1.《铁路客车运用维修规程》(铁总运〔2015〕22号) 2.《铁路客车电气装置检修规则》(铁机辆〔2022〕39号)	1. 炉体及管系、阀门无漏泄、松动、变形;液位显示清晰。 2. 接线端子无热损、老化、松脱;各接地线牢固可靠,线径、线色符合规定;各开关、熔断器容量符合规定。 3. 电开水器加热管、加热腔水垢清除干净;测量加热管绝缘符合要求。 4. 指示灯指示是否正确,高低水位保护、防干烧保护、自动补水等功能作用须良好	1. 炉体箱门锁闭不良,接地线检查不认真,排水阀门排垢不彻底。 2. 维修时更换的开关、熔断器容量不符合规定,接线端子紧固状态不良。 3. 防干烧保护检测不认真,漏电保护空开测试不认真,箱体漏电检测简化作业	
10	塞拉门	1.《铁路客车运用维修规程》(铁总运〔2015〕22号) 2.《铁路客车电气装置检修规则》(铁机辆〔2022〕39号)	1. 电源箱、控制箱各元器件安装牢固,配线无老化、热损,引线护套良好,各接线端子紧固,线号清晰正确;接地线齐全可靠。 2. 指示灯、蜂鸣器显示正确,门控制单元没有故障信号(闪烁信号)。 3. 空气过滤减压阀下部排水畅通。	1. 接线端子松,标识缺失。 2. 减压阀不排污,整定值漂移,气路漏泄。 3. 杂物残留,上、下滑道抗磨。	

续上表

序号	检查项点	检查依据	检查重点	易发问题	备注
10	塞拉门		4. 立罩板内、门下滑道无烟头等杂物。 5. 测试内、外操作装置功能、紧急解锁装置功能、防挤压功能、翻转脚蹬功能、隔离锁功能须正常；检查测试门装置各控制开关(98%、100%、防挤压、脚蹬位置开关等)安装牢固，位置正确，作用良好；测试 5 km/h 自动关门功能良好	4. 隔离锁不良，脚蹬翻板卡滞，功能测试不到位，防挤压失效	
11	电气化厨房设备	1.《铁路客车运用维修规程》(铁总运〔2015〕22 号) 2.《铁路客车电气装置检修规则》(铁机辆〔2022〕39 号)	1. 电磁灶通电须无异音，锅灶匹配须良好。挡位控制器转动、接触良好。散热风扇无异音。滤尘网干净。 2. 油烟机接地线可靠，线槽完整，各部接线紧固。 3. 电蒸饭箱各熔断器座无烧损松动，熔断器容量正确。接地线状态良好。定时器调整范围正确，显示正常，功能键动作正常，各开关(按钮)接线良好，开关防水护套无	1. 电磁灶面板防水不良，控制器油污，绝缘测试不规范。 2. 油烟机集油盒残油多，按键防水套破损，绝缘测试不认真，电控箱灰尘，灯罩油污。 3. 各保护功能试验简化，排水管阀门堵塞，排气阀功能试验简化。	

续上表

序号	检查项点	检查依据	检查重点	易发问题	备注
11	电气化厨房设备		破损。检查水箱(加热腔)、过滤器、水位探针是否进行了清洁。通电全自动控制、手动控制作用良好,定时控制、超温保护、缺水保护、自动补水、保温等功能正常。 4. 电冰箱各熔断器容量正确;电机启动平稳,无异音、无偏磨,机组制冷运转后各部无漏泄,蒸发器须均匀结霜,压缩机回气管须结露,工作电流正常,温控器作用良好	4. 电冰箱蒸发器脏堵,参数设置错误,箱门密封不严	
12	DC 600 V 车下电源	1.《铁路客车运用维修规程》(铁总运〔2015〕22 号) 2.《铁路客车电气装置检修规则》(铁机辆〔2022〕39 号)	1. 裙板及电源箱门各部配件齐全,安装牢固。各活动部按规定给油。 2. 车下电源箱箱体、吊架及螺栓无松动、破损、开焊、裂纹。 3. 接地保护线齐全、安装牢固。 4. 箱内接线紧固,无烧损、松动。 5. 各断路器、接触器触头无卡死、粘连。 6. 电容组件无漏液、烧损。	1. 裙板液压杆、裙板锁失效,安全链磨损,箱门锁防尘盖缺失。 2. 作业后未确认箱门状态,作业后遗留工具。 3. 地线断股,标识缺失。 4. 接线端子松动、变色烧损,抗磨箱体	

续上表

序号	检查项点	检查依据	检查重点	易发问题	备注
12	DC 600 V车下电源		7. 隔离变压器无烧损、变形、短路痕迹；各熔断器容量正确，无烧损。 8. 散热器、电源箱内外部、各板卡表面清洁。 9. 散热风机工作正常		
13	车端电气连接装置	1.《铁路客车运用维修规程》(铁总运〔2015〕22号) 2.《铁路客车电气装置检修规则》(铁机辆〔2022〕39号) 3.《中国铁路总公司机辆部关于吸取K51次旅客列车电气火灾事故教训的通知》(机辆电〔2017〕43号)	1. DC 110 V连接线、邻车供电线密封胶垫更新；插针无松脱、烧损、电蚀；各插针间、插针与插头壳间绝缘良好。 2. 车端电气连接器及座外观无破损，安装牢固、开闭灵活。连接器插头、插针无扭曲、变形、烧损，插拔良好，绝缘护套完整固定良好。连接器及座各密封部件密封性能良好，DC 110 V插座冠簧状态检查良好	DC 110 V插座冠簧丢失	
14	集便器	《铁路客车运用维修规程》(铁总运〔2015〕22号)	1. 排泄阀、冲便阀无漏泄。气、水过滤器滤网清洁、有无破损。 2. 各空气管路、水管路安装牢	1. 管路漏泄。 2. 绝缘测试简化，温度继电器失效	

续上表

序号	检查项点	检查依据	检查重点	易发问题	备注
14	集便器		固，管系无老化、变形、龟裂、漏泄。水增压器、过滤调压阀、主过滤器、真空发生器、摆门止回阀作用良好；过滤调压阀压力值符合规定；真空开关设定值符合规定。 3. 检查集便控制箱各指示灯显示正确。冬季采暖期间检查电伴热装置绝缘良好，工作正常，伴热指示灯显示正确。 4. 真空发生器工作正常，无喷射延时现象。按压冲洗按钮，进行1～2次冲洗循环，冲水须均匀，空气阀工作正常，排泄阀开启、关闭正常，冲洗循环状态良好；外观检查良好		
15	蓄电池	1.《铁路客车运用维修规程》（铁总运〔2015〕22号） 2.《铁路客车电气装置检修规则》（铁机辆〔2022〕39号）	1. 电池箱底部无腐蚀破损，吊架无裂纹，螺栓、箱门手把、搭扣、插销、防脱挡等配件齐全、安装牢固，通风口、排水口畅通，定检标牌齐全、清晰、正确。对各活动部给油润滑。	1. 作业后未确认箱门状态，箱门三角锁未锁闭，引出线管折断。	

续上表

序号	检查项点	检查依据	检查重点	易发问题	备注
15	蓄电池	3.《中国铁路总公司机辆部关于青藏集团公司00301/2次无火回送客车底蓄电池分线箱门开放故障的通报》(机辆动客电〔2018〕210号)	2. 电池表面清洁,无裂损、漏液、爬碱,消除极耳氧化物。各接线柱及接线端子,无松动、反极、氧化、电蚀,安装牢固。电解液液面高度符合要求。电池箱熔断器齐全,容量正确。 3. 测量电池空载及负载电压(整车空载电压不低于额定值,负载电压DC 48 V蓄电池组不低于42 V、DC 110 V蓄电池组不低于92 V)	2. 电池表面不清洁、爬碱、液面高度不符合规定,隔离空开锈蚀,熔断器容量不符、烧损。 3. 电池组未固定牢靠	
16	电气控制柜	1.《铁路客车运用维修规程》(铁总运〔2015〕22号) 2.《铁路客车电气装置检修规则》(铁机辆〔2022〕39号)	1. 箱内接线紧固,无烧损、松动、元件无灰尘,接线端子无过热变色,感温胶贴齐全无变色;各断路器、接触器触头无卡死、粘连,直流接触器确认磁极及接线电流方向。 2. 滤尘网清洁。 3. 热继电器、延时继电器、漏电报警器、在线绝缘检测装置电气元件安装牢固、保护参数设置正确。	直流、交流接触器混用,造成烧损故障	

续上表

序号	检查项点	检查依据	检查重点	易发问题	备注
16	电气控制柜		4. 各熔断器容量正确，无烧损。 5. 漏电功能测试正常。 6. 空调装置在自动位和试验位运行状态须正常，电机电流正常。 7. 应急供电的轴报器、电子防滑器、应急灯、集便器、烟火报警器、播音设备（播音车）等设备，通过电源选择开关，切断主电源，须全部能正常供电		
17	列车网络	1.《铁路客车运用维修规程》（铁总运〔2015〕22 号） 2.《铁路客车电气装置检修规则》（铁机辆〔2022〕39 号）	1. TCDS 主机。检查主机箱各标识齐全，板卡齐全无松动，各接线端子压接可靠。对列车级主机的 GPS、GPRS、WLAN 功能检测，确认良好。 2. 行车安全监控系统。车厢和列车级主机接线正确牢固，导线无破损老化。列车级主机与电气设备监控系统主机通信正确、可靠。 3. 列车电气监控系统。检查车厢级与列车级电气设备监控网络	1. 馈线端子压接不良，熔断器容量不符，参数设置错误。 2. WLAN 地面传输故障，网络传输故障。 3. 列车电气系统离线，车号、序号错误，网络传输故障。 4. 各设备联网不良	

续上表

序号	检查项点	检查依据	检查重点	易发问题	备注
17	列车网络		各网关、代理节点及连接件配件齐全,端子及接线正确、牢固。检查本车网络中的各设备通信正常,显示正常代码;调阅检查邻车各电气设备运行状态,确认列车网络通信正常。 4. 轴报装置。检查车端通信连接器状态良好,通电后确认整列车联网状态良好,并测试声光报警功能良好。 5. 烟火报警装置。检查烟火报警器与电气综合控制柜中的 PLC 通信正常,触摸屏无故障显示。依次查询火警信息、历史记录,并进行联网、查询功能测试		
18	柴油发电机组及附属装置(B 级保养)	1.《铁路客车运用维修规程》(铁总运〔2015〕22 号) 2.《铁路客车电气装置检修规则》(铁机辆〔2022〕39 号)	1. 柴油机空气滤清器滤芯按规定吹尘;清洗燃油粗滤器、磁滤器;燃油滤清器、水滤清器、机油及机油滤清器按规定更新(MTU 机组无水滤)。测试柴油机冷却液浓度及冰点值符合规定。检查三角皮带张紧度须适中。	1. 各滤清器、管路接头渗油,空滤脏堵,冰点值不符,皮带老化。 2. MTU 双层高压油管渗油,高压油泵渗油。	

续上表

序号	检查项点	检查依据	检查重点	易发问题	备注
18	柴油发电机组及附属装置（B级保养）		2. 发电机。检查各接线紧固，测温贴无变色。启机检查各机组运转状态，带载试验时各项参数在规定数值范围内。 3. 控制屏内部清洁，安装牢固，各柜门、锁、销作用良好；导线排列整齐，接线无松动、变色、烧损、脱焊；导线绝缘层无老化、破损；配电柜内原理图清晰完整，与机型相符。 4. 检查燃油泵及联轴器，用手转动联轴器电机转动应自如，不扫膛。 5. 进、排气系统旋风式滤清器无裂损、堵塞。排气管道、消音器各悬吊（架）及连接处安装须稳固。 6. 检查冷却系统传感器安装牢固，膨胀水箱及补水箱安装牢固，水位符合要求	3. 仪表效验标签过期、脱落，控制屏线束插件松动，柜门锁失效。 4. 燃油泵自动位失效，油箱液位仪失效。 5. 管路接头渗漏，冷却单节渗漏，连接软管老化	

续上表

序号	检查项点	检查依据	检查重点	易发问题	备注
19	J型发电机	1.《铁路客车运用维修规程》(铁总运〔2015〕22号) 2.《铁路客车电气装置检修规则》(铁机辆〔2022〕39号)	1. 摘下发电机皮带,旋转发电机皮带轮,监听电机内部应无扫膛和杂音,转子无轴向移动;皮带轮无裂损,配件齐全,各部螺栓紧固;对发电机的前、后轴承有异音的进行更换或补油。确认轴端皮带轮无松动,轴端皮带轮及连结轴、连结筒无裂损,压盖紧固螺栓无松动。 2. 发电机悬吊装置配件齐全,无裂纹、变形;吊销与销孔间隙不得大于 2 mm,吊销磨耗不得超过 1 mm;调整手轮与丝杠作用灵活,调整杠杆支托与发电机机体磨耗深度超过 5 mm 时在二者间加垫。整流箱悬吊装置安装牢固,吊架与车体连接处腐蚀时,应采取加固措施。 3. 整流箱内三相桥整流元件应无短路和断路。控制箱仪表及各元件无烧损、过热等异状,接线良好,	1. 皮带松紧度不符合要求,转子横向、纵向间隙过限,皮带轮V形槽磨耗过限,防松线折断,线盒盖螺栓松动磨耗。 2. 整流箱、控制箱接线松动、端子烧损,熔断器熔断,元件开焊、不发电,失控,仪表效验标签缺失、过期,引线绝缘层破损。 3. 引出线喇叭口折断,防雨布老化,电机引线抗磨	

续上表

序号	检查项点	检查依据	检查重点	易发问题	备注
19	J型发电机		仪表定检不过期，显示正确。整流箱、控制箱各接线端子应连接紧固，散热器与整流元件的接触须良好，无松动。整流元件表面无烧痕，导线无脱焊，熔断器规格、型号符合规定。 4. 检测发电机绝缘符合规定，电机引出线连接可靠、防雨布完整		

1.8 客车临修作业

序号	检查项点	检查依据	检查重点	易发问题	备注
1	综合要求	《铁路客车运用维修规程》（铁总运〔2015〕22号）	1. 作业人员穿戴劳动保护用品，携带齐全作业工具及检测量具。 2. 确认车列防溜，设置防护号志，检查调车机车行驶线路。 3. 使用调车机车调车入库，设置防溜，摘解调车机车。 4. 设置防护号志，使用落轮机和天车进行临修作业。 5. 临修车复组后检查三捆绑、横向止挡、轴箱装置、基础制动装置，确认状态良好。 6. 质量检查人员要全过程盯控，确保临修质量	1. 调车机车调车作业联控不到位。 2. 落轮机和天车设备未按设备操作规程使用	
2	临修作业质量控制	1.《铁路客车运用维修规程》（铁总运〔2015〕22号） 2.《临修作业指导书》	1. 换轮作业：确认轴箱各部螺栓紧固无松动，新轮轮径不超限，轴箱电气连接装置恢复良好，盘形制动车辆两侧闸片与制动盘间隙之和3～5 mm不超限，测量车钩高度符合限度。	未对更换配件进行技术核对	

续上表

序号	检查项点	检查依据	检查重点	易发问题	备注
2	临修作业质量控制		2. 换轴簧作业：确认更换后轴簧无抗磨，轴箱电气连接装置恢复良好，换簧转向架基础制动装置技术状态良好，盘形制动车辆两侧闸片与制动盘间隙之和 3～5 mm 不超限。 3. 换空气弹簧作业：确认高调杆、人力制动机杠杆、车体与转向架各电气连接装置、空气弹簧胶囊风路截断塞门恢复良好；使用单车试验器对车辆制动管路供风，充风至定压（600 kPa）后，减压 170 kPa，配合使用肥皂水，检查编织软管漏泄情况，对总风系统进行漏泄试验，检查空气弹簧漏泄情况；对空气弹簧外观进行检查，确认状态良好，高度符合规定；检查车体倾斜不超过 50 mm。 4. 换缓冲器作业：确认缓冲器各部连接螺栓紧固无松动，测量车钩高度符合限度		

1.9 客车乘务一次出乘作业

序号	检查项点	检查依据	检查重点	易发问题	备注
1	本属出库作业	《中国铁路总公司关于印发〈加强旅客列车车辆乘务工作的规定〉的通知》(铁总运〔2013〕175号)	1. 接受酒精测试,签到后要认真听取值班员传达命令、电报、指示及有关事项,并摘记于车统—15内。 2. 车辆包乘组出库检查须在库列检作业完毕后进行,作业前车辆包乘组须到库列检值班室确认列车编组变化情况,记录“旅客列车技术状态交接簿”(车统—181)中乘务员交接的故障和库列检填记的重点故障。领用轴报IC卡和巡检仪,根据值班员通知领用DC 600 V干线绝缘检测装置CF卡和TCDS主机SIM卡。 3. 车辆包乘组出库检查时应突出重点,不要求对担当列车进行全部检查,对经检查的项目承担安全防范责任。作业前须按规定设置防护号志。 4. 作业完毕后,车辆乘务员(发电车乘务员)返回库列检值班室签认车统—181,经值班员复核盖章后,领取车统—181,参加“三乘”检查,随车体出库	1. 车辆包乘组出乘未接受酒精测试。 2. 车辆乘务员在库内未检查列车干线绝缘、DC 110 V母线电压、首尾各电气连接线状态、车下各箱门锁闭情况以及车统—181记录故障处理情况,未对客列尾主机安装状态、换挂车辆的“三捆绑”状态及车端连接状态进行确认。 3. 发电车乘务员在库内未确认柴油发电机组运行状态,未对火灾报警器报警功能进行试验确认	

续上表

序号	检查项点	检查依据	检查重点	易发问题	备注
2	始发作业	《中国铁路总公司关于印发〈加强旅客列车车辆乘务工作的规定〉的通知》(铁总运〔2013〕175 号)	1. 在有客列检作业的始发站车辆乘务员负责以下作业： (1)与司机、客列检检车员办理供电交接手续。 (2)设置列车尾部标志灯。 (3)建立客列尾连接：建立尾部客列尾主机与机车 LBJ 的通信唯一对应关系；按规定使用列车无线调度通信设备与本务机车司机联系，报告客列尾主机 ID 号；司机输入 ID 号后，呼叫车辆乘务员核对客列尾显示的机车号；车辆乘务员与司机互相通报姓名、核对时钟。 2. 在无客列检作业的始发站车辆乘务员负责以下作业： (1)进行机车与第一辆客车电气连接线及软管连结、“三捆绑”，与司机办理供电交接手续。 (2)进行列车尾部软管防尘堵的安装及吊起。 (3)单班单司机值乘且无客列检作业时，进行机车与第一辆客车车钩的连挂。	1. 未按规定设置防护号志。 2. 在无客列检作业的始发站车辆乘务员没有及时进行机车与第一辆客车电气连接线及软管连结、“三捆绑”。 3. 机车连挂作业完毕后，机次车辆乘务员未沿站台侧或车上由机次向尾部巡视。 4. 没有按照规定时间提前连挂机车供电对车厢进行预冷、预热	

续上表

序号	检查项点	检查依据	检查重点	易发问题	备注
2	始发作业		(4)设置列车尾部标志灯。 (5)建立客列尾连接。 3. 机车连挂作业完毕后,机次车辆乘务员要沿站台侧或车上由机次向尾部巡视。 4. 列车编组中加挂客车时:有客列检的由客列检作业人员、无客列检且加挂车无车辆乘务员的由本列车辆乘务员,按照客列检对通过列车作业范围对加挂客车进行技术检查;加挂客车与邻车需要连接密封风挡及车端电气连接线时,由本列车辆乘务员负责;“三捆绑”及列车尾部软管吊起由客列检作业人员负责,无客列检的由本列车辆乘务员负责。 5. 发电车供电的空调客车须在列车始发前 1 h,机车供电的空调客车须在列车始发前 40 min 完成机车连挂和供电,对车厢进行预冷、预热。发电车乘务员应保证各机组均衡使用,采取合理单、双机供电方案		

续上表

序号	检查项点	检查依据	检查重点	易发问题	备注
3	途中巡视	《中国铁路总公司关于印发〈加强旅客列车车辆乘务工作的规定〉的通知》(铁总运〔2013〕175号)	1. 车辆乘务员值乘中每3 h左右对全列车厢进行一次巡视。因处理故障或客列尾发生故障需核对风压等不能按时进行巡视作业时,由车辆乘务员即时上报值班室,并在“乘务日志”内登记。 2. 空调列车始发后的第一次巡视、接班后的第一次巡视及终到前最后一次巡视,车辆乘务员须打开控制柜,对电源柜主接线排处,主接触器进出线接线处,主空气开关进出线接线处温升状态进行检查。 3. 巡视重点是列车运行状态、电气系统工作状态及“两炉一灶”。 4. 巡视间隔期间,车辆乘务员应在固定地点值乘,值乘位置原则上为首尾车乘务员室(不得长时间固定占用),编挂工程师车的须在工程师室值乘,具体值乘位置由各局根据情况自定。 5. 对发生轴报器离线等故障影响集中报警功能时,须加强监控,并抄记离线车辆轴温。	1. 车辆乘务员值乘中未按规定对全列车厢进行巡视。 2. 空调列车始发后的第一次巡视、接班后的第一次巡视及终到前最后一次巡视,车辆乘务员未打开控制柜进行检查。 3. 发电车乘务员长时间离开监控室,未按规定时间间隔进入发电车机房、冷却间进行巡视检查。 4. 途中应急处置不到位,造成故障、事故升级	

续上表

序号	检查项点	检查依据	检查重点	易发问题	备注
3	途中巡视		6. 运行途中对车辆热轴、单车漏电量超标、车下电源供电故障、紧急制动故障、客列尾装置故障时根据应急处置流程处置。 7. 发电车乘务员应在监控室值乘，离开监控室时，不得超过 10 min。每间隔 30 ~ 60 min，进入发电车机房、冷却间进行一次巡视检查，每间隔 1 h 填写一次“发电车运用记录”。不得使用内关锁等非三角锁对发电车外端门进行锁闭		
4	站停作业（无客列检作业站）	《中国铁路总公司关于印发〈加强旅客列车车辆乘务工作的规定〉的通知》（铁总运〔2013〕175 号）	1. 下车瞭望，观察车辆有无冒烟、倾斜等异状，对途中巡视时发现的重点故障进行确认。 2. 机车换挂和列车换向时，与司机办理断电交接手续，进行机车与第一辆客车电气连接线的摘结、软管连结、“三捆绑”，与司机办理供电交接手续；本务机车实行单班单司机值乘的，还须进行机车与第一辆客车车钩的摘结、软管的摘解。	1. 未按规定设置防护号志。 2. 在无客列检作业站车辆乘务员没有对途中巡视时发现的重点故障进行确认。 3. 机车换挂和列车换向时，没有及时进行机车与第一辆客车电气连接线的摘解、软管连结、“三捆绑”。	

续上表

序号	检查项点	检查依据	检查重点	易发问题	备注
4	站停作业（无客列检作业站）		3. 列车换向时，机车摘解前，解除尾部客列尾主机与机车 LBJ 的通信连接关系后，须关闭客列尾主机电源及球芯截断塞门；机车换挂时，解除客列尾连接后，不需关闭客列尾主机电源及球芯截断塞门；机车连挂后，建立客列尾连接。 4. 在列车换向时，负责列车尾部标志灯的摘挂及软管吊起。 5. 车辆乘务员负责对有车辆摘挂作业的列车，根据需要进行客车密封风挡及电气连接线摘解，还须进行客车“三捆绑”等其他作业。 6. 发电车乘务员途中换班原则上应在停站时办理交接，接班乘务员负责对站台侧发电车电力连接器的连接状态及温升、柴油机排烟烟色异常情况等进行重点检查，非高站台车站还须对下油箱剩余油量进行确认。 7. 终到前发电车乘务员应对全车柴油发电机机组及附属装置进行全面动态检查、试验，发现故障及时填记车统—181	4. 在列车换向时，没有进行列车尾部标志灯的摘挂及软管吊起作业	

续上表

序号	检查项点	检查依据	检查重点	易发问题	备注
5	站停作业（有客列检作业站）	《中国铁路总公司关于印发〈加强旅客列车车辆乘务工作的规定〉的通知》（铁总运〔2013〕175号）	1. 主动与客列检办理列车车辆技术状态交接，将运行途中发现的异常情况向客列检通报，对客列检作业中处理的故障部位要重点盯控，做好记录及时向所属车辆段汇报，必要时需对重点故障部位进行拍照、留存；交接位置一般在列车尾部最后一辆客车。 2. 机车换挂和列车换向时，与司机、客列检检车员办理供电交接手续。 3. 机车换挂和列车换向时，机车摘解前，解除客列尾连接；机车换挂时，不需关闭客列尾主机电源及球芯截断塞门；机车连挂后，建立客列尾连接。 4. 在列车换向站负责列车尾部标志灯的摘挂。 5. 车辆乘务员负责对有车辆摘挂作业的列车，根据需要进行客车密封风挡及电气连接线摘结。	1. 未按规定设置防护号志。 2. 车辆乘务员没有对客列检作业中处理的故障部位进行盯控。 3. 发电车接班乘务员没有对站台侧发电车电力连接器的连接状态及温升、柴油机排烟烟色异常情况等进行重点检查	

续上表

序号	检查项点	检查依据	检查重点	易发问题	备注
5	站停作业（有客列检作业站）		6. 发电车乘务员途中换班原则上应在停站时办理交接，接班乘务员负责对站台侧发电车电力连接器的连接状态及温升、柴油机排烟烟色异常情况等进行重点检查，非高站台车站还须对下油箱剩余油量进行确认。 7. 终到前发电车乘务员应对全车柴油发电机机组及附属装置进行全面动态检查、试验，发现故障及时填记车统—181		
6	站折作业	《中国铁路总公司关于印发〈加强旅客列车车辆乘务工作的规定〉的通知》（铁总运〔2013〕175号）	1. 无客列检作业的站折列车，车辆乘务员按照因列车牵引、超员超载、异物击打等可能造成故障的部位必须重点检查的原则，进行技术检查作业。 （1）按照《铁路技术管理规程（普速铁路部分）》规定，利用到达本务机车进行列车制动机试验。	1. 未按规定设置防护号志。 2. 无客列检作业的站折列车，车辆乘务员没有对途中出现异常的车辆进行重点检查，对5T系统预报的故障未处理。	

续上表

序号	检查项点	检查依据	检查重点	易发问题	备注
6	站折作业		(2)摘解机车。解除客列尾连接;与司机办理断电交接手续,进行机车与第一辆客车电气连接线的摘解和软管吊起;本务机车实行单班单司机值乘时,进行机车与第一辆客车车钩及软管摘解;摘解尾部标志灯。 (3)技术检查。检查钩差、“三捆绑”及各电气连接线及座、软管、风挡连接状态;跨轨检查摇枕悬吊装置、基础制动装置可视部位配件丢失、脱落、折损;检查车下各箱体、箱门、裙板锁闭及损伤状态。 (4)对途中出现异常的车辆进行重点检查。 (5)处理5T系统预报的故障(含热轴故障)。 2. 有客列检作业的跨局旅客列车,车辆包乘组摘解尾部标志灯,解除客列尾连接。全组到客列检值班室进行签到,接受酒精测试,	3. 车辆包乘组未到客列检值班室进行签到,接受酒精测试	

续上表

序号	检查项点	检查依据	检查重点	易发问题	备注
6	站折作业		办理车统—181 故障交接。管内旅客列车折返签到方式由各铁路局集团公司自定。 3. 发电车供电旅客列车终到下客完毕后，车辆乘务员进行卸载，发电车乘务员停机后应立即切断电源		
7	入库折返作业	《中国铁路总公司关于印发〈加强旅客列车车辆乘务工作的规定〉的通知》（铁总运〔2013〕175 号）	1. 到站后按站折作业要求摘解机车，解除客列尾连接，摘除尾灯。 2. 发电车供电旅客列车终到下客完毕后，车辆乘务员进行卸载，发电车乘务员停机后应立即切断电源。 3. 车辆包乘组随车入库到库列检值班室进行签到，接受酒精测试，办理车统—181 故障交接，按规定退乘。 4. 列车出库前，车辆包乘组全体成员统一着装，佩戴臂章，到值班室报到，接受酒精测试，签到后，听取值班员传达命令等有关事项，并	1. 未按规定设置防护号志。 2. 车辆包乘组全体成员未到值班室报到，接受出退乘酒精测试。 3. 出库检查作业时车辆包乘组未按规定检测全列干线绝缘，未对车统—181 记录故障的处理情况进行检查确认	

续上表

序号	检查项点	检查依据	检查重点	易发问题	备注
7	入库折返作业		摘记于车统—15 内。库停时间不足 2 h 的,列车出库前,车辆包乘组可不进行签到。 5. 出库检查作业时车辆包乘组须按规定设置防护号志,车辆乘务员检测全列干线绝缘,发电车乘务员确认发电车油量、水位,并按分工对车统—181 记录故障的处理情况进行检查确认,对经检查的项目承担安全防范责任。 6. 作业完毕后,车辆乘务员(发电车乘务员)返回值班室签认车统—181,经值班员复核盖章后,领取车统—181,随车体出库		
8	本属到达作业	《中国铁路总公司关于印发〈加强旅客列车车辆乘务工作的规定〉的通知》(铁总运〔2013〕175 号)	1. 到站后按规定摘解机车、解除客列尾连接,摘除尾灯。 2. 发电车供电旅客列车终到下客完毕后,车辆乘务员进行卸载,发电车乘务员停机后应立即切断电源。	1. 未按规定设置防护号志。	

续上表

序号	检查项点	检查依据	检查重点	易发问题	备注
8	本属到达作业		3. 车辆包乘组全体人员应随车入库并向值班员汇报列车运行情况，接受酒精测试，交接“旅客列车技术状态交接簿”（车统—181），重点故障须将途中发现及处置情况向库列检工长当面交接。 4. 交还轴报IC卡和巡检仪，根据值班员通知交还DC 600 V干线绝缘检测装置CF卡和TCDS主机SIM卡，按规定退乘	2. 车辆包乘组全体人员未随车入库接受酒精测试，未交接“旅客列车技术状态交接簿”（车统—181）	
9	TVDS故障途中处置	1.《铁路客车故障轨旁图像检测系统（TVDS）运用管理办法》（运辆客车函〔2016〕188号） 2.《关于优化TVDS拦停类故障处置要求的通知》（机辆动客网〔2018〕27号）	车辆乘务员接到通知后。列车停于区间时由车辆乘务员进行确认并按应急指导手册规定进行处理，完毕后通知司机；停于客列检作业站时由客列检进行确认并进行处理，车辆乘务员与客列检须按规定办理交接	车辆乘务员没有按应急指导手册规定进行处理	

续上表

序号	检查项点	检查依据	检查重点	易发问题	备注
10	车统—181故障处理	1.《中国铁路总公司关于印发〈加强旅客列车车辆乘务工作的规定〉的通知》(铁总运〔2013〕175 号) 2.《铁路客车运用维修规程》(铁总运〔2015〕22 号)	1. 车辆乘务包乘组按要求配置车统—181,运行一个往返入库后向值班室报送,各值班室须设立车统—181 故障记录本(电子版),记录当日车统—181 故障的引荐、处理结果、处理人。 2. 车辆运行途中出现的无法修复的故障,车辆乘务员必须如实记录在车统—181 内,入库后引荐处理。 3. 列车入库 30 min 内,由车辆乘务包乘组将车统—181 报送到车间值班室,各车间值班员负责对责任班组下达“车统—181 引荐故障通知单”,责任车间立即组织相关人员进行处理;处理完后,处理人及时回复处理结果。值班室按要求做好车统—181 故障录入工作,对乘务员填报的车统—181 故障及时录入于 KMIS 系统及故障记录本(电子版)。	1. 车辆乘务员对途中发现各类故障未如实记录和引荐。 2. 车辆段管理人员未按规定对车统—181 进行抽查和签认。对引荐故障处理不到位、不彻底	

续上表

序号	检查项点	检查依据	检查重点	易发问题	备注
10	车统—181故障处理		4. 车辆乘务员在列车出库前，到车间值班室将车统—181中乘务员交接的故障和库列检发现的重点故障记录在车统—15上，并对车统—181记录故障的处理结果进行检查确认。检查确认完毕后，乘务员返回值班室签认车统—181，经值班员复核盖章后，领取车统—181		
11	行为规范	《中国铁路总公司关于印发〈加强旅客列车车辆乘务工作的规定〉的通知》（铁总运〔2013〕175号）	1. 车辆乘务人员在值乘中要统一着装且保持整洁，言行举止要文明礼貌，当班车辆乘务员应在左臂规范佩戴臂章。 2. 值乘中自觉遵守劳动纪律和作业纪律以及路风规定，对旅客提出的问题要热情解答，作业或维修工作应尽量减少对旅客的干扰；要加强专业间协调沟通，有礼有节地开展工作，杜绝简单粗暴和推诿扯皮的做法；跨局旅客列车在外局要接受当地铁路局集团公司的领导，服从命令，顾全大局，听从指挥。		

续上表

序号	检查项点	检查依据	检查重点	易发问题	备注
11	行为规范		3. 车辆乘务员在值乘中交接班或途中更换包乘组时，要规范交接。交接内容包括“旅客列车技术状态交接簿”（车统—181）、“乘务日志”、列车无线调度通信设备及充电器、随车工具、备品等；更换包乘组时在换乘站站台侧进行交接；发电车乘务员在发电车监控室进行交接		
12	作业安全	《中国铁路总公司关于印发〈加强旅客列车车辆乘务工作的规定〉的通知》（铁总运〔2013〕175号）	1. 车辆包乘组出乘接车、退乘及途中换乘作业时，应整队出发，同出同归。横越线路时要做到“一停、二看、三确认、四通过”。严禁在轨枕头和线路中心行走。 2. 车辆乘务人员在摘挂机车、站折作业及进入车辆限界内检查处理车辆故障时须设置防护号志。 3. 机车供电列车进行电力连接线摘结作业前，车辆乘务员须确认供电钥匙交接完毕，电力机车还须确认受电弓降下后，方可进行摘结作业。	1. 车辆乘务人员在摘挂机车、站折作业及进入车辆限界内检查处理车辆故障时未设置防护号志。 2. 发电车乘务员未严格执行供电安全制度	

续上表

序号	检查项点	检查依据	检查重点	易发问题	备注
12	作业安全		4. 在电气化区段作业时，严禁登顶作业。 5. 空调客车供电系统检修作业、发电车检修、使用外接电源供电等需要禁止发电车启机向外供电时，遵守供电安全制度。 6. 除列车乘务人员外，其他人员不得进入发电车。因检查、检修等原因确需进入时，须由车辆乘务长或列车长陪同，并在“发电车登乘记录簿”中登记单位、姓名、出入时间及目的		
13	人员素质及生产保障	《中国铁路总公司关于印发〈加强旅客列车车辆乘务工作的规定〉的通知》（铁总运〔2013〕175 号）	1. 新任职的发电车乘务员必须从事发电车检修 3 年及以上、学历在中专（中技）及以上、技能等级达到中级工及以上的发电车检修人员中选拔，具备柴油发电机组及电气设备故障处理能力。 2. 新任职的车辆乘务人员应经铁路局集团公司客车检车员或发	1. 发电车乘务员、车辆乘务人员未经岗位培训合格上岗。 2. 车辆备品室、发电车存放与业务无关的物品	

续上表

序号	检查项点	检查依据	检查重点	易发问题	备注
13	人员素质及生产保障		电车乘务员中级及以上资质考试合格,并取得职业资格证书,进行电工培训和岗位培训合格,方可上岗。车辆乘务人员改变担当车型时,须进行适应性培训。 3. 车辆备品室用于放置行车备品、应急配件及工具、随车材料、技术资料、台账等,严禁存放与业务无关的物品。发电车内应定置摆放发电车专用工具和备品,其他车辆备品应定置摆放在车辆备品室(工具室)或宿营车的乘务员室		

1.10 客车5T系统维修

序号	检查项点	检查依据	检查重点	易发问题	备注
1	5T系统检修维护（综合要求）	《车辆运行安全监控系统设备检修维护管理规则》（铁总运〔2015〕302号）	1. 铁路局集团公司须制定车辆运行安全监控系统设备检修维护管理细则，确定检修周期及维护标准。 2. 车辆段须制定检修维护作业指导书	1. 制度不健全。 2. 可执行性差	
2	5T系统检修维护（管理制度）	《车辆运行安全监控系统设备检修维护管理规则》（铁总运〔2015〕302号）	以下检修维护管理制度健全： （1）检修维护管理制度； （2）检修作业指导书管理制度； （3）无故障运行考核制度； （4）故障应急抢修制度； （5）标准化活动制度； （6）台账管理制度； （7）信息统计分析制度； （8）检查工作制度	1. 制度不健全。 2. 可执行性差	
3	5T系统检修维护（工程验收及运用管理）	《车辆运行安全监控系统设备检修维护管理规则》（铁总运〔2015〕302号）	1. 工程验收：设备使用单位参加新建5T设备工程验收时，应按照设备技术标准、设计规范对设备、机房、电力、通信及附属设施等逐项进行验收，验收合格后进行竣工	1. 验收不到位，遗留安全管理隐患。 2. 竣工资料不全。试用考核不到位，不能发现设备隐患	

续上表

序号	检查项点	检查依据	检查重点	易发问题	备注
3	5T系统检修维护（工程验收及运用管理）		资料的交接、归档，及时办理固定资产移交。 2. 设备试用考核：新建设备工程验收合格后，立即投入试用，设备使用单位须加强设备检修，组织设备运用考核。设备试用结束，设备维护人员参与运用部门组织的运用验收，验收合格后投入正式运用		
4	5T系统检修维护（人员要求）	《车辆运行安全监控系统设备检修维护管理规则》（铁总运〔2015〕302号）	1. 铁路局集团公司负责制定5T设备培训计划，组织维修人员的技术业务培训。培训工作纳入年度职工教育培训计划，并按期组织实施。 2. 从事5T设备检修维护的人员须经过专业技术培训，培训合格后持证上岗	岗位培训不到位、无证上岗	

续上表

序号	检查项点	检查依据	检查重点	易发问题	备注
5	5T 系统检修维护（设施保障）	《车辆运行安全监控系统设备检修维护管理规则》（铁总运〔2015〕302 号）	1. 5T 设备故障抢修车内须配备相应备件和抢修仪器，并建立相应的使用管理制度。 2. 车辆段 5T 设备检修车间和班组应根据设备检修需要，配齐必要的检修仪器、维修工具和备品备件	1. 设备、仪表配备不全。 2. 设备、仪表状态不良，相应的使用管理制度不健全	
6	5T 系统检修维护（检查评比）	《车辆运行安全监控系统设备检修维护管理规则》（铁总运〔2015〕302 号）	1. 车辆段建立设备检查评比制度。 2. 每季度按照规定进行检查评比、上报	1. 制度未建立或可执行性差。 2. 未按规定检查评比	
7	5T 系统检修维护（点检）	《车辆运行安全监控系统设备检修维护管理规则》（铁总运〔2015〕302 号）	设备点检：由使用人员负责对计算机运行状态、网络传输状态、供电情况、不间断电源、防病毒软件工作状态以及应用软件的工作状态进行确认	点检不到位不能发现设备故障	

续上表

序号	检查项点	检查依据	检查重点	易发问题	备注
8	5T 系统检修维护（巡检）	《车辆运行安全监控系统设备检修维护管理规则》（铁总运〔2015〕302 号）	1. 重点检查设备的工作状态，逐台设备建立检修台账，按作业指导书规范作业，保证设备各项性能达标，并填写检修记录，检修记录簿须在探测站保存。 2. 5T 探测站设备巡检须在天窗点内进行，不得影响正常探测列车。 3. 5T 系统联网应用系统作业及复示终端设备巡检，不得影响系统正常使用	巡检不到位设备质量不能保障	
9	5T 系统检修维护（季节性整修）	《车辆运行安全监控系统设备检修维护管理规则》（铁总运〔2015〕302 号）	春、秋季节性整修：重点对探测站房屋、轨旁设备和设施进行预防性整修，对接地装置进行检测维修，整修标准可参照设备小修标准相关内容执行	整修工作开展不到位	

续上表

序号	检查项点	检查依据	检查重点	易发问题	备注
10	5T 系统检修维护（应急抢修）	《车辆运行安全监控系统设备检修维护管理规则》（铁总运〔2015〕302 号）	1. 5T 探测站设备发生故障时，相关人员按规定通知、记录、抢修。 2. 联网服务器发生故障时，相关人员按规定通知、记录、抢修	通知、抢修不及时	
11	5T 系统检修维护（定期检修）	《车辆运行安全监控系统设备检修维护管理规则》（铁总运〔2015〕302 号）	1. 车辆段按规定周期提报检修计划。 2. 检修计划按进度落实。 3. 检修完毕后，组织质量验收。 4. 检修记录填写规范、齐全	1. 检修计划覆盖不全。 2. 检修计划兑现不全。 3. 检修验收落实不好。 4. 检修记录不全	
12	5T 系统检修维护（项修）	《车辆运行安全监控系统设备检修维护管理规则》（铁总运〔2015〕302 号）	1. 车辆段按规定进行项修判定，并提报项修计划。 2. 按计划实施项修。 3. 按标准进行项修质量验收	1. 项修评判工作不到位。 2. 检修验收落实不好	

续上表

序号	检查项点	检查依据	检查重点	易发问题	备注
13	5T 系统检修维护（施工安全）	《国铁集团铁路营业线施工管理办法》（铁调〔2021〕160 号）	1. 按照规定申请提报施工计划。 2. 现场防护人员按规定防护培训合格，持证上岗。 3. 按规定设置防护人员并认真防护。 4. 防护人员防护备品齐全、作用良好。 5. 按照施工范围进行施工作业。 6. 施工机具上道前和上道后认真进行核对	1. 无计划施工。 2. 超范围施工。 3. 防护人员无资质。 4. 防护备品不齐全。 5. 施工机具遗落在线路上	

1.11 客列尾定期检修

序号	检查项点	检查依据	检查重点	易发问题	备注
1	综合要求	1.《铁路客车运用维修规程》(铁总运〔2015〕22号) 2.《旅客列车尾部安全防护装置运用管理办法》(铁总运〔2014〕268号)	1. 作业人员穿戴劳动保护用品,准备作业工具和测试仪表。 2. 开启客列尾主机检测台相关设备,对检测台设备进行自检。 3. 对客列尾主机外观检查,确认客列尾主机机壳挂接单元、橡胶软管、电源电缆表面等部位状态		
2	客列尾月度检测	1.《铁路客车运用维修规程》(铁总运〔2015〕22号) 2.《旅客列车尾部安全防护装置运用管理办法》(铁总运〔2014〕268号)	1. 试验台功能检查,建立客列尾连接对应关系,时钟、风压(500 kPa、600 kPa)校准,手动、自动查询风压,保压量查询[检测台加压到(600 ± 5)kPa,待风压稳定后,检测客列尾保压性能,1 min 压降不大于3 kPa],排风测试与数据读取后解除列尾连接关系。 2. 完工整理工具,并在客列主机外壳填写下一次月检时间,并生成客列尾主机月度检查记录表	没有按照规定对下载数据进行分析	

续上表

序号	检查项点	检查依据	检查重点	易发问题	备注
3	客列尾年度检修	1.《铁路客车运用维修规程》(铁总运〔2015〕22 号) 2.《旅客列车尾部安全防护装置运用管理办法》(铁总运〔2014〕268 号)	1. 检查客列尾主机使用寿命是否超期。 2. 检查壳体组成、电源电缆、开关、数码显示、连接软管、天馈线插座等外观良好,功能正常。 3. 试验台开机启动自检,在试验台“本机测试”界面进行手动操作,分别对出风阀、串口和风扇进行测试。 4. 检测台自动检测模式检测客列尾主机,与客列尾主机建立连接关系,检测时钟、客列尾主机 500 kPa、600 kPa 风压反馈精度、保压性能测试、客列尾主机风压、电压欠压自动提示功能、排风量测试、客列尾主机的销号功能、客列尾主机数据下载功能。 5. 检修合格后,在客列尾主机机壳背面中上部粘贴检修合格标识,并填写“客列尾主机年度检修记录表”	没有按照规定检查客列尾主机使用寿命是否超期	

2 客车检修

序号	检查项点	检查依据	检查重点		易发问题	备注
1	轮轴	1.《铁路客车轮轴组装检修及管理规则》(铁总运〔2013〕191号) 2.《中国铁路总公司运输局关于印发〈铁路客车制动盘检修技术条件〉的通知》(运辆客车函〔2016〕427号)	探伤	1. 查人员:查探伤人员培训情况、上岗证、资格证书是否符合要求。 2. 查环境:探伤作业应在独立的工作场地进行,探伤工作场地应整洁明亮、照度适中、通风良好。探伤工作场地应远离潮湿、粉尘场所。 3. 查设备:查定检是否超期;是否定期进行性能校验;是否进行开机校验。 4. 查记录:探伤记录是否及时、正确、完整。 5. 查作业:现场看轮轴除锈情况,除锈不净不进行探伤作业	1. 轮轴除锈质量不达标进行探伤作业。 2. 探伤后标记画写不完整、不准确,轮对卡片签章不及时。 3. 校验记录填写不完整准确,规定电流、浓度、灵敏度、补偿值不符合规定限度。 4. 作业过程简化,磁悬液喷洒未全面覆盖工件表面,轮对磁粉探伤未画写起始标记,超声波探伤探头移动距离不符合要求。 5. 磁悬液、耦合剂状态不良。 6. 探伤人员无技术资格证书或设备操作证,或证书超期。 7. 不同状态轮轴未按规定进行隔离存放	

续上表

序号	检查项点	检查依据	检查重点		易发问题	备注
1	轮轴		轴承选配和磨合试验（含注脂）	1. 查环境： （1）轴承检测、组装、存放间的场地须封闭，温度为 16 ~ 30 ℃。检测、组装间的相对湿度 ≤ 60%，存放间的相对湿度≤40%。 （2）轴承检测间的 24 h 落尘量 ≤ 60 mg/m²，轴承存放、组装间的 24 h 落尘量 ≤ 80 mg/m²。 （3）轴承检测、组装、存放间的温度、相对湿度每天检查 1 次，环境清洁度定性检查每周不少于 2 次；定量检查每月进行 1 次，且在定性检查合格后第 2 天进行。 2. 查设备：查定检是否超期；是否定期进行性能校验；是否进行开机校验。查注脂机是否状态良好，注油孔出油	1. 轴承检测、存放间温湿度超标，定性及定量检查未按规定时间进行。 2. 轴承检测仪日常性能校验不及时，限度值不准确。 3. 轴承轴箱组装记录单中，各部尺寸数据填写错误，过盈量计算错误。 4. 轴承注脂日常性能校验签章不及时，注脂量超规定限度要求。 5. 磨合作业转速及时间不达标，磨合过程检查不及时，轴承温升超 40 K	

续上表

序号	检查项点	检查依据	检查重点	易发问题	备注
1	轮轴		是否正常;查均脂磨合机是否状态良好;轴承轴箱自动组装机、磨合设备状态是否良好。 3. 查量具:轴承检测量具是否经过检定。检定证书或检定标签,且编号应一一对应;工作者是否能熟练使用,保养到位,测量准确。 4. 查记录:查注脂机校验记录及时性;查注脂机计数与轮轴卡片数量是否一致;查轴承检测记录填写是否及时、正确、完整。 5. 查作业:轴承是否原套组装;轴承选配是否根据待组装轮对轴颈直径检测结果,按轴承与轴颈配合过盈量以及同一轴箱内两套轴承尺寸限度要求来选配轴承;现场抽查磨合试验,磨合过程中,须无异音、卡滞,轴承温升≤40 K		

续上表

序号	检查项点	检查依据	检查重点		易发问题	备注
1	轮轴		轮对动平衡加修及试验	1. 查设备:查旋转部位安全防护是否符合要求;查定检是否超期;是否定期进行性能校验;是否进行开机校验。 2. 查量具:校验用试块等量具需状态良好,并在检定日期之内。 3. 查作业:查操作者是否检查轮对外观状态,并清除轴颈面异物杂物等。 4. 查记录:查符合动平衡要求的轮对是否全数进行动平衡试验,试验记录是否齐全、完整	1. 月定标及日常性能校验参数不符合要求,校验及签章不及时。 2. 砝码及量具状态不良,检定超期。 3. 未按要求核对轮对信息,选择残余不平衡值限度错误。 4. 轮对外观状态不良,杂物清除不及时造成数据不准,轴颈划伤。 5. 加工后超限度要求,加工面有铁屑残留清除不净。 6. 动平衡标识未画写,漏签章	
			轴箱组装	1. 查环境:组装应在独立的工作场地进行,作业场地整洁明亮、照度适中、落尘量达标、温度达标。 2. 查设备:轴箱轴承自动组装机、轴端、前盖自动扭矩扳机状态是否良好,每日开工前	1. 组装机状态不良,作业时工件间磕碰。 2. 自动扭矩扳机故障,定标或校验不符合限度要求。 3. 选用的附属配件不准确,制造厂家、型号等不符合规定要求。	

续上表

序号	检查项点	检查依据	检查重点	易发问题	备注
1	轮轴		是否进行校准,是否按规定定期检验和维护保养。如用人工扭矩扳手,查扭矩扳手检验日期及设定值。严禁使用风动扳手,使用电扳手需加装扭矩设定装置。 3. 查量具:查量具和样板是否齐全,是否在检定日期之内;量具及样板是否有检定证书或检定标签,且编号应一一对应;工作者是否能熟练使用,保养到位,测量准确。 4. 查记录:组装记录是否及时、正确、完整。 5. 查作业:现场检查 CW-2(1)系列轴箱是否按规定进行磁粉探伤、弹性节点是否更新,组装后操作者是否测量前后盖间隙,前盖螺栓紧固性,轴箱旋转灵活性,轴箱窜动量的过程,测量后是否按要求画写组装合格标识,防松标记等,记录填写项目是否齐全	4. O 形圈未更新,安装时未涂抹变压器油。 5. 螺栓及防松螺母选用等级错误,弹簧垫圈开口尺寸超限。 6. 未进行预紧固、扭矩值超限,未按要求进行对角均匀紧固。 7. 施封锁单位代号标识不清,未锁死。标志板折断。 8. 未按规定测量间隙、灵活性、窜动量,间隙、窜动量超过规定要求。 9. 合格标识画写不及时,防松标记画写不规范,记录填写及签章不完整。 10. 检修记录未随配件流转	

续上表

序号	检查项点	检查依据	检查重点		易发问题	备注
2	制动装置	1.《铁路客车空气制动装置检修规则》(铁总运〔2014〕215 号) 2.《国铁集团机辆部关于印发〈铁路客车三阀(高度阀、差压阀和空重车调整阀)和蓄电池箱检修两项技术条件〉的通知》(机辆动客函〔2019〕94 号) 3.《中国铁路沈阳局集团有限公司车辆处转发〈中国铁路总公司机辆部关于印发铁路客车防滑器检修技术条件的通知〉》(辆客函〔2018〕14 号)	制动阀	1. 查环境:作业应在独立的工作场地进行,工作场地应整洁明亮、照度适中、通风良好。工作场地应远离潮湿、粉尘场所,落尘量符合要求,各工作台表面不得有明显落灰层,地面须清洁。室内组装间和试验间的温度为 10 ~ 30 ℃。 2. 查管理:检查零部件是否实行质量保证、寿命管理和生产资质管理。查橡胶配件存储情况,各型橡胶件须在干燥、通风、避光、避热的处所储存,组装使用时间距制造时间不超过 6 个月。查 104 型、F8 型制动阀配件是否区分存放、配送。查合格品储存是否进行防尘处理。 3. 查设备:查制动阀检修、试验用弹簧检测仪、104 型及 F8 型制动阀试验台是否定期进行性能校验。设备附属压力表不过期。	1. 104 型、F8 型制动阀配件未按要求分区存放,铜铁配件混放相互磕碰。 2. 制动阀组装时,有扭矩紧固要求的螺栓,未使用扭矩扳手进行紧固。 3. 未涂打防松标记。 4. 未安装检修标牌。 5. 检修、试验记录未随配件流转。 6. 量具样板未检定或配备不齐全	

续上表

序号	检查项点	检查依据	检查重点		易发问题	备注
2	制动装置			4. 查量具：查量具和样板是否齐全，是否在检定日期之内；量具及样板是否有检定证书或检定标签，且编号应一一对应；工作者是否能熟练使用，保养到位，测量准确。 5. 查记录：查检修、试验记录填写是否及时、正确、完整。 6. 查作业：查滑阀座、滑阀、节制阀、节制阀座是否全数研磨；查一次、二次清洗质量；查橡胶件是否按要求更新，旧品实施报废处理；查是否按扭矩进行紧固，并划防松线。 7. 试验情况。操作者是否对主阀、紧急阀、辅助阀全数利用试验台进行微控试验，并检查确认试验结果是否符合要求。是否对不合格检修品进行记录和原因追溯。 8. 查新品出厂验收合格证是否齐全		

续上表

序号	检查项点	检查依据	检查重点		易发问题	备注
2	制动装置		单元制动缸	1. 查环境:作业应在独立的工作场地进行,工作场地应整洁明亮、照度适中、通风良好。工作场地应远离潮湿、粉尘场所,温度及落尘量符合要求。 2. 查管理:查橡胶配件存储情况,各型橡胶件须在干燥、通风、避光、避热的处所储存,组装使用时间距制造时间不超过6个月。查合格品储存是否进行防尘处理。 3. 查设备:查试验台是否定期进行性能校验及开工校验。 4. 查量具:查量具和样板是否齐全,是否在检定日期之内;量具及样板是否有检定证书或检定标签,且编号应一一对应;工作者是否能熟练使用,保养到位,测量准确。 5. 查记录:查检修、试验记录是否及时、正确、完整。	1. 排水口、呼吸口和风管相对位置与检修前不一致,造成排水口装车方向不正确。 2. 组装时,紧固螺栓超紧固扭矩值。 3. 单元缸离合器齿形磨耗未检测、超限	

续上表

序号	检查项点	检查依据	检查重点		易发问题	备注
2	制动装置			6. 查作业：现场检查拆解组装过程，皮碗、防松垫片、螺栓、螺母、垫圈、挡圈、膜片、防尘套(罩)等零部件是否全部更新。现场抽查已组装完成的单元制动缸，紧固螺栓是否按扭矩要求使用扭矩扳手进行紧固，并划防松线。 7. 查试验：现场检查单元制动缸试验过程，要求各运动件须平稳、灵活运动，无卡滞现象，一次最大调整量、缓解间隙和总调整量符合规定		
			软管、塞门	1. 查环境：作业应在独立的工作场地进行，工作场地应整洁明亮、照度适中、通风良好。工作场地应远离潮湿、粉尘场所，温度及落尘量符合要求。 2. 查管理：查橡胶配件存储情况，各型橡胶件须在干燥、通风、避光、避热的处所储存；查合格品储存是否进行防尘	1. 编织制动软管过期装车使用。 2. 编织制动软管型号与装用车型不符，错误支出。 3. 软管未进行透光试验。 4. 软管胶圈未更新。 5. 未涂打检修标记。 6. 风、水压试验压力不足、保压时间不符合规定	

续上表

序号	检查项点	检查依据	检查重点	易发问题	备注
2	制动装置		处理、分类存放，储存期是否符合规定。 3. 查设备：查试验台是否定期进行性能校验。设备附属压力表不过期。水压试验压力设定是否达标。 4. 查量具：查量具和样板是否齐全，是否在检定日期之内；量具及样板是否有检定证书或检定标签，且编号应一一对应；工作者是否能熟练使用，保养到位，测量准确。 5. 查记录：查检修、试验记录是否及时、正确、完整。 6. 查作业：风水压试验时是否按规定检查软管膨胀、变形率和外观故障，是否对总风、制动软管进行透光试验。查折角塞门、组合式集尘器组装过程，橡胶密封件、尼龙密封垫是否更换新品。 7. 查质量：现场抽查已合格的软管、塞门，重新进行试验		

续上表

序号	检查项点	检查依据	检查重点		易发问题	备注
2	制动装置		电子防滑器	（一）室内检修 1. 查环境：作业应在独立的工作场地进行，工作场地应整洁明亮、照度适中、通风良好。工作场地应远离潮湿、粉尘场所，温度及落尘量符合要求。 2. 查管理：查橡胶配件存储情况，各型橡胶件须在干燥、通风、避光、避热的处所储存；查储存是否进行防尘处理，储存期是否符合规定。 3. 查量具：查量具是否齐全，是否在检定日期之内；量具是否有检定标签应；工作者是否能熟练使用，保养到位，测量准确。 4. 查设备：查试验台是否定期进行性能校验及每日开工校验，清洗介质防锈性能和加热温度是否达标，设备附属压力表不过期。	1. 使用仪表测量排风阀 C 与 G、P 与 G 的电阻值，排风阀 C、G、P 分别对阀体的绝缘电阻及压力开关各触点导通情况不满足要求。 2. 橡胶件未按规定更新。 3. 未涂打检修标记及检定标记。 4. 未按照规定扭矩紧固。 5. 维修包合格证不符合规定。 6. 电子防滑器各部安装松动。 7. 速度传感器安装间隙不合格，观察口丝堵松动。 8. 电子防滑器显示故障代码无法消除。 9. 现车试验时 5 km/h 信号输出故障。 10. 防滑阀配件清洗水温不达标	

续上表

序号	检查项点	检查依据	检查重点	易发问题	备注
2	制动装置		5. 查作业：主机、防滑阀、速度传感器、压力开关是否按要求分解；防滑阀分解后零件是否进行清洗，防滑阀是否按要求更换安装包，破损件是否更新，有关电阻值测量是否达标，硅脂是否涂抹到位；压力开关膜片是否按照规定更新，防滑阀、压力开关组装时是否按规定扭矩进行紧固，并划防松线。 6. 查试验：是否分别对防滑阀、速度传感器、压力开关分别试验并进行整机性能试验。SWKP 型防滑器整机性能试验时，是否进行传感器指示灯功能检查。 7. 查记录：查检修、试验记录是否及时、正确、完整。 （二）装车检查 1. 查速度传感器端部与齿顶间的间隙是否符合规定，是否用紫铜垫片调整。		

续上表

序号	检查项点	检查依据	检查重点		易发问题	备注
2	制动装置			2. 查轴位是否对应。 3. 查主机自检、防滑阀排风、调节主风管压力测试动作是否合格，是否无漏泄，是否无故障代码。 4. 带有电控制动塞拉门的客车，防滑器是否输出 5 km/h 速度信号，5 km/h 关门功能是否正常		
			气路控制箱	1. 查设备：查试验台是否定期进行性能校验及每日开工校验。设备附属压力表不过期。 2. 查拆解：检查气路箱拆解过程。 (1)清除气路控制箱组成表面污垢。 (2)箱体和主板上的支架、阀类、过滤器、管座等组装类零部件全面分解，清洗主板、各阀、过滤器和管座等组件。	1. 气路箱搭扣断裂，搭扣钩、折页变形、裂损，安全链变形。 2. 各缩孔尺寸不测量	

续上表

序号	检查项点	检查依据	检查重点		易发问题	备注
2	制动装置			(3)橡胶垫、支架紧固件和过滤元件全部更新。 3. 查作业:检查搭扣折页、安全链状态是否良好。查是否按扭矩进行紧固,并划防松线。 4. 查质量:现场抽查已检修合格的气路控制箱重新进行试验,并查阅试验结果是否符合要求		
			缓解阀	1. 查环境:作业应在独立的工作场地进行,工作场地应整洁明亮、照度适中、通风良好。工作场地应远离潮湿、粉尘场所,温度及落尘量符合要求。 2. 查作业:检查缓解阀拆解过程,分解各零部件后清洁是否彻底,缓解阀密封件是否更新。是否按要求更新双侧排风缓解阀并进行试验	1. 装用常规球芯塞门式缓解阀的客车,更换为双侧排风缓解阀,取消车上提拉缓解杆及链,车内上盖保留,下向拉杆孔内喷满发泡剂(车底板孔洞较大的下方须加装铁板封堵)。 2. 缓解阀把手转动不灵活	

续上表

序号	检查项点	检查依据	检查重点		易发问题	备注
2	制动装置		高度阀、差压阀	1. 查环境:作业应在独立的工作场地进行,工作场地应整洁明亮、照度适中、通风良好。工作场地应远离潮湿、粉尘场所,温度及落尘量符合要求。 2. 查管理:查橡胶配件存储情况,各型橡胶件须在干燥、通风、避光、避热的处所储存;查储存是否进行防尘处理,储存期是否符合规定。 3. 查设备:查试验台是否定期进行性能校验及开工校验。设备附属压力表不过期。 4. 查量具:查量具是否齐全,是否在检定日期之内;量具是否有检定证书或检定标签,且编号应一一对应;工作者是否能熟练使用,保养到位,测量准确。	1. 高度阀组组装时供/排气阀杆端部与传动杠杆组成支架两侧位置须不均匀,组装后动作范围超规定限度(规定:±45°内)。 2. FBO 型高度阀组装后,控制杆动作卡滞。 3. FBO 型差压阀单向阀与导向套安装后动作卡滞	

续上表

序号	检查项点	检查依据	检查重点	易发问题	备注
2	制动装置		5. 查记录：查检修、试验记录是否及时、正确、完整。 6. 查作业：检查高度阀、差压阀分解后橡胶件是否全数更换新品，零部件是否清洁干净。检查FBO型高度阀组装过程。检查高度阀、差压阀组装时，操作者是否按扭矩要求使用扭矩扳手进行紧固，并划防松线。 7. 查质量：检查高度阀、差压阀试验过程，并核对试验结果		

续上表

序号	检查项点	检查依据	检查重点		易发问题	备注
2	制动装置	1.《铁路客车段修规程》(铁机辆〔2022〕39号) 2.《铁路客车真空集便装置检修技术条件》(机辆动客函〔2020〕40号)	人力制动机	1. 查记录:查检修、试验记录是否及时、正确、完整。 2. 查作业:检查外观状态是否良好。要求:手制动钢丝绳无断股、松股、套环松动。掣轮盒开盖检查,加润滑脂,逆时针转动无制动作用。检查磨耗部位是否涂润滑脂。查人力制动机试验、防反转改造及试验。 3. 查质量:现场检查检修完的人力制动机,要求手制动摇把及立轴须转动灵活;人力制动机制动时,与之相连的闸片(闸瓦)须抱紧制动盘(踏面);人力制动机缓解时,与之相连的闸片(闸瓦)须离开制动盘(踏面)或闸片无压力	1. 各部位锈蚀严重。 2. 各磨耗部位未涂抹润滑脂。 3. 防反转试验不做	
			制动管系	1. 查管理:查管系及制动配件接头的防护;查橡胶配件存储情况,各型橡胶件须在干燥、通风、避光、避热的处所储存,储存期须符合规定。	1. 活接紧固时,硅胶垫错位。 2. 管螺纹重新缠绕前,旧缠绕物未去除干净。 3. 防松标记未涂打。 4. 试验用球超限。	

续上表

序号	检查项点	检查依据	检查重点		易发问题	备注
2	制动装置			2. 查记录：查检修、试验记录是否及时、正确、完整。 3. 查作业：查除垢是否彻底，各管系内壁尘垢是否除尘；查过球试验记录、用球管理是否符合规定；查滤尘器是否分解并更新密封件；检查管螺纹密封介质缠绕情况；查管件、卡子、滤尘器安装，是否对接正确、均匀紧固；查管接件紧固后的防松标记涂打。 4. 查质量：抽查软管防尘堵链是否存在裂纹、变形现象。现场抽查组装后风压试验的结果	5. 配件接头不防护	
			制动缸	1. 查管理：查橡胶配件存储情况，各型橡胶件须在干燥、通风、避光、避热的处所储存；查储存期是否符合规定。 2. 查记录：查检修、试验记录是否及时、正确、完整。	1. 密封式制动缸前盖滤尘套的毛毡未用89M脂浸透，89D制动缸脂涂抹不均。 2. 前盖、活塞、活塞杆与十字头导框安装时未原位原装。 3. 铸铁制动缸缸体存在裂纹、砂眼、缺损、漏泄等缺陷。	

续上表

序号	检查项点	检查依据	检查重点		易发问题	备注
2	制动装置			3. 查作业：检查制动缸须分解过程，清除内部油垢是否彻底，缸壁是否有划伤，缓解弹簧是否良好；查皮碗、密封垫等橡胶件及滤尘片、毡垫是否更新；查前盖密封垫是否按规定加装；查螺栓是否按扭矩进行紧固。 4. 查质量：现场抽查已检修完的制动缸试验，要求各运动件须平稳、灵活运动，无卡滞现象	4. 前盖密封垫漏装	
			制动装置组装	1. 查管理：查橡胶配件储存期是否符合规定。 2. 查记录：查检修、试验记录是否及时、正确、完整。 3. 查设备：查微控单车是否定期进行性能校验。设备附属压力表不过期。 4. 查作业：查销套间隙测量；查闸片托挡铁间隙选配；	1. 制动配件安装后，存在漏泄故障。 2. 各杠杆、拉杆给油不均。 3. 制动装置用紧固件紧固扭矩不符合要求。 4. 销套间隙不测量。 5. 闸片托挡铁间隙不符合规定限度。 6. 生料带等密封缠绕物缠绕不当，造成进入管系。	

续上表

序号	检查项点	检查依据	检查重点		易发问题	备注
2	制动装置			查生料带、缠绕物缠绕方法。检查操作者是否按照紧固扭矩要求进行组装。 5. 查质量：检查制动梁、闸瓦托、闸片托、盘形制动杠杆吊座及吊轴状态是否良好，符合规程要求，要求各杠杆、拉杆不许与相邻件及托、吊有非正常接触。 6. 查试验：现场检查单车试验器过程，查试验数据是否符合“单车制动机试验”作业标准规定	7. 制动管系分解后使用内嵌式防尘堵	
			真空集便装置	1. 查记录：查检修、试验记录填记是否及时、正确、完整。 2. 查作业：查真空开关设定值是否正确，止回阀是否分解清洗，各球阀除垢是否良好、开闭正常，是否使用 400 kPa 水压清洗污物箱内部。 3. 查质量：防松标记涂打是否正确，气、水管路是否有漏泄，电伴热作用是否良好	1. 记录未填记，项点缺失。 2. 真空集便装置系统保压不合格。 3. 电伴热作用不良。 4. 真空集便装置系统抽真空超时	

续上表

序号	检查项点	检查依据	检查重点		易发问题	备注
3	转向架	1.《铁道客车配件探伤暂行技术条件》(TJ/CL 432—2014) 2.《铁路客车段修规程》(铁机辆〔2022〕39号)	探伤	1. 查人员:查探伤人员培训情况、上岗证、资格证书是否符合要求。 2. 查环境:探伤作业应在独立的工作场地进行,探伤工作场地应整洁明亮、照度适中、通风良好。探伤工作场地应远离潮湿、粉尘场所。 3. 查设备:查定检是否超期;是否定期进行性能校验;是否进行开机校验。 4. 查量具:查量具和样板是否齐全,是否在检定日期之内;量具及样板是否有检定证书或检定标签,且编号应一一对应;工作者是否能熟练使用,保养到位,测量准确。 5. 查记录:探伤记录是否及时、正确、完整。 6. 查作业:查照度是否符合要求;查除锈情况,除锈不达标不进行探伤作业。探伤现场待探伤、探伤合格、探伤不良配件是否分区存放,按规定涂打标记	1. 计量器具定检超期。 2. 校验参与人员不全,签章不齐。 3. 操作人员专业证书超期。 4. 探伤配件除锈不达标。 5. 磁悬液不合格、更新不及时。 6. 配件未分区摆放。 7. 照度不符合规定	

续上表

序号	检查项点	检查依据	检查重点		易发问题	备注
3	转向架	《铁路客车段修规程》(铁机辆〔2022〕39号)	组装	1. 查管理:查配件是否进行辆份配送。各配件组装前是否有检修标记,探伤配件是否有探伤合格及检查验收标记。 2. 查量具:查量具和样板是否齐全,是否在检定日期之内;量具及样板是否有检定证书或检定标签,且编号应一一对应;扭矩扳手是否按规定定期检定,设定值是否符合标准;工作者是否能熟练使用,保养到位,测量准确。 3. 查记录:查检修、试验记录填写是否及时、正确、完整。 4. 查作业:查构架、摇枕、转臂等重点零部件是否原车原位组装。各配件组装前是否有检修标记,探伤配件是否有探伤合格标记。查阅摇枕吊(杆/板)、支承板、圆台支承板、摇枕吊环座、圆弹簧等配件按测量或试验结果,是否按规定选配组装。查各磨耗部位组装前是否涂抹润滑脂(有特殊要求者除外)。查油压减振器、空气弹簧等配件同一转向架同部位型号是否一致	1. 检测量具及扭矩扳手定检超期。 2. 扭矩选用不当。 3. 开口销开劈角度不正确。 4. 螺母松动或弹簧垫破损。 5. 各磨耗面给油不到位。 6. 配合尺寸不符合要求,调整不及时	

续上表

序号	检查项点	检查依据	检查重点		易发问题	备注
3	转向架	1.《铁路客车段修规程》(铁机辆〔2022〕39 号) 2.《中国铁路总公司机辆部关于加强客车旁承摩擦副检修有关要求的通知》(机辆函〔2017〕3 号) 3.《铁路客车落成转向架找平技术条件》(机辆动客函〔2019〕63 号)	关键部件	1. 查橡胶制品。中心牵引体橡胶节点、中心销橡胶套、定位转臂节点、导柱弹性定位套、209HS 型橡胶堆定位器、CW-2(1)型横向控制杆橡胶定位节点,状态是否良好,是否按规定更新;检查定位转臂节点更新时,是否按要求同一轮对同时更新,更新的节点刚度差符合同一轴以及同一转向架横向及纵向刚度差要求。 2. 检查空气弹簧。要求:外观检查良好,钢弹簧和节流阀等内部配件,须状态良好。查试验情况及胶囊是否按规定更新。 3. 检查油压减振器。要求:距新造或上次分解检修使用达到 1 个 A3 修周期时,须按厂修标准进行分解检修,A3 修时须装用新造或分解检修	1. 橡胶配件外观状态检查不到位。 2. 测量用尺故障或定检超期。 3. 应选配配件测量不准确,选配不当。 4. 空气弹簧外观检查不到位。 5. 抗侧滚扭杆安装方式不正确。 6. 油压减振器选配不正确。 7. 中心牵引拉杆节点压装角度不正确	

续上表

序号	检查项点	检查依据	检查重点	易发问题	备注
3	转向架		的油压减振器。检查性能试验，查阅记录，是否符合要求。 4. 现场抽查闸片与闸片托，闸片与锁铁组装后间隙是否满足规定要求。 5. 查支承板、圆台支承板、摇枕吊环座的选配组装情况。 6. 纵向牵引拉杆。牵引拉杆螺纹磨耗、缺损等影响螺母组装时可焊修(40Cr 材质的牵引拉杆不许焊修)；牵引拉杆是否为整体实心结构，209HS 型转向架牵引拉杆须采用 40Cr 材质；牵引拉杆弯曲变形不超限；各附件状态检查不良时更新。 7. 查钢弹簧。查摇枕、轴箱弹簧载荷试验过程，是否根据试验数据按规定选配		

续上表

序号	检查项点	检查依据	检查重点		易发问题	备注
4	钩缓装置	1.《铁道客车配件探伤暂行技术条件》(TJ/CL 432—2014) 2.《铁路客车段修规程》(铁机辆〔2022〕39号)	探伤	1. 查人员:查探伤人员培训情况、上岗证、资格证书是否符合要求。 2. 查环境:探伤作业应在独立的工作场地进行,探伤工作场地应整洁明亮、照度适中、通风良好。探伤工作场地应远离潮湿、粉尘场所。 3. 查设备:查定检是否超期;是否定期进行性能校验;是否进行开机校验。 4. 查记录:探伤记录是否及时、正确、完整。 5. 查作业:查除锈情况,除锈不净不进行探伤作业。探伤现场待探伤、探伤合格、探伤不良配件是否分区存放,按规定涂打标记	1. 计量器具定检超期。 2. 校验参与人员不全,签章不齐。 3. 操作人员专业证书超期。 4. 探伤配件除锈不净。 5. 磁悬液不合格、更新不及时。 6. 配件未分区摆放	

续上表

序号	检查项点	检查依据	检查重点		易发问题	备注
4	钩缓装置	1.《铁路客车段修规程》(铁机辆〔2022〕39号) 2.《转发国铁集团机辆部关于公布铁路客车15号车钩缓冲装置摆块通用件图号和〈铁路客车15号车钩缓冲装置摆块优化改造方案〉的通知》(辆客函〔2020〕17号)	测量	1. 查量具:查量具和样板是否齐全,是否在检定日期之内;量具及样板是否有检定证书或检定标签,且编号应一一对应;工作者是否能熟练使用,保养到位,测量准确。 2. 查作业:现场抽查车钩、钩舌、尾框、钩舌销、推铁、锁铁、下锁销、钩尾扁销、摆块、摆块吊等各零部件是否符合检测量规通止要求。 3. 查记录:查记录是否及时、正确、完整	1. 检测量具定检超期。 2. 各类检测量具使用方法不当。 3. 改造部位磨耗过限或改造质量不到位。 4. 缓冲器圆簧未试验,环簧组成及缓冲器组成自由高不符合规定	
		《铁路客车段修规程》(铁机辆〔2022〕39号)	加修	1. 查管理:查探伤件经热处理、调修后或经过焊修、机械加工的探伤部位是否进行复探。 2. 查作业:查磨耗、腐蚀到限进行焊修时,是否加工至原形尺寸;打磨消除缺陷时是否	1. 焊后加修不良。 2. 焊前预热、焊后冷却标准落实不当。 3. 焊条选择不正确	

续上表

序号	检查项点	检查依据	检查重点		易发问题	备注
4	钩缓装置			圆滑过渡；查焊接材料须符合GB/T 5118《热强钢焊条》规定，或采用对应牌号的焊条、焊丝；钢结构焊接须符合TB/T 1581《机车车辆修理焊接技术条件》；铸钢件焊接须符合TB/T 2942.1《机车车辆用铸钢件 第1部分：技术要求及检验》。 3. 查记录：查检修记录是否及时、正确、完整		
			试验	1. 查质量：现场查三态试验作用；查车钩防跳作用是否良好。现场查车钩各部配件组装是否良好。测量闭锁位置时不大于130 mm（小间隙钩舌不大于120 mm），全开位置时不大于245 mm。检查紧固件是否达到紧固要求。 2. 查记录：查检修、试验记录是否及时、正确、完整	1. 扭矩选用不当。 2. 开口销开劈角度不正确。 3. 螺母松动或弹簧垫破损。 4. 各磨耗面给油不到位。 5. 三态作用不良、防跳不良、尺寸超限	

续上表

序号	检查项点	检查依据	检查重点		易发问题	备注
5	底架与车体	《铁路客车段修规程》(铁机辆〔2022〕39号)	门窗检修	1. 检查车门组装后开闭灵活,无异常响声。 2. 检查电动端门各电器元件的接线是否牢固,无破损。电动状态下开关灵活、防挤压功能是否良好。 3. 检查手动塞拉门A3修时下支架尼龙滚轮是否更新。车门内、外解锁装置、压紧装置是否良好。 4. 查塞拉门防挤压功能是否良好。 5. 检查发电车百叶窗叶片是否腐蚀、损坏时是否更换;外侧防护栏安装是否牢固,腐蚀是否超限	1. 门锁卡滞,开闭不灵活。 2. 门扇破损未进行修复。 3. 塞拉门尼龙导轮未按要求更新。 4. 车窗安装不牢固,开闭不灵活。 5. 护栏安装不牢固,间距不符合要求。 6. 窗框、护栏腐蚀严重	
			车顶设备检修	1. 查作业:查登顶检查情况及人身防护情况。 2. 查记录:查检修记录是否及时、正确、完整。	1. 空调机组盖板、水箱盖板紧固螺栓漏装或松动。 2. 风挡扁簧折断、车端阻尼座开焊、配件安装不牢固。	

续上表

序号	检查项点	检查依据	检查重点		易发问题	备注
5	底架与车体			3. 查质量：可抽查车顶配件（天线、通风器、烟囱及帽子、车端阻尼、风挡扁簧、空调机组盖板、水箱盖板、防爬盒等）是否安装牢固，并抽查车顶配件腐蚀情况。抽查车顶配件是否有材料、工具遗落	3. 配件腐蚀过限度。 4. 遗落配件、工具	
			孔洞封堵检查	1. 检查客车孔洞封堵方案制定是否合理，需保证封堵严密，防止因孔洞封堵不到位，外来火源进入造成客车火灾的发生。 2. 检查通过台、垃圾箱、塞拉门立罩板、锁盒、烟灰缸、翻板等防火改造是否符合要求。 3. 检查车体内外孔、缝，是否按要求使用阻燃介质（发泡剂）封堵、无缝隙。 4. 工艺孔不得进行封堵	1. 国铁集团有关结合段修实施的防火改造方案未落实或漏项。 2. 孔洞封堵后效果不好，孔洞、间隙封堵不严。 3. 现场使用的发泡剂为非阻燃产品。 4. 误将工艺孔封堵	

续上表

序号	检查项点	检查依据	检查重点		易发问题	备注
5	底架与车体		车底悬吊装置	1. 检查车底悬挂配件是否安装牢固,是否按规定涂打防松标记。 2. 检查从板座、牵引梁座、心盘、旁承状态。 3. 检查脚蹬。要求不破损,腐蚀不过限,脚蹬全车形式一致。 4. 检查折页状态,腐蚀、磨耗是否超限。裙板气动弹簧、安全链、支撑轮和锁状态检查,作用是否良好	1. 车底悬挂件安装不牢。 2. 裙板、脚蹬腐蚀过限,裙板折页、气动弹簧故障,存在脱落隐患。 3. 从板座、牵引梁座、心盘、旁承磨耗过限	
6	车电装置	1.《铁路客车段修规程》(铁机辆〔2022〕39号) 2.《铁路客车电气装置检修规则》(铁机辆〔2022〕39号)	绝缘测试	1. 查环境:查测试环境湿度,做好测试数据对应。 2. 查量具:查量具是否齐全,是否在检定日期之内,是否作用良好,自检是否良好;量具是否有检定标签,且编号应一一对应;工作者是否能熟练使用,保养到位,测量准确。查量具是否与测试项目相对应。 3. 查记录:记录是否及时、正确、完整。	1. 兆欧表作用不良,定检过期。 2. 测试结果不合格流转下一道检修工序。 3. 记录填记不规范。 4. 现场无湿度计	

续上表

序号	检查项点	检查依据	检查重点		易发问题	备注
6	车电装置	3.《中国铁路总公司机辆部关于对〈铁路客车电气装置检修规则(试行)〉部分条款勘误的通知》(机辆动客函〔2018〕114号)		4. 查作业:查是否按测试项点和方法进行;查测试结果是否符合要求。 5. 查防护:查是否按要求进行断电和警示		
			漏电报警器	1. 查漏电报警器状态。 (1)清洁接线端子和装置上的灰尘。 (2)装置外观无破损变形,固定良好。接线端子处线路无松动、无破损、线号清晰。 (3)连接柜体的接地线接触良好并可靠接地。 2. 检查数据分析:数据应分析并留存,接近报警值时应排查原因。 3. 检查功能试验:接通电源后电源指示灯亮,按动测试按钮或模拟测试声光报警功能良好。 4. 检查漏电报警器安装是否牢固	1. 数据无分析。 2. 漏电报警装置作用不良,测试按钮无反应。 3. 安装松动、接线松动。 4. 整定值不符合规定(《铁路客车运用维修规程》附件5第39条)	

续上表

序号	检查项点	检查依据	检查重点		易发问题	备注
6	车电装置		轴温报警装置	（一）室内检测 1. 查环境：查试验环境温度。 2. 查设备：查定检是否超期；是否定期进行性能校验；是否进行开机校验。 3. 查记录：记录是否及时、正确、完整。是否对试验数据进行分析并留存。 4. 查作业： （1）轴温传感器测温头、防护套、引出线老化、破损时是否更新；阻值测量是否合格；是否进行浸水 24 h 测试。 （2）控制显示器、记录仪各接口是否状态良好，接插件是否存在破损，接插件及连接线是否存在端子虚焊、脱焊、断路等不良现象时是否更换。 （3）轴报传感器是否实施寿命管理。 （4）是否按程序进行功能试验。	1. 传感器护管破损、抗磨，线盒盖松动。 2. 控制显示器、记录仪安装松动，连接线插头松动。 3. 通信联网功能不良。 4. 轴温温差大，轴位不正确。 5. 轴报仪时间设置错误	

续上表

序号	检查项点	检查依据	检查重点		易发问题	备注
6	车电装置			（二）装车试验 1. 检查传感器、接线盒等须安装牢固，无磨碰、破损。 2. 装有记录仪的试验轴温报警器与记录仪联网功能良好。控制显示器车厢顺位号、记录仪时钟设置准确。 3. 各轴位传感器位置对应正确。轴温显示正确，同侧温差小于 5 K		
		1.《铁路客车电气装置检修规则》（铁机辆〔2022〕39 号） 2.《中华人民共和国消防法》	烟火报警装置	1. 查管理：查主机及探头是否按期（年检）经第三方鉴定并粘贴定检标识。查历史故障信息是否进行针对性检查。 2. 查工具：查是否配备发烟器或模拟烟雾。 3. 查状态：各探头是否进行清洁，安装牢固。查主机电源	1. 报警装置主机参数设置不正确。 2. 探头误报警或不报警，主机消音功能不良。 3. 主机及探头年检过期	

续上表

序号	检查项点	检查依据		检查重点	易发问题	备注
6	车电装置			开关及各按键，要求作用良好，自检测试正确（含发电车外置声光报警器），时间、日期、车厢号等参数设置正确。 4. 查试验：采用发烟器或类似装置模拟，报警功能正常；探测器故障时，有报警提示。主机消音功能良好。装有感温电缆复合式探测装置时，短接其终端电阻进行报警测试		
		《铁路客车电气装置检修规则》（铁机辆〔2022〕39号）	车载信息无线传输装置（TCDS）	1. 查天线：查WLAN、GPS、GPRS天线齐全、良好，安装牢固。 2. 查主机：各级主机内部清洁，接线牢固，线号清晰。 3. 查传感器：压力和加速度传感器安装盒良好、密封可靠；E3修时下车检测。 4. 查试验：查显示是否正常，通信是否良好。	1. 车内GPRS天线在箱外固定不牢。 2. 主机散热风扇未开启。 3. 主机显示屏不显示或不工作	

续上表

序号	检查项点	检查依据	检查重点		易发问题	备注
6	车电装置			5. 查制动监测系统配套试验： (1)机箱通电检查功能正常,板卡状态指示灯正确。 (2)集中显示屏可查看车厢的顺号、车号,列车管、制动缸、副风缸和首尾车总风管的压力数值,防滑器的数据和故障代码。 (3)车厢级主机数据记录可以下载		
		《铁路客车空气制动装置检修规则》(铁总运〔2014〕215号)	客列尾装置检修	(一)室内检修 1. 查环境:是否为屏蔽室,室温、湿度是否达标。 2. 查设备:查试验台定检是否超期,是否进行开机校验和时钟校准。是否安装或配备数据分析系统、直流稳压电源、无线电综合测试仪。 3. 查记录:记录是否及时、正确、完整。	1. 馈线破损,插座安装松动,插孔接触不良。 2. 驻波比测试不合格。 3. 球阀作用不良漏风、缺件。 4. 使用寿命超规定年限	

续上表

序号	检查项点	检查依据	检查重点	易发问题	备注
6	车电装置		4. 查作业:主机外观及内部清洁、良好,滤网除尘;橡胶件无老化;各连接处卡、箍连接牢固;通电显示完整。查是否进行存储、传输功能检测及信道机电性能检测。 5. 查试验:是否按试验程序在试验台进行整机试验,结果是否合格。 6. 查标记:是否按标准涂打或粘贴新的检修标记。 (二)装车检查 1. 查天线、馈线:安装牢固、密封良好、无老化破损;使用800 MHz信号源和通过式功率计检测天线,电压驻波比符合要求。 2. 查管系:塞门作用良好,各连接处连接可靠无漏泄。 3. 查电源:插座无松动、破损,通电接触良好		

续上表

序号	检查项点	检查依据	检查重点		易发问题	备注
6	车电装置	1.《铁路客车电气装置检修规则》(铁机辆〔2022〕39号) 2.《中国铁路总公司机辆部关于对〈铁路客车电气装置检修规则(试行)〉部分条款勘误的通知》(机辆动客函〔2018〕114号) 3.《铁路客车段修规程》 4.《铁路客车DC 600 V电源装置检修技术条件》(机辆动客函〔2019〕12号) 5.《铁路客车车端电气连接器检修技术条件》(机辆动客函〔2018〕120号)	DC 600 V车下电源(逆变器、充电机、蓄电池箱)	1. 查外观:箱体悬吊牢固,吊架无裂纹;散热片清洁,变形调修,超标更换;锁闭机构无变形,作用良好。 2. 查箱内:清洁、无锈蚀,润滑良好,散热良好;电气件无烧损、变色;接线无松动;熔断器无错装。 3. 查试验:查是否按程序进行,有无漏项,结果是否达标。查是否按规程要求在E3修时,对E2修基础上增加的检测项目实施检测	1. 箱体吊架开焊、裂纹。 2. DC 600 V电源内元件松动,电容漏液、鼓包等 3. 电池箱腐蚀超限。 4. 箱体焊接后焊缝不规范,箱体通风口排水口堵塞	
			电磁灶	1. 查外观:表面无破损;台面和电磁炉表面密封良好;控制旋钮转动良好,调功标志位数字清晰;散热风扇安装牢固、导风槽无遮挡;各处线路防护良好,电磁灶体接地线压接可靠,接地良好。 2. 查试验:通电试验功能良好,无异音,工作电流不超标。 3. 查增项:查E3修在E2修基础上增加的分解检查、测试项目是否落实	1. 电磁炉面板破损。 2. 电磁炉作用不良	

续上表

序号	检查项点	检查依据	检查重点		易发问题	备注
6	车电装置	6.《铁路客车蓄电池箱检修技术条件》(机辆动客函〔2019〕94号)	电气连接器及座	1. 施修原则:DC 48 V动力连接器、SC20型播音连接器现车检修,其余插头(对)下车检修,其中动力连接器插头(原称电力连接器)分解检修;连接器座(含通信、广播、尾灯等)现车检修,其中动力连接器插座与车体分离进行现车检查。 2. 连接器插头(对):插针(孔)无缩针(缩孔)、变形、锈蚀、变色、灼痕、烧损;插针导电接触面光洁,不得露出铜质底色,不得有触感明显的磕碰伤痕;绝缘板无碰伤、缺损、过热烧蚀、老化。分解后(不需将连接线从绝缘护管中抽出检查)电缆压接处无变色,可视部分绝缘层无脱皮、老化、烧损,端子压接无松脱,相序标示无缺损;两端插针与设计相序(极性)一致;密封胶圈更新;分解后的弹簧垫片更新。接线端子防松标记缺失、错位时重新按照扭矩标准紧固,涂打防松标记。测试插针间(线间)及针对外壳绝缘电阻大于100 MΩ。	1. 电力连接器及座配件作用不良或不齐全。 2. 电力连接器座密封圈破损、丢失。 3. 检修标牌无或内容不清晰。 4. 绝缘符合相关要求。 5. 紧固件尺寸不合格。 6. 接触电阻不测量	

续上表

序号	检查项点	检查依据	检查重点		易发问题	备注
6	车电装置			3. 连接器座:插孔(针)、绝缘板、线缆、端子、相序、标识要求同上。有冠簧结构的冠簧无破损、脱落、烧损。各密封胶圈不良时更新。测试插针间(线间)及针对外壳绝缘电阻符合《铁路客车段修规程》要求。运动件动作灵活,加润滑脂。车上检查孔盖板密封良好。安装时螺栓紧固扭矩按标准实施并涂打防松标记,防水性能良好。 4. E3 修增项:除 DC 48 V 连接器外动力连接器座下车分解检修,在 E2 级基础上,壳体有明显碰伤和深度腐蚀者更换;更新动力连接器座密封橡胶件;插头和插座接触电阻测试达标		
			电加热器检修	1. 查量具:查量具是否在检定日期之内;工作者是否能熟练使用,测量准确。 2. 查环境:查是否测试环境湿度。	1. 不按规定进行通电试验并点温。 2. 电暖器表明温度超标。 3. 电暖器绝缘测试不标准或不合格。 4. 瓷珠不齐,超温保护器作用不良	

续上表

序号	检查项点	检查依据	检查重点		易发问题	备注
6	车电装置			3. 查接线盒：内部清洁无杂物。护线瓷珠缺失导致配线与其他部件触碰时须补齐。各引线护套破损、老化者更新。各部无烧损变色。 4. 测量绝缘：在电加热器电源接线排或空气开关处，E2修检测电加热器（含配线）对地冷态绝缘电阻值达标，E3修增加测试冷态下电加热元件单体对地绝缘值达标。 5. 查试验：安装护罩前，通电0.5 h试验，各加热元件测温达标。护罩安装后，再通电0.5 h试验，防护罩表面测温（BST车除外）达标		
			电开水器检修	1. 检修原则：电开水器整机下车检修（BST制造25T型车可加热腔下车检修）。 2. 控制箱检修：各配线线号清晰、正确，排列整齐；绝缘层无老化、破损、局部硬伤。笼式端子无毛刺外露；引线口护套齐全良好；接地线齐全、安装可靠。熔断器规格、型号符合原设计规定。	1. 各电气元件对地绝缘测试不合格。 2. 绝缘试验程序简化。 3. 防干烧功能不良。 4. 电开水炉作用不良，进水管渗水等	

续上表

序号	检查项点	检查依据	检查重点		易发问题	备注
6	车电装置			3. 炉体检修：清除加热腔、储水腔水垢，清除排气管水垢。加热元件除垢，开路、短路、破损、变形时更新。测量电热元件与金属壳体间冷态绝缘阻值不小于 200 MΩ，断电后 30 s 内不小于 50 MΩ，湿度达到 95% 时不小于 20 MΩ。加热元件接线紧固，配线破损、烧损时更新，接线端子烧损时更新。防护罩密封圈老化、破损时更新。 4. 附属装置检修：电磁阀不良者更新。各滤网（或水质过滤器）清洗，不良者更新。水位传感器、温度传感器清除表面水垢，损坏或腐蚀的更新。检测传感器（含配线）对电开水器金属壳体（地）冷态绝缘电阻值达标。 5. 功能试验：检测电加热元件（含电源配线）对电开水器金属壳体（地）绝缘电阻值：注水后加热前不小于 20 MΩ；出水阀出热水后，断电 30 s 内不小于 2 MΩ。通电试验：继电器、		

续上表

序号	检查项点	检查依据	检查重点		易发问题	备注
6	车电装置			接触器吸合动作无卡阻、异声。工作电流不大于额定值110%，指示灯显示正确。自动加热及缺水、满水及防干烧保护（模拟传感器温升试验）功能正常。具备漏电保护功能的，须作用良好。 6. E3修增项：在E2修基础上，加热腔密封垫更新		
			控制柜检修	1. 查柜（箱）体内部：接线牢固，导线压接紧固，有毛刺外露时重新压接。配线绝缘层老化、烧损时更换。引线口护套完好，老化时更新。各保护继电器、空调温控器等整定值符合要求；各熔断器规格、型号符合对应图纸规定。有计量要求的仪表计量有效期应能使用到临近修程。 2. 查功能试验：带漏电保护功能断路器试验保护功能良好。满负载运行0.5 h以上，测量控制柜主接线排接线处，主接触器进、出线接线处，主断路器进、出线接线处，空调	1. 接线错误未及时发现，熔断器容量不符合要求。 2. 接线端子老化变色、烧损未及时发现或处理	

续上表

序号	检查项点	检查依据	检查重点	易发问题	备注
6	车电装置		供电断路器、电加热隔离开关或接触器;发电车配电柜主接线端头,空气断路器的进、出线接线处,冷却风扇接触器进、出线接线处端子温度不得高于环温 35 ℃,同一电器接线处各相温度差不大于 15 ℃。 3. 查有电气网络监控功能的控制柜:可编程控制器(PLC)和网关的电源指示灯常亮,PLC 的 ERR 灯灭,网关“LSV”指示灯不闪亮。PLC 的 PORT 开关应置于“OFF”位,PLC 模拟量检测显示正常。触摸屏不应有花屏、白屏,触摸按键控制正常。安全记录仪发光二极管闪亮(通电后 5 s,指示灯以亮和灭相同的周期快速闪烁)。工程师车主控站触摸屏显示信息与单车控制柜触摸屏信息显示一致。控制器(FPC)运行灯和通信灯闪烁,输入输出控制正常。电源变换装置输出正常。		

续上表

序号	检查项点	检查依据	检查重点		易发问题	备注
6	车电装置			4. E3 修增项：Ⅰ、Ⅱ路供电主断路器、主接触器、空调供电断路器测试接触电阻，符合规定。主接触器接触电阻不合格时分解检修或更换触头套件，不能打磨触头。铁芯接触面清洁无垢，线圈连接引线无开焊。空调压缩机接触器、客室电加热断路器（隔离开关除外）、客室电加热接触器抽验（各一个），须下车测试性能合格。如测试结果不合格，则相应负载的断路器、接触器全部下车测试		
			空调机组检修	1. 检修原则：下车检修。E2 修时如整机运用时间距上一次 E3 及以上修程不超过 18 个月时可现车检修。 2. 查机组：软风道霉腐严重、破损时更换。机组减振垫老化、破损时更新。检修后各组装紧固螺栓扭矩符合标准并涂打防松标记。 3. 查通风机、冷凝风机：测量电机绕组对机体绝缘电阻值不小于 5 MΩ。	1. 空调顶盖安装螺栓及侧板安装螺栓不按规定配打扭矩。 2. 机组冲洗时，通风机线盒、压力开关、压缩机接线盒及航空插头防护不到位进水。 3. 各分线盒未粘贴检修标签	

续上表

序号	检查项点	检查依据	检查重点		易发问题	备注
6	车电装置			4. 查制冷系统：清洁蒸发器、冷凝器翅片表面，散热表面积腐蚀超过三分之一时更新。测量压缩机绕组对机体绝缘电阻值不小于 5 MΩ。 5. 查空气预热器：加热元件绝缘电阻值不小于 20 MΩ。温度保护熔断丝及温度继电器外观良好。 6. 查附属装置：机组排水畅通。航空插头插针插座接触牢固，密封性能良好，无烧蚀。BST 青藏车风压开关外观良好，压差导管清洁通畅无污物。 7. 查功能试验：电气主回路中各线对地（壳体）的绝缘阻值不小于 2 MΩ。各风机无反转。三相电流值与平均值的偏差不大于平均值的 10%。 8. 查机组装车：紧固件齐全紧固，扭矩达标。机组与车体送、回风道连接严密，不漏雨、漏水。		

续上表

序号	检查项点	检查依据	检查重点		易发问题	备注
6	车电装置			9. E3 修增项：通风机、冷凝风机下车分解检修，电机轴承更新，测量绕组对壳体绝缘电阻值不小于 5 MΩ；风机组装后带负载试验，三相电流值与平均值的偏差不超过平均值的 10%。压缩机、干燥过滤器、气液分离器等表面除锈并涂刷原色油漆。空气预热器温度保护熔断丝不良时更新。测试机组制冷量不低于额定数值的 90%		
			配线质量	1. 各分线盒、接线盒、检查盖开盖检查，可见配线、端子等部件： （1）配线绝缘层老化、油浸、烧损、变色时更换，配线受潮时须处理，局部硬伤、破损处进行绝缘处理或更换。 （2）接线端子及接线柱外观良好、压接牢固、防松标记清晰无错位，线端线号清晰，与图纸一致；接地线状态良好。	1. 不按规定进行满载试验或试验时点温不认真。 2. 配线绝缘质量不达标。 3. 未按规定粘贴感温贴。 4. 配线温升测试超温	

续上表

序号	检查项点	检查依据	检查重点		易发问题	备注
6	车电装置			(3)防护管套无老化、破损，出线口、过墙、过梁、水箱及锅炉(开水炉)附近的配线须防护良好。金属套管腐蚀剩余厚度不足50%时更换。 (4)接线板、接线排无烧损、变色；绝缘板无裂损、碳化、老化。 2. 更新配线时，电力干线、信号线和线管、线槽内配线不许有接点；配线更新时，线径符合规定。 3. 温升试验：满负载运行0.5 h以上，测量控制柜主接线排接线处，主接触器进、出线接线处，主断路器进、出线接线处，空调供电断路器、电加热隔离开关或接触器；发电车配电柜主接线端头，空气断路器的进、出线接线处，冷却风扇接触器进、出线接线处端子温度不得高于环温35 ℃，同一电器接线处各相温度差不大于15 ℃		

续上表

序号	检查项点	检查依据	检查重点		易发问题	备注
7	车辆落成	1.《铁路客车段修规程》(铁机辆〔2022〕39 号) 2.《铁路客车电气装置检修规则》(铁机辆〔2022〕39 号) 3.《中国铁路总公司机辆部关于对〈铁路客车电气装置检修规则(试行)〉部分条款勘误的通知》(机辆动客函〔2018〕114 号)	尺寸控制	1. 查整车落成关键尺寸:车体倾斜测量位置正确,不大于 30 mm;上、下旁承间隙两侧之和 4 ~ 6 mm;盘形制动单元制动缸限位螺栓与单元制动缸间隙为 2 ~ 10 mm。 2. 查车钩缓冲装置落成关键尺寸:风挡缓冲板外侧面与钩舌外侧面距离为 13 ~ 35 mm;钩舌与钩腕内侧面距离,闭锁位置时不大于 130 mm(小间隙钩舌不大于 120 mm),全开位置时不大于 245 mm;钩提杆与下锁销连杆之间距离大于 15 mm;车钩高度(有空气弹簧的须充至工作高度)15 号车钩(含托梁式车钩)的中心线至钢轨面的垂直距离为 860 ~ 890 mm,密接式车钩圆锥顶尖至钢轨面的垂直距离为 850 ~ 880 mm;15 号车钩同一辆车两端钩高相差不大于 10 mm,15 号车钩及拖梁式车钩与密接式车钩装配到同一辆车时,钩	1. 车体倾斜超限。 2. 车钩高度超限。 3. 转向架找平超限。 4. 防松标记漏打或不规范	

续上表

序号	检查项点	检查依据	检查重点	易发问题	备注
7	车辆落成		高差不大于 40 mm;钩尾框上平面至车体防跳板下平面距离为 5~15 mm。钩身上部与冲击座下部间隙为 30~48 mm。 3. 查转向架落成关键尺寸:依据不同的转向架型号,重点抽查测量四角高度差、垂下品距轨面距离、轴箱圆弹簧高度差、转向架构架侧梁下部与轴箱体顶部距离、空簧高度及高度差、轮对提吊与定位转臂挡座处的间隙、横向止挡与纵向梁挡板之间间隙等关键尺寸符合标准。检查间隙调整方法、垫片(块)尺寸是否正确。 4. 查量具:查量具是否齐全,是否在检定日期之内;量具是否有检定证书或检定标签,且编号对应;工作者是否能熟练使用,保养到位,测量准确。 5. 查记录:记录是否及时、正确、完整		

续上表

序号	检查项点	检查依据	检查重点		易发问题	备注
7	车辆落成		整车试验	1. 查试验项点:分为制动、供风试验;车内设备试验;电气装置试验三大部分。 2. 查设备:查定检是否超期;查微控单车是否定期进行性能校验,设备附属压力表不过期,是否按规定排水除尘。 3. 查量具:查量具是否齐全,是否在检定日期之内;量具及样板是否有检定证书或检定标签,且编号对应;工作者是否能熟练使用,保养到位,测量准确。 4. 查记录:试验结果记录是否及时、正确、完整。 5. 查制动、供风试验:查是否按规定程序进行空气制动试验(重点过球试验、缓解阀试验、气路控制箱试验、自动间隙调整器试验)、电空制动试验、防滑器试验、总风系统漏泄试验、高度阀、差压阀试验、闸调器试验,试验方法是否正确,试验结果是否合格。	1. 肥皂水涂抹不到位,漏泄故障漏检。 2. 单车试验时,未测量制动缸、闸调器行程,臆测数据。 3. 模拟车辆间通信联网试验未进行	

续上表

序号	检查项点	检查依据	检查重点		易发问题	备注
7	车辆落成			6. 查车内设备试验：查是否按规定程序进行电动端门性能试验、塞拉门试验、注水试验、锅炉焚火试验、真空集便器试验，试验方法是否正确，试验结果是否合格。是否对各门、窗、锁进行开闭试验。 7. 查电气装置试验：查是否按规定程序进行绝缘和电阻检测，进行各种电气设备试验，查试验方法是否正确，试验结果是否合格		
			“三检一验”	1. 查验收顺序和时机：查是否按程序逐级交检交验，检查与验收是否在上一道检查程序结束后且修复完毕后实施。 2. 查范围：查检查与验收范围是否符合必检必验与抽检抽验的规定相符。 3. 查条件：查检查与验收是否在规定的通风、通水、通电等必须条件下进行。	1. 标识漏涂打。 2. 记录填写不规范，归档不及时。 3. 未进行故障复查，带故障交车	

续上表

序号	检查项点	检查依据	检查重点		易发问题	备注
7	车辆落成			4. 查标记：检查“三检一验”标识是否齐全，涂写是否规范。 5. 查记录：查是否按照程序填写检查记录，发放及归档是否及时。 6. 查程序：查对严重质量缺陷，是否实施停止验收；对处理后的故障，是否及时开展复检复验；是否按规定出具验收合格证明		
8	发电车	1.《铁路客车电气装置检修规则》（铁机辆〔2022〕39号） 2.《铁路客车柴油发电机组及附装置检修技术条件》（机辆动客函〔2020〕15号）	组装及试验	1. 查设备：查关键部件是否按要求使用专用试验台试验。 2. 查记录：查试验记录。 3. 查现场：现场检查试验过程	1. 必换件未按要求更换。 2. 组装工艺及尺寸限度不符合要求。 3. 关键部件未试验直接使用（如喷油器）。 4. 配套试验简化或参数不达标	

续上表

序号	检查项点	检查依据	检查重点		易发问题	备注
8	发电车		车下部件防脱	1. 检查车下蓄电池箱悬吊装置状态是否良好。 2. 下油箱悬吊及固定螺栓无松动,防护铁板铆钉无缺失。 3. 外接电源箱箱门锁闭防开挡齐全。 4. 车体侧冷却风扇百叶窗及旋风滤清器安装牢固,防护网齐全无破损松动	1. 悬吊裂纹,螺栓松动。 2. 下油箱防护铁板铆钉缺失,防护铁皮腐蚀。 3. 外接电源箱门锁及防开挡故障。 4. 百叶窗、旋风滤清器等配件松动	
			油水管系	1. 检查油水管系是否有颜色区别及流向指示。 2. 检查油水管路接头处是否有渗漏现象。 3. 油水管系阀门作用良好,关闭可靠。 4. 散热片、冷却塔无漏泄	1. 油水管路无流向标记。 2. 油水管路接头处渗漏。 3. 燃油阀门渗油。 4. MTU 高压油管接头渗油。 5. 下油箱连通管防寒不到位	
			配线质量	1. 各分线盒、接线盒、检查盖开盖检查,可见配线、端子等部件: (1)配线绝缘层老化、油浸、烧损、变色时更换,配线受潮	1. 配线与线孔或门活动部位抗磨。 2. 测温贴变色或未按要求粘贴。 3. 简化温升试验或温升试验不合格	

续上表

序号	检查项点	检查依据	检查重点		易发问题	备注
8	发电车			时须处理，局部硬伤、破损处进行绝缘处理或更换。 （2）接线端子及接线柱外观良好、压接牢固、防松标记清晰无错位，线端线号清晰，与图纸一致；接地线状态良好。 （3）防护管套无老化、破损，出线口、过墙、过梁附近的配线须防护良好，配线间无抗磨。 （4）接线板、接线排无烧损、变色；绝缘板无裂损、碳化、老化。 2. 检查试验过程，满负载运行 0.5 h 以上，测量控制柜主接线排接线处，主接触器进、出线接线处，主断路器进、出线接线处，空调供电断路器、电加热隔离开关或接触器；发电车配电柜主接线端头，空气断路器的进、出线接线处，冷却风扇接触器进、出线接线处端子温度不得高于环温 35 ℃，同一电器接线处各相温度差不大于 15 ℃		

续上表

序号	检查项点	检查依据	检查重点		易发问题	备注
8	发电车		关键部件检修	1. 查喷油器、执行器、高压油泵是否按照要求使用专用试验台进行检修。 2. 检查试验台状态是否良好。 3. 检查试验过程,并查阅试验记录,配件试验参数符合规程要求	1. 配件不经试验装车使用。 2. 试验台作用不良。 3. 配件试验不合格	
9	调车作业	《铁路技术管理规程(普速铁路部分)》(铁总科技〔2014〕172号、铁总科技〔2017〕221号)	调车作业	1. 查人员:查司机、调车长、调车员培训上岗、任职资格。 2. 查设备:查调车机车、公铁两用车定检检修情况。 3. 查计划:查调车作业计划编制、审批程序是否符合实际;布置、传达调车作业计划是否符合规定。 4. 查安保设施:查调车机车车载视频监控、平面灯显系统是否状态良好;查铁鞋、防溜轨枕、止轮器、防溜防撞器材、移动脱轨器是否按规定编号管理,是否妥善回收、加锁管理。	1. 车辆未停稳,钻入车下设置防溜设施或工作者开始作业;车辆启动前未确认车上、车下全部停止作业。 2. 擅自变更作业计划。 3. 调车设备设施带病运行。 4. 安保设施未编号管理;状态不良;使用和撤除、保管不规范。 5. 调车组人员数量不足。 6. 调车超速或超辆数。 7. 库内调车时周边防护不到位	

续上表

序号	检查项点	检查依据	检查重点	易发问题	备注
9	调车作业		5. 查安全警示标识:查调车作业线路停车标(牌)、安全警示标识、距离标牌等设置是否符合要求。 6. 查结合部:查是否存在越区作业,作业前后是否按规定或协议向车站报告。 7. 查作业:查作业过程是否规范,人员配备是否到位,语音联控及信号显示是否规范,进路确认及领车是否规范,库内走行时防护是否规范,调车速度和辆数是否超限,防溜设施的使用是否及时、规范		

货
车

1 货车运用

1.1 5T 设备维修

序号	检查项点	检查依据	检查重点	易发问题	备注
1	上道作业程序与基本要求	《国铁集团铁路营业线施工管理办法》(铁调〔2021〕160号)	1. 按规定编制、提报施工、维修计划申请,签订相关安全协议,规范命令传递流程,参加各类会议。 2. 施工(维修)负责人和施工项目经理,安全、技术、质量等主要负责人应经过铁路局集团公司有关部门或指定单位营业线施工安全培训,未经培训或培训不合格的人员不得担任上述工作。 3. 施工单位的安全员、防护员、联络员、带班人员和工班长必须经过铁路局有关部门培训。 3. 施工和维修作业前必须按规定设置驻站(调度所)联络员、防护员,驻站(调度所)联络员、防护员不得临时调换。 4. 设备管理单位要实时掌握施工和维修作业动态,段调度要对当天施工和维修作业计划、作业进度、安全防护措施、盯控干部到岗离岗情况实时掌握并记录。	1. 施工方案制定与审核不严,方案制定不完善。 2. 无计划施工。 3. 施工、维修安全协议未签订。 4. 未按要求召开或参加施工会议。 5. 未编制施工预案、人身安全防护预案。 6. 工料具遗留线路或侵限。 7. 施工或维修作业超范围。 8. 通道门锁闭不及时,路外人员进入封闭区域。 9. 外单位作业人员发生安全事故	

续上表

序号	检查项点	检查依据	检查重点	易发问题	备注
1	上道作业程序与基本要求		5. 加强高速铁路栅栏门的管理。栅栏门以关闭加锁为定位，进出栅栏门必须严格执行登销记制度。 6. 上线作业按规定线路行走，横越线路做到“一站、二看、三确认、四通过”。 7. 严格管理上道作业工料具，粘贴反光标识和编号。 8. 施工、检修作业前，现场防护员未得到驻站联络员在岗防护的通知，不准上道作业；施工、检修作业中，现场防护员得到驻站联络员下道的通知后，应立即组织作业人员下道至安全地点，在未得到驻站联络员准许上道的通知前，不准上道作业；施工、检修作业结束后，驻站联络员在未得到所有现场防护员已返回至安全地点的通知前不准离岗。 9. 外单位作业人员必须经安全培训合格后才能上道作业		

续上表

序号	检查项点	检查依据	检查重点	易发问题	备注
2	5T设备维修:TADS、TPDS、THDS、TFDS	《车辆运行安全监控系统设备检修维护管理规则》(铁总运〔2015〕301号)	1. 按规定组织、参与新建设备的验收,验收合格后,交接、归档设备竣工资料。 2. 定期组织开展设备大、小修。原则上小修1年、大修6~8年。各级修程提前或者延后时间为小修2个月,大修6个月。 3. 按规定组织开展季节性整修、设备巡检。 4. 探测站输入电压满足220 V(允许公差-20%~+15%)。检查探测站内附属设备设施完善,UPS、电源转换箱、网络机柜、视频监控、综合防雷、空调等按要求配备,并工作正常。 5. 维修人员取得相应资质,持证上岗。 6. 车辆段每季度对设备检修、使用、维护情况进行一次检查,检查情况报铁路局集团公司	1. 新建设备验收不规范,资料不齐全。 2. 设备大、小修超期。 3. 巡检计划未兑现。 4. 轨旁设备维护保养不到位,发生设备松脱断,影响行车安全。 5. 设备带故障运行,影响车辆探测及预报。 6. 工具备品配备不全,故障处置不及时,影响列检作业	

续上表

序号	检查项点	检查依据	检查重点	易发问题	备注
3	5T设备维修:AEI	《铁路车号自动识别系统AEI设备管理检修运行规程》(铁运〔2009〕19号)	1. 按规定组织、参与新建设备的验收,验收合格后,交接、归档设备竣工资料。 2. 定期组织开展设备大、中修。中修年限为3~4年,中修可以提前或错后2个月。大修年限为6~8年,大修可以提前或错后6个月。 3. 定期组织春秋季整修、设备巡检。 4. 设备故障须在规定时间内恢复。探测站设备故障恢复时间为昼间不超过6 h,夜间不超过12 h;列检复示站、车辆段复示站和铁路局AEI监控中心设备故障恢复时间为昼间不超过2 h,夜间不超过4 h。 5. AEI设备的综合技术指标为:开机率达100%,使用率达95%以上,识别准确率达99.5%以上。 6. 维修人员取得相应资质,持证上岗。 7. 按规定配备备品配件、检修工具及仪器仪表	1. 新建设备验收不规范,资料不齐全。 2. 设备大、小修超期。 3. 巡检计划未兑现。 4. 轨旁设备维护保养不到位,发生设备松脱断,影响行车安全	

续上表

序号	检查项点	检查依据	检查重点	易发问题	备注
4	设备故障应急处置	《中国铁路总公司运输局关于加强车辆安全监测设备故障应急处置的通知》(运辆管理电〔2017〕168 号)	1. 修订完善监测设备故障应急预案,内容包括设备故障的快速处理机制,还应包括设备遭到外物击打或者发生其他危及行车安全故障的处置方案。 2. 完善监测设备功能,完善各监测设备故障远程诊断和自动报警功能,组织建立监测设备状态监控平台,最大限度实现第一时间远程判断故障类型。 3. 加强监测设备状态监控管理,采取相应措施确保及时掌握监测设备工作状态,第一时间发现设备故障并判断故障类型,启动设备故障应急处置预案,采取限速、拦停等行车组织措施,确保行车安全。 4. 建立监测设备故障信息报告制度,当发现监测设备被外物击打或设备部件出现侵线、丢失等上述危及行车安全的情况时,铁路局集团公司车辆(动车)调度须在 20 min 内向国铁集团车辆(动车)调度报告	1. 设备故障应急预案未制定或制定不完善。 2. 设备遭外物打击损坏,散落部件侵线,影响行车安全。 3. 设备故障导致无法监测车辆运行安全。 4. 监测设备状态监控不到位,设备长期发生故障。 5. 监测设备远程故障诊断和自动报警功能不完善,设备故障未能及时处置	

1.2 站　　修

序号	检查项点	检查依据	检查重点	易发问题	备注
1	进车预检、会检（5T系统查询）	《铁路货车站修规程》（铁运〔2012〕231号）	1. 下载车统—23信息，下载车辆履历信息，下载车统—22D-1，查询车辆5T系统信息，登记5T系统预报故障信息。 2. 按照入线车顺序，逐辆核对AEI读取的车辆标签信息与现车是否一致。不一致时，上报异常信息。发现超出作业场检修范围及能力的车辆进行记录并及时通知调度员确认，上报异常信息。 3. 核对车统—23列检扣修故障信息与现车是否相符。不符时，记录车辆并通知调度员确认，反馈列检扣车质量。 4. 5T系统预报信息与现车故障核对，并在故障部位标识施修方法。 5. 按全面检查质量标准对入线检修车辆进行检查，并在车体相应位置标识故障信息。 6. 遇有较大故障时，提出修理方案并通知调度组织作业场主任、技术员、质检、验收会检，确定处置方案。 7. 填写车统—22D有关内容	1. 5T预报故障信息查询后，未按要求进行登记。 2. 列检扣修故障信息因人为马虎造成与现车不一致。 3. 预检时，车体故障漏检较多，多为墙板腐蚀穿孔、下侧门折页开焊、门板外胀变形超限、地板开裂等。 4. 车统—22D中车辆基本信息填写不全、错填等	

续上表

序号	检查项点	检查依据	检查重点	易发问题	备注
2	破损车整治	1.《铁路货车站修规程》(铁运〔2012〕231 号) 2.《中国铁路总公司关于配合货运组织改革开展车体破损货车集中整治的通知》(铁总运电〔2013〕111 号) 3.《中国铁路总公司运输局关于加强敞车车门检修的通知》(运辆货车电〔2017〕1150 号) 4.《中国铁路总公司运输局关于棚车取消橡胶导便桶的通知》(运辆货车电〔2017〕1394 号)	1. 雨天禁止露天作业,电焊机接地回线采用焊接电缆线,需有专门的电焊回路。架落车作业过程中严禁电焊作业。 2. 烘干箱、保温桶须状态良好、通电使用,焊修前使用的焊条须烘干后放置在保温桶内保持干燥。焊条使用须及时,当天未用完的焊条第二天使用前须重新烘干,重复烘干不得超过 3 次。 3. 车体焊修须选择对应型号的焊条,耐候钢车体本体焊修时,须使用耐候钢焊条(如 J502 型),普碳钢补板与耐候钢车体焊接时,可使用普碳钢焊条(如 J422 型)。高强度耐候钢车体本体焊修时,须使用 J556CrNiCu 型焊条。 4. 焊修前,焊接电流须根据焊条直径和焊条型号设定在规定范围内。	1. 雨天电焊作业时,安全防护措施不到位。 2. 烘干箱、保温桶使用不正常,焊条放在烘干箱内时间过久。 3. 焊修时,未按规定选择焊条及焊接电流值。 4. 敞车侧开门开闭杆插入量不足 20 mm。 5. 车门未清除门缝发泡剂,车门铁丝未清除,开闭试验未全数检查。 6. 钢地板破损后,未清除原破损地板,挖补不到位,直接用新钢板盖过后再电焊,未在地板底部加焊。补板未盖到各边梁上。	

续上表

序号	检查项点	检查依据	检查重点	易发问题	备注
2	破损车整治	5.《中国铁路总公司运输局关于加强平车、平车—集装箱共用车木地板临修整治工作的通知》(运辆货车电〔2016〕64 号)	5. 敞车侧开门、下侧门门板破损整治:检查门板、折页、锁闭机构作用、开闭杆插入量、门搭扣座及搭扣搭接量等,破损或腐蚀须更换新门或配件。车门检修后使用阶梯塞尺插入门缝,检查门缝间隙不得超过 8 mm。 6. 敞车地板破损整治:金属地板破损腐蚀时,须挖补或截换,焊缝须位于底架各梁上。 7. 敞车车体墙板、端板及其他部位破损整治:车体钢结构、各部钢板裂纹、腐蚀穿孔、破损时焊修、挖补、补强或截换;补强板须盖过腐蚀处边缘 20 mm 以上。其厚度不小于原板厚度。 8. 棚车中门破损整治:检查中门导轨、滑轮、锁闭机构、门板、上雨檐与中门上部搭接量以及车门其他附属机构状态,破损、损坏时更换新品。	7. 棚车中门导轨变形调修不到位,上雨檐与中门上部搭接量不足 10 mm,中门锁压铁磨耗超限造成运用过程中锁铁窜出,车门自动打开。 8. 棚车、平车更换木地板时防火措施未落实。 9. 破损车图片未拍全,或者不清晰	

续上表

序号	检查项点	检查依据	检查重点	易发问题	备注
2	破损车整治		9. 棚车地板破损整治:地板破损时更换。橡胶导便桶破损、丢失取消补装。 10. 平板车地板破损整治:木地板折断或破损大于100 mm×100 mm的、腐蚀或表面损伤面积大于原板面积30%的、压铁和压条丢失的须截换补装或更换。检查侧门、锁铁、端门、支架,丢失或裂损补装、更换。 11. 拍摄破损车车号、定检、故障施修前后照片,并按辆做好记录和保存		
3	轮对故障处置	1.《铁路货车站修规程》(铁运〔2012〕231号) 2.《铁路货车轮轴组装检修及管理规则》(铁总运〔2016〕191号)	1. 良好轮对收入管理:全数核查“轮轴、轮对、车轴发送单”(车统—50A)、“轮轴卡片”(车统—51C)中轴号与轮轴左端标志板B栏轴号一致,对轮轴外观进行检查,确认外观状态良好,使用四种检查器测量良好轮轴数据,每半月做好轮对转动检查,新建并填写车统—51C、“配送站修配件复检记录单”“站修	1. 轮对存放未按良好、故障、轮型分类,轮对轴端未加装保护套。 2. 备用轮对存放时,未按时进行转动检查。 3. 轮对存放时间超过6个月未及时返段检修。	

续上表

序号	检查项点	检查依据	检查重点	易发问题	备注
3	轮对故障处置		备用轮对滚动轴承转动检查记录”“车辆段检修、运用车间轮轴(轮对)保有、收支及修理台账”。良好、故障轮轴存放须分类存放,使用轴承保护套对轴端进行防护,轮对存放须防雨。 2. 故障轮对收入管理:对换下的故障轮轴进行外观检查,使用四种检查器测量轮轴尺寸、将轮轴信息填入车统—51C相应栏。良好、故障轮轴应分开存放,并用轴承保护套对轴端进行防护,存放时须防雨。 3. 良好轮对支出:检查现车轮轴基本信息,测量待更换轮轴车辆现车其他轮轴的轮径以及测量备用轮轴轮径。良好轮轴支出时须进行轴承、轮轴、车轮外观检查。检测已选配良好支出轮轴的轮径、轮缘厚度、轮辋厚度、轮辋宽度等尺寸须符合段修限度,且同一转向架最大与最小车轮直径差符合规定。	4. 轮对存放处防雨措施不到位。 5. 换轮后,转向架、车体落成后相关尺寸未复测	

续上表

序号	检查项点	检查依据	检查重点	易发问题	备注
3	轮对故障处置		4. 故障轮对支出:查看故障轮轴存放区轮轴上的标识,确认为故障轮轴。核对故障轮轴信息。填写车统—51C、车统—50A 相关内容。 5. 现车轮对更换:推出的转向架安放止轮器,止轮器必须与轮踏面密贴,不得有间隙。工作中认真执行呼唤应答,听从指挥人员的指挥。更换结束落车后使用样板检测旁承间隙和拉环间隙。在故障轮轴的车轴上标识故障名称及车种、车型、车号以及换下位数标记,并打上箭头指向存在故障一侧		
4	制动故障车处置	1.《铁路货车站修规程》(铁运〔2012〕231 号) 2.《铁路货车制动装置检修规则》(铁运〔2008〕15 号)	1. 制动管系检修:更换管系时,须使用新品密封圈组装。组装法兰螺栓使用扭矩扳手调整到 45 N · m,交替均匀紧固两个螺栓。 2. 制动软管及折角塞门更换。 更换制动软管:卸下的制动软管须安装防尘罩。选配合格软管(须带防尘罩)注意 60 t、70 t 软管型号区分。	1. 制动管系、制动阀等空气配件更换时,橡胶密封件未更换新品,或者更换新品时未检查时间是否超期。 2. 法兰螺栓紧固时,未使用扭矩扳手或者扭矩扳手未调整到规定值紧固安装螺栓。	

续上表

序号	检查项点	检查依据	检查重点	易发问题	备注
4	制动故障车处置	3.《关于转发〈国铁集团机辆部事业部关于部分国铁敞车、棚车取消制动阀防盗罩的通知〉的通知》(技检发〔2021〕93号)	更换折角塞门:单车试验合格后,焊固折角塞门卡箍螺母。 3. 制动阀更换:中间体阀安装面须使用干净的棉布擦拭。密封垫须更换新品。选择与本车辆匹配的制动阀,检查中间体防错装定位销钉位置,安装制动阀,对角均衡紧固安装螺栓。 4. 脱轨自动制动阀更换:安装脱轨自动制动装置,根据现车选配脱轨自动制动阀,注意区分四种阀型,防止错装。更换脱轨阀与制动支管E形密封圈,使用扭矩扳手均衡紧固脱轨阀与制动支管法兰接头螺栓。对角均衡紧固脱轨阀安装座螺栓。 5. 制动缸、风缸修理:更换制动缸、风缸时,更换新的E形密封圈,组装法兰螺栓使用扭矩扳手调整到45 N·m,交替均匀紧固两法兰螺栓。	3. 制动阀更换时,未吹扫除尘,安装面未擦拭干净。 4. 空气制动配件存储时,未做好防尘等防护措施。 5. 制动配件储存时间超限	

续上表

序号	检查项点	检查依据	检查重点	易发问题	备注
4	制动故障车处置		6. 截断塞门检修更换:根据现车选配相匹配的截断塞门。选取新品法兰E形密封圈安装,将组合式截断塞门装入两法兰接头间,组合式截断塞门体上箭头应指向中间体。 7. 空气制动配件存储管理:各型橡胶密封件自制造完成之日起至组装使用前的储存期不得超过6个月,空气制动阀、空重车阀和制动缸检修完成后,储存期不得超过3个月,新品不得超过1年。球芯塞门、组合式集尘器检修完成后,储存期不得超过6个月。空气制动配件须装外包式或平罩型防护件进行密封防护,装车时须取下各包装、防护物		
5	运行品质不良车鉴定处置	1.《铁路货车站修规程》(铁运〔2012〕231号) 2.《铁路货车段修规程》(铁货车〔2021〕34号)	1. 车辆入线后,作业场相关人员、质检员展开鉴定工作,按要求对车体、转向架、轮轴相关部位进行检查和检测。	1. 鉴定人员不齐,质检员未参加或未签章确认。 2. 旁承、心盘等部位检查质量不高,标准不严。	

续上表

序号	检查项点	检查依据	检查重点	易发问题	备注
5	运行品质不良车鉴定处置	3.《中国铁路总公司运输局印发〈关于加强TPDS运行品质不良联网报警货车运用管理〉的通知》(运辆货车函〔2015〕469号)	2. 故障部位按段修标准修理或更换。须对轮对、旁承及心盘落成情况进行检测,并按段修标准进行检修	3. 轮对轮径差等尺寸未按段修标准检查	
6	单车试验	1.《铁路货车站修规程》(铁运〔2012〕231号) 2.《铁路货车制动装置检修规则》(铁运〔2008〕15号)	1. 按规定开展过球试验、制动管漏泄试验、制动、缓解感度试验、制动安定试验、紧急制动试验、加速缓解阀试验、半自动缓解阀试验、闸调器性能试验、空重车自动调整装置性能试验、制动缸后堵检漏试验。 2. 制动缸推杆复位检查:缓解状态以人力推动前制动杠杆,进行推杆复位试验(推杆复位良好,闸瓦能离开踏面)。 3. 过球试验小球使用管理:每日应做好发放回收登记,检查小球表面状态及直径变化。对破损或磨耗超限的小球须进行鉴定报废处置并登记。	1. 过球试验漏做,或者做完未检查小球外观。 2. 制动缸推杆复位检查未做。 3. 过球试验小球管理不到位	

续上表

序号	检查项点	检查依据	检查重点	易发问题	备注
6	单车试验		4. 单车机能试验：每日开工前对各单车试验器进行机能试验，试验合格后打印记录单并由试验员、质检员检查并签章确认		
7	工量具管理	1.《铁路货车站修规程》（铁运〔2012〕231 号） 2.《中国铁路总公司运输局关于公布标准化站修作业场评定内容及评分标准的通知》（运辆货车函〔2015〕367 号）	1. 工装设备须具有操作规程，并按规定使用和维护保养；计量器具按要求进行检定。 2. 有定期检定要求的设备须定期检定，检定单位应具备相应资质，检定合格的设备、量具应出具有效的检验合格证明，超过有效期的不得使用。 3. 作业场应建立工装设备、计量器具交接班制度，每班开工前应对相关设备进行点检和机能试验。 4. 作业场须建立工装设备及计量器具管理台账，指定专人负责，定期检查核对，做到账物相符。 5. 应按照钩缓、转向架、制动装置、轮轴、车体及整车落成范围（《铁路货车站修规程》附件 O）配置检测器具	1. 样板量具缺失或者不全。 2. 样板量具超检定日期使用或送检不及时造成过期。 3. 设备机能试验未做或不合格。 4. 管理台账缺失或者记录不全，实物与台账不一致。 5. 管理制度中缺少交接制度或对工量器具管理要求不全，未及时细化上级管理要求	

1.3 5T 运用

序号	检查项点	检查依据	检查重点	易发问题	备注
1	机检作业：TFDS（人机分工）	1.《铁路货车运用维修规程》（铁总机辆〔2018〕184 号） 2.《铁路技术管理规程（普速铁路部分）》（铁总科技〔2014〕172 号、铁总科技〔2017〕221 号） 3.《中国铁路总公司运输局关于加强时速 120 公里货物列车车辆管理的通知》（运辆货车函〔2016〕247 号）	1. 人员配置：每列车的动态检查作业须由 1 个动态检车组完成；每组人员配备符合规定。 2. 班前安全预想：组织酒精测试、手机集中管理，班前预想有针对性。 3. 作业组织： （1）动态组织按照“直通优先、先开优先”的原则安排检查顺序。 （2）TFDS 动态检查时间原则上按 10 min（50 辆/列）的标准掌握，根据情况制定每幅图片的动态检查时间不少于一定时间。 （3）动态检车员按分配的列车信息认真分析图片。 4. 故障预报： （1）到达、中转作业的列车，动态组长将故障预报值班员。 （2）对值班员反馈的信息及时提交。 5. 动态检查作业：执行“人机分工 TFDS 动态检查范围和质量标准”。	1. 班前预想不足，班后总结不充分；产生班中重点把控不准确；班组总结不到位，导致惯性问题的发生。酒精测试不合格易造成作业质量不高，漏检。 2. 技检时间利用不合理，单幅图片时间过短，动态检车员对图片分析质量不高，造成车辆故障漏检。 3. 鼠标指引不规范，导致作业标准执行不到位。 4. 计划安排不合理，连续作业时产生列车积压现象或通过列车不能及时作业，造成列车晚点。	

续上表

序号	检查项点	检查依据	检查重点	易发问题	备注
1	机检作业:TFDS(人机分工)	4.《关于公布客车与货车人力制动装置端连挂规定的通知》(运辆货车电〔2013〕2067号) 5.《TFDS-1列车动态检查范围和质量标准(试行)》(运装货车〔2007〕640号)	(1)货车冷热切轴:外圈、轴箱无破损,前盖、轴端螺栓无丢失;承载鞍无错位、挡边无折断。落实"凹"字检查法。(对转K4、转K5型转向架要重点防范侧架摇动座丢失,其他型号转向架防范承载鞍错位。) (2)货车部件断裂:摇枕、侧架、一体式构架、副构架无折断;交叉支撑装置盖板及交叉杆体无折断、明显变形;向架弹簧托板无折断;端板或渡板无脱落、丢失;横梁无折断;钩提杆无折断。落实制动梁"8"字或"Z"字检查法,钩缓"e"字检查法,车底"三"字检查法。采取如制动梁部位中间两幅图片、钩缓中间三幅图片,中间部关键部位一幅图片点击放大检查等必要控制措施。 (3)货车配件脱落:制动缸、副风缸、加速缓解风缸、容积风缸、降压风缸无脱落、丢失;制动梁梁体、支柱无折断,制动梁无脱落;脱轨自动制动装置拉环无脱落;闸调器无	5. 动态组长对动态检车员标注故障鉴定不准确;故障下发延迟,造成故障不能及时得到处置,放行技术状态不良车。 6. 动态检车员简化过程,漏检"七防"故障。 7. 对货物列车车辆编挂技术要求不明确,车辆违编不能发现。 8. 动态组长与列检值班员联系不及时,造成室外检车员不能人工补充检查,引起故障漏检;设备故障漏报、迟报,设备故障不能及时修复,影响TFDS动态作业。 9. 动态组长拦停故障处置不果断	

续上表

序号	检查项点	检查依据	检查重点	易发问题	备注
1	机检作业：TFDS（人机分工）		破损；基础制动装置的各拉杆、杠杆、圆销无折断、丢失；人力制动机拉杆、拉杆链、轴链无脱落；横跨梁无折断；缓解阀拉杆、空重车调整杆无脱落；折叠式人力制动机轴无脱落；制动阀防盗罩无脱落；闸瓦插销安装位置正确。落实制动梁“8”字或“Z”字检查法，钩缓“e”字检查法，车底“三”字检查法。采取制动梁部位中间两幅图片、钩缓中间三幅图片，中间部关键部位一幅图片点击放大检查等必要控制措施。 （4）货车车辆脱轨：心盘无脱出；车轮踏面、轮辋无缺损；交叉杆端部螺栓无丢失；轴箱、摇枕弹簧无窜出、丢失。对于脱轨自动制动装置球阀手把关闭全数标注；拉环不正位或明显变形、捆扎铁丝现象要通过侧部图片、底部图片进行综合判断。并提醒相关工位检车人员注意检查制动梁、心盘以及钩缓部位。		

续上表

序号	检查项点	检查依据	检查重点	易发问题	备注
1	机检作业：TFDS（人机分工）		（5）货车列车分离：钩体、牵引杆、钩尾框无折断；从板无折断、丢失，从板座、缓冲器无破损；钩尾销插托无错位，螺母无丢失；车钩托梁无折断；钩尾销及安全吊螺母无松动、丢失。落实钩缓“e”字检查法，钩缓中间三幅图片点击放大检查。车钩托梁、从板有明显弯曲变形的，标注后下发现场检查确认；缓冲器后部与后从板座有明显间隙的，认真检查判断是否存在从板座移位、缓冲器失效等故障。 （6）货车制动放飏：折角塞门、直端塞门手把无关闭；关门车无违编、超编；中转、直通列车制动软管连结状态良好。钩缓“e”字检查法，车底“三”字检查法，对关键部位有放大图片检查的措施。（对中转或通过作业列车关门车违编的，在系统下发故障的同时，电话联系列检值班员，防止放行违编关门车。）		

续上表

序号	检查项点	检查依据	检查重点	易发问题	备注
1	机检作业：TFDS（人机分工）		（7）货车制动抱闸：制动主管、支管、连接管无折断；制动缸缓解良好；集成制动装置制动缸连接软管无脱落。钩缓“e”字检查法，车底“三”字检查法，钩缓中间三幅图片，中间部关键部位一幅图片点击放大检查。 （8）其他：地板、浴盆板破损或腐蚀穿孔超限造成货物脱出，影响安全；防火板无脱落；罐车下卸式排油管、加热管及盖无脱落；客车无违编。 6. 时速120 km货物列车装用提速转向架。 7. TFDS发生丢图、窜图、曝光等故障及停机、停电、设备检修、异型车图片拍摄不全（如客车、长大货物车）等无法正常进行动态检查时，动态检车组长通知列检值班员；设备故障时应及时向动态检测设备车间报修。 8. 落实车辆抽查、互控制度，实行场际列车互控、室内外互控、作业质量抽查、月度质量分析等制度		

续上表

序号	检查项点	检查依据	检查重点	易发问题	备注
2	机检作业：TFDS（机检）	1.《铁路货车运用维修规程》（铁总机辆〔2018〕184号） 2.《TFDS-1列车动态检查范围和质量标准（试行）》（运装货车〔2007〕640号）	1. 人员配置：每列车的动态检查作业须由1个动态检车组完成；每组人员配备符合规定。 2. 安全预想：组织酒精测试、手机集中管理，组织召开班前预想会和完工分析会，班前预想有针对性。 3. 作业组织： （1）动态组织按照“直通优先、先开优先”的原则安排检查顺序。 （2）动态检车员合理利用技检时间，TFDS动态检查时间原则上按10 min（50辆/列）的标准掌握，根据情况制定每幅图片的动态检查时间不少于一定时间。 （3）动态检车员按分配的列车信息认真分析图片。 4. 故障预报： （1）到达、中转作业的列车，动态组长将故障预报值班员。 （2）对值班员反馈的信息及时提交。 5. 动态检查作业：执行“通过作业TFDS动态检查范围和质量标准”。	1. 班前预想不足，班后总结不充分；导致惯性问题的发生。 2. 技检时间利用不合理，单幅图片时间过短，动态检车员对图片分析质量不高，造成漏检。 3. 鼠标指引不规范，导致作业标准执行不到位。 4. 计划安排不合理，连续作业时产生列车积压现象或通过列车不能及时作业。 5. 动态组长对动态检车员标注故障鉴定不准确；故障下发延迟，造成故障不能及时得到处置，放行技术状态不良车。	

续上表

序号	检查项点	检查依据	检查重点	易发问题	备注
2	机检作业：TFDS（机检）		（1）落实制动梁“8”字或“Z”字、钩缓“e”字、车底“三”字、“凹”字等检查法，采取关键部位图片点击放大检查等必要控制措施确保检查质量。 （2）防止货车冷热切轴风险重点检查：滚动轴承轴箱无破损；轴承前盖、轴端螺栓无丢失；承载鞍无错位。 （3）防止货车部件断裂风险重点检查：摇枕、侧架、一体式构架、副构架无折断，交叉支撑装置盖板及交叉杆体无折断，车钩托梁无折断。 （4）防止货车配件脱落风险重点检查：各风缸无脱落；基础制动配件无脱落，制动梁、上拉杆、下拉杆无折断、脱落；制动梁支柱圆销、开口销、拉铆销套环无丢失；下拉杆圆销、开口销无丢失，降压风缸、缓解阀拉杆、脱轨自动制动装置拉环无脱落。	6. 动态检车员简化过程，漏检“七防”故障。 7. 对货物列车车辆编挂技术要求不明确，车辆违编不能发现。 8. 设备发生故障时，与列检值班员联系不及时，造成室外检车员不能人工补充检查，引起故障漏检；设备故障漏报、迟报，设备故障不能及时修复，影响TFDS动态作业。 9. 动态组长拦停故障处置不果断	

续上表

序号	检查项点	检查依据	检查重点	易发问题	备注
2	机检作业：TFDS（机检）		（5）防止货车车辆脱轨风险重点检查：心盘无脱出，交叉杆端部螺栓无丢失；轴箱、摇枕弹簧无丢失。对于脱轨自动制动装置球阀手把关闭全数标注；拉环不正位或明显变形、捆扎铁丝现象要通过侧部图片、底部图片进行综合判断。 （6）防止货车列车分离风险重点检查：钩尾框无折断；钩提杆无脱落；钩尾销插托无错位，螺母无丢失；钩尾销安全吊螺栓、螺母无丢失，安全托板、钩尾框托板、钩尾销托梁无脱落。 （7）防止货车制动放飏风险重点检查：折角塞门、直端塞门手把无关闭，人力制动机轴链、折叠式人力制动机轴无脱落。 （8）防止货车制动抱闸风险重点检查：制动缸、副风缸、加速缓解风缸、容积风缸、降压风缸无脱落。 （9）其他：货物无脱出。 6. 时速 120 km 货物列车装用提速转向架。		

续上表

序号	检查项点	检查依据	检查重点	易发问题	备注
2	机检作业：TFDS（机检）		7. 应急：TFDS 发生丢图、窜图、曝光等故障及停机、停电、设备检修、异型车图片拍摄不全（如客车、长大货物车）等无法正常进行动态检查时，动态检车组长通知列检值班员；设备故障时应及时向动态检测设备车间报修。 8. 动态检查作业发现“通过作业TFDS 动态检查范围和质量标准”范围内的故障和其他危及行车安全的故障，按照“先报告后提交”的原则，向铁路局集团公司红外线调度员进行预报拦停，办理拦停手续，并记录相关台账		
3	机检作业：THDS	《铁路货车运用维修规程》（铁总机辆〔2018〕184 号）	1. 设 THDS 列检作业场复示站。动态检车员上岗前须经培训考核，合格者按规定持证上岗。 2. THDS 动态检车员负责本站人机分工、人工检查作业列车的微热预报。	1. 漏查到达或中转列车信息，造成报警信息漏报，引起车轴燃切事故。 2. 漏报需要进行人工轴温检查的列车。	

续上表

序号	检查项点	检查依据	检查重点	易发问题	备注
3	机检作业:THDS		3. THDS 预报疑似抱闸按不同程度,分为一级、二级,THDS 动态检车员负责本站人机分工、人工检查作业列车的二级疑似抱闸预报。 4. THDS 动态检车员按要求将报警信息通知列检值班员。当 THDS 探测站预报微热、下一个 THDS 探测站遇有施工、设备故障、列车调速、停车等情况未正常探测的铁路货车须按强热预报处理。 5. THDS 动态检车员对需要进行人工轴温检查的列车按规定预报列检值班员。如 THDS 发生临时故障,受干扰出现异常,列车在 THDS 探测站调速或停车影响探测,因停电、维修、线路施工及其他因素等造成 THDS 无法探测。 6. 到达、中转列车中有轴箱滚动轴承和因铁路货车结构轴承底部有遮挡的无轴箱滚动轴承铁路货车须进行人工轴温检查	3. 热轴辆序、轴位预报错误。 4. 对疑似抱闸信息错误判断,致使抱闸故障不能及时处置	

续上表

序号	检查项点	检查依据	检查重点	易发问题	备注
4	机检作业：TPDS	《铁路货车运用维修规程》（铁总机辆〔2018〕184 号）	1. 设 TPDS 列检作业场复示站。动态检车员上岗前须经培训考核，合格者按规定持证上岗。 2. TPDS 动态检车员按要求将报警信息通知列检值班员。采取人机分工检查或人工检查方式进行列检作业的到达、中转列车，TPDS 动态检车员须查看该列车车轮踏面损伤及运行品质预警信息，将预警信息报文内容通知列检值班员。 3. TPDS 动态检车员对列检值班员反馈的预警铁路货车的检查和处理结果录入 TPDS	1. 漏查到达或中转列车信息，造成报警信息漏报，放行踏面损伤以及运行品质预警车。 2. 预警辆序、轮位预报错误。 3. 对值班员反馈的处置信息复核错误，造成处置位置不准确	
5	机检作业：TADS	《铁路货车运用维修规程》（铁总机辆〔2018〕184 号）	1. 设 TADS 列检作业场复示站。动态检车员上岗前须经培训考核，合格者按规定持证上岗。 2. TADS 动态检车员按要求将报警信息通知列检值班员。对采取人机分工或人工检查方式进行列检作业的到达、中转列车，TADS 动态检车员须查看该列车 TADS 预警信息，将一级预警或联网预警信息报文内容通知列检值班员。	1. 漏查到达或中转列车信息，造成报警信息漏报，放行预警轴承。 2. 对值班员反馈的处置信息复核错误，造成处置位置不准确。 3. 信息反馈不准确。 4. 对预报标准掌握不明确，漏报预警信息	

续上表

序号	检查项点	检查依据	检查重点	易发问题	备注
5	机检作业:TADS		3. 对长大货车单次三级及以上预警按要求处置。 4. TADS动态检车员核实列检值班员反馈的处置信息,并录入TADS		
6	机检作业:AEI	《铁路货车运用维修规程》(铁总机辆〔2018〕184号)	1. 列检作业场须配备货车车号自动识别系统列检复示终端。 2. 设备故障及时报修	漏查到达或中转列车信息,造成信息漏报	
7	基本制度及台账	《铁路货车运用维修规程》(铁总机辆〔2018〕184号)	1. 基本规章制度:动态检车员岗位责任制度;交接班制度;技术业务学习制度。 2. 基本台账:铁路货车运行安全监控系统拦停通知卡、THDS热轴轴承故障诊断分析报告;超偏载铁路货车通知卡;TADS预警轴承故障诊断分析报告;列检、动态检查作业场班组交接班记录簿	对4T预报信息未按规定程序填写相关台账,导致处置记录丢失	

1.4 列检作业

序号	检查项点	检查依据	检查重点	易发问题	备注
1	到达作业	1.《铁路货车运用维修规程》(铁机辆总〔2018〕184 号) 2.《铁路车辆安全管理规则》(铁总运〔2015〕304 号)	1. 一班工作标准:班前准备—接班会—班前点名—接班—列车作业—交班—完工分析—交班总结。 2. 一列作业标准:通知作业—作业准备—整队出发—接车—摘解机车—插设防护信号—技术检查—故障处理—撤除防护信号—列队归所。 3. 劳动组织和列车技术作业时间:实行人机分工检查方式的,原则上人工检查每人每列单侧不超过 30 辆;实行人工检查方式的,原则上每人每列单侧不超过 20 辆。到达作业时间为 35 min,寒冷、长大下坡道区段及重载、计长超过 88.0、编组 60 辆及以上的列车,由铁路局集团公司根据运输组织实际,相应增加技检时间。 4. 技术作业标准:实行人机分工检查方式,对铁路货车执行“人机	1. 一班工作标准易发问题:班前未充分休息,未开展酒精测试,手机未按规定管理。班前点名、完工分析、交班总结未开展。 2. 一列作业标准易发问题: (1)列检值班员未按规定或及时预报作业计划及 5T 报警信息,未及时反馈 5T 复核结果。 (2)检车员未按规定穿戴劳动防护用品、携带工具不齐全,违反上线作业行走相关劳动安全规定。 (3)检车员未按规定下蹲接车,停车后未与司机进行对接。 (4)未按规定插设、撤除脱轨器防护信号,手信号传递不规范,防护距离小于 20 m。	

续上表

序号	检查项点	检查依据	检查重点	易发问题	备注
1	到达作业		分工 TFDS 动态检查范围和质量标准”和“到达列车人机分工人工检查范围和质量标准”；列检作业场接入列车进路无 TFDS 的，实行人工检查方式，对铁路货车按“人机分工 TFDS 动态检查范围和质量标准”和“到达列车人机分工人工检查范围和质量标准”范围执行。一辆车作业过程采取“两跨、一俯、两探”分面包转向架检查方法。 （1）货车“防冷热切轴、防部件断裂、防配件脱落、防车辆脱轨、防列车分离、防制动放飏、防制动抱闸”七防质量控制措施落实。 （2）检查空车定检不过期（回送检修车除外）。 （3）对铁路货车运行安全监控系统预报的故障进行确认和处置。	（5）班组长或故障修理人员未按规定复核、处置 5T 报警信息和检车员发现的重点故障。 3. 技检时间、人员配置无法满足作业标准。 4. 技术检查漏检易发问题： （1）未按规定检查界限进行检查。 （2）“两跨、一俯、两探”检查方法检查不到位。 （3）放行到达定检过期空车。 （4）漏检交叉支撑装置盖板及交叉杆体折断或明显变形、安全索丢失、摇枕弹簧折断或窜出等故障。 （5）漏检钩舌销丢失、钩提杆及复位弹簧折断、从板折断或窜出、从板座铆钉折断、钩尾框钩尾销螺栓	

续上表

序号	检查项点	检查依据	检查重点	易发问题	备注
1	到达作业		(4)无列检作业场的车站编组始发列车，应在途经第一个列检作业场进行列检作业，采取人工检查或人机分工检查方式，执行“人机分工 TFDS 动态检查范围和质量标准”和“中转列车人机分工人工检查范围和质量标准”，列检作业场接入列车进路无 TFDS 的执行“始发列车检查范围和质量标准”，铁路局集团公司须在运行图技术资料中明确上述列车的作业地点；在本铁路局集团公司未途经列检作业场时，由上述车站所在铁路局集团公司通知接入铁路局集团公司在途经第一个列检作业场进行作业，并在相关文件中明确	开口销丢失等故障。 (6)漏检各风缸或阀吊架裂损或脱落、截断塞门手把关闭、折角塞门手把关闭、缓解阀拉杆吊架裂损脱落、脱轨自动制动装置调节杆折断、拉环与车轴接触等故障。 (7)漏检各制动拉杆及杠杆圆销开口销丢失，闸瓦折断、丢失、磨耗超限、含金属镶嵌物，人力制动机拉杆、拉杆链、轴链折断、脱落等故障。 (8)漏检钩提杆座裂损，端板、渡板折页及座折断，地板破损、罐体上部走板、护栏脱落，车门折页及座折断，车门锁闭装置配件破损、丢失等故障	

续上表

序号	检查项点	检查依据	检查重点	易发问题	备注
2	无调中转作业	1.《铁路货车运用维修规程》(铁机辆总〔2018〕184号) 2.《铁路车辆安全管理规则》(铁总运〔2015〕304号)	1. 一列作业标准:通知作业—作业准备—整队出发—接车—摘解机车—插设防护信号—技术检查—故障处理—制动机试验—撤除防护信号—连挂机车—简略试验—送车—列队归所。 2. 劳动组织和列车技术作业时间:原则上每人每列单侧不超过20辆。无调中转作业技检时间为35 min,经整备作业的快速货物班列无调中转作业技检时间为25 min。 3. 技术作业标准:实行人机分工检查方式,对铁路货车执行“人机分工TFDS动态检查范围和质量标准”和“中转列车人机分工人工检查范围和质量标准”,一辆车作业过程采取“一跨、一俯、三探”分面检查方法。列检作业场接入列车进路无TFDS的,实行人工检查方式,对铁路货车执行“始发列车检查范围和质量标准”,一辆车作业过程采取“两跨、一俯、两探”分面包转向架检查方法。	1. 一列作业标准易发问题: (1)列检值班员未按规定或及时预报作业计划及5T报警信息,未及时反馈5T复核结果。 (2)检车员未按规定穿戴劳动防护用品、携带工具不齐全,违反上线作业行走相关劳动安全规定。 (3)检车员未按规定下蹲接车,停车后未与司机进行对接;作业结束后未按规定下蹲送车。 (4)未按规定插设、撤除脱轨器防护信号,防护距离小于20 m。 (5)班组长或故障修理人员未按规定复核、处置5T报警信息和检车员发现重点故障。	

续上表

序号	检查项点	检查依据	检查重点	易发问题	备注
2	无调中转作业		(1)货车“防冷热切轴、防部件断裂、防配件脱落、防车辆脱轨、防列车分离、防制动放飑、防制动抱闸”七防质量控制措施落实。 (2)检查空车定检不过期(回送检修车除外)。 (3)对铁路货车运行安全监控系统预报的故障进行确认和处置	(6)未按规定进行制动机试验,发出列车制动机试验不合格,制动机试验结束后尾部软管吊起时软管连接器与车钩下平面的距离大于200 mm。 2. 技检时间、人员配置无法满足作业标准。 3. 技术检查漏检易发问题: (1)未按规定检查界限进行检查。 (2)“一跨、一俯、三探”分面检查方法或者“两跨、一俯、两探”检查方法检查不到位。 (3)漏检钩提杆座裂损、钩提杆链松余量不符合规定、互钩差超限、冲击座破损、车列首尾端部车钩钩舌S面裂损、三态作用试验未做等。	

续上表

序号	检查项点	检查依据	检查重点	易发问题	备注
2	无调中转作业			（4）漏检各风缸或阀吊架裂损或脱落、缓解阀拉杆吊架裂损脱落、脱轨自动制动装置调节杆折断、拉环与车轴接触、拉环圆销丢失等故障。 （5）漏检端板、渡板折页及座折断，罐体上部走板、护栏脱落，车门折页及座折断，车门锁闭装置配件破损、丢失等故障	
3	有调中转作业	1.《铁路货车运用维修规程》（铁机辆总〔2018〕184号） 2.《铁路车辆安全管理规则》（铁总运〔2015〕304号）	1. 一列作业标准：通知作业—作业准备—整队出发—接车—摘解机车—插设防护信号—技术检查—故障处理—撤除防护信号—列队归所—（调车作业）；通知作业—作业准备—整队出发—插设防护信号—对加挂车辆技术检查—故障处理—制动机试验—撤除防护信号—连挂机车—简略试验—送车—列队归所。	1. 一列作业标准易发问题： （1）列检值班员未按规定或及时预报作业计划及5T报警信息，未及时反馈5T复核结果。 （2）检车员未按规定穿戴劳动防护用品、携带工具不齐全，违反上线作业行走相关劳动安全规定。	

续上表

序号	检查项点	检查依据	检查重点	易发问题	备注
3	有调中转作业		2. 劳动组织和列车技术作业时间：原则上每人每列单侧不超过20辆。有调中转作业技检时间为40 min，经整备作业的快速货物班列有调中转作业技检时间为35 min。 3. 技术作业标准：实行人机分工检查方式的，对铁路货车执行“人机分工TFDS动态检查范围和质量标准”和“中转列车人机分工人工检查范围和质量标准”，一辆车作业过程采取“一跨、一俯、三探”分面检查方法。列检作业场接入列车进路无TFDS的和对加挂的铁路货车实行人工检查方式，对铁路货车执行“始发列车检查范围和质量标准”，一辆车作业过程采取“两跨、一俯、两探”分面包转向架检查方法。	（3）检车员未按规定下蹲接车，停车后未与司机进行对接；作业结束后未按规定下蹲送车。 （4）未按规定插设、撤除脱轨器防护信号，防护距离小于20 m。 （5）班组长或故障修理人员未按规定复核、处置5T报警信息和检车员发现重点故障。 （6）未按规定进行制动机试验，发出列车制动机试验不合格，制动机试验结束后尾部软管吊起时软管连接器与车钩下平面的距离大于200 mm。 （7）加挂车辆未执行“始发列车检查范围和质量标准”。	

续上表

序号	检查项点	检查依据	检查重点	易发问题	备注
3	有调中转作业		（1）货车“防冷热切轴、防部件断裂、防配件脱落、防车辆脱轨、防列车分离、防制动放飏、防制动抱闸”七防质量控制措施落实。 （2）检查空车定检不过期（回送检修车除外）。 （3）对铁路货车运行安全监控系统预报的故障进行确认和处置	2. 技检时间、人员配置无法满足作业标准。 3. 技术检查漏检易发问题： （1）未按规定检查界限进行检查。 （2）“一跨、一俯、三探”分面检查方法或者“两跨、一俯、两探”检查方法检查不到位。 （3）漏检钩提杆座裂损、钩提杆链松余量不符合规定、互钩差超限、冲击座破损、车列首尾端部车钩钩舌S面裂损、三态作用试验未做等。 （4）漏检各风缸或阀吊架裂损或脱落、缓解阀拉杆吊架裂损脱落、脱轨自动制动装置调节杆折断、拉环与车轴接触、拉环圆销丢失等故障。	

续上表

序号	检查项点	检查依据	检查重点	易发问题	备注
3	有调中转作业			(5)漏检端板、渡板折页及座折断，罐体上部走板、护栏脱落，车门折页及座折断，车门锁闭装置配件破损、丢失等故障	
4	始发作业	1.《铁路货车运用维修规程》(铁机辆总〔2018〕184号) 2.《铁路车辆安全管理规则》(铁总运〔2015〕304号)	1. 一列作业标准：通知作业—作业准备—整队出发—插设防护信号—技术检查—故障处理—制动机试验—撤除防护信号—连挂机车—简略试验—送车—列队归所。 2. 劳动组织和列车技术作业时间：原则上每人每列单侧不超过15辆。始发作业技检时间为25 min，寒冷、长大下坡道区段及重载、计长超过88.0、编组60辆及以上的列车，由铁路局集团公司根据运输组织实际，相应增加技检时间。	1. 一列作业标准易发问题： (1)列检值班员未按规定或及时预报作业计划。 (2)检车员未按规定穿戴劳动防护用品、携带工具不齐全，违反上线作业行走相关劳动安全规定。 (3)检车员未按规定下蹲送车。 (4)未按规定插设、撤除脱轨器防护信号，防护距离小于20 m。	

续上表

序号	检查项点	检查依据	检查重点	易发问题	备注
4	始发作业		3. 技术作业标准:实行人工检查方式,对铁路货车执行“始发列车检查范围和质量标准”,一辆车作业过程采取“两跨、一俯、两探”分面包转向架检查方法。 (1)货车“防冷热切轴、防部件断裂、防配件脱落、防车辆脱轨、防列车分离、防制动放飏、防制动抱闸”七防质量控制措施落实。 (2)检查空车定检不过期(回送检修车除外)	(5)班组长或故障修理人员未按规定复核、处置检车员发现重点故障。 (6)未按规定进行制动机试验,发出列车制动机试验不合格,制动机试验结束后尾部软管吊起时软管连接器与车钩下平面的距离大于200 mm。 2. 技检时间、人员配置无法满足作业标准。 3. 技术检查漏检易发问题: (1)未按规定检查界限进行检查。 (2)“两跨、一俯、两探”检查方法检查不到位。	

续上表

序号	检查项点	检查依据	检查重点	易发问题	备注
4	始发作业			（3）漏检钩提杆座裂损、钩提杆链松余量不符合规定、互钩差超限、冲击座破损、车列首尾端部车钩钩舌S面裂损、三态作用试验未做等。 （4）漏检各风缸或阀吊架裂损或脱落、缓解阀拉杆吊架裂损脱落、脱轨自动制动装置调节杆折断、拉环与车轴接触、拉环圆销丢失等故障。 （5）漏检端板、渡板折页及座折断，罐体上部走板、护栏脱落，车门折页及座折断，车门锁闭装置配件破损、丢失等故障。 （6）放行到达定检过期空车	

续上表

序号	检查项点	检查依据	检查重点	易发问题	备注
5	5T系统预报故障复核	1.《铁路货车运用维修规程》(铁机辆总〔2018〕184号) 2.《中国铁路总公司运输局关于加强长大货物车运用管理的通知》(运辆货车电〔2017〕1316号)	1. TFDS预报故障复核。 列检值班员接收到TFDS预报故障信息后以辆为单位向现场预报,检车员确认、处理后,将结果报告列检值班员,列检值班员核对、汇总后反馈给动态检车组长。 2. THDS预报故障复核。 (1)列检作业的到达、中转列车中THDS设备无法探测的货车的车辆需使用带存储功能的便携式红外线测温仪进行人工轴温检查,发现轴温异常或外观异状的,须转动检查。 (2)对预报的热轴铁路货车,列检人员应使用带存储功能的便携式红外线测温仪进行轴温测量和起轴转动检查,进行图像采集,按规定扣修并将检查结果按规定逐级上报。 3. TPDS预报故障复核。	1. 列检值班员预报故障信息不及时,现场确认不准确、处置不当,未规范记录复核情况。 2. THDS、TPDS、TADS预报需检查时,未按规定检查造成故障漏检,应扣未扣放行故障车辆。复核结果未及时、准确在系统中进行反馈	

续上表

序号	检查项点	检查依据	检查重点	易发问题	备注
5	5T系统预报故障复核		检车员对到达列车中 TPDS 预报踏面损伤一级报警货车或运行品质预警货车全数扣修，对其他踏面损伤预警铁路货车车轮进行检查，检查时须沿踏面圆周方向敲击检查不少于一周，超限车辆须扣车处理，并将检查处理情况按规定逐级上报。 4. TADS 预报故障复核。 （1）检车员对到达列车中一级预警或联网预警铁路货车须立即扣车，对其他列车中一级预警、联网预警的预警轴承进行转动检查，确认有故障时应扣车处理，并将检查处理情况按规定逐级上报。 （2）对 THDS 设备无法探测的长大货物车，当 TADS 设备联网综合报警或单次三级以上报警时，列检作业场须对报警轴位进行检查并组织车辆主机厂、配属单位进行鉴定，确认轴承故障的扣车换轮处理		

续上表

序号	检查项点	检查依据	检查重点	易发问题	备注
6	列车制动机试验和关门车规定	1.《铁路货车运用维修规程》(铁机辆总〔2018〕184号) 2.《铁路货车制动装置检修规则》(铁运〔2008〕15号)	1. 列检作业场进行列车制动机试验时,须使用制动机微控地面试验装置和列车车辆制动试验监测装置进行,制动机微控地面试验装置执行器需按规定进行机能试验并且合格后才能使用,无线风压监测仪在校验期内。监测数据保存1个月。因制动机微控地面试验装置检修、停电及故障等不能使用时,应利用本务机车进行列车制动机试验。 2. 始发、中转作业发车前施行一次持续一定时间全部试验。始发、中转作业的列车连挂机车后须施行简略试验,列车制动机试验后停留超过20 min时,发车前还须再次施行简略试验。 3. 列车制动机试验时,作业组需逐级传递制动、缓解、试风完毕信号。	1. 地面试风装置未按规定进行机能试验,无线风压监测仪未定期校验。 2. 制动机试验数据不合格发出列车。 3. 持续一定时间全部试验过程中,制动、缓解状态确认不到位。 4. 简略试验时最后一辆车制动、缓解状态确认不到位。 5. 手信号姿势不规范,发生漏传、错传、越传情况。 6. 关门车违编未发现,不会填写"制动效能证明书"。 7. 未按规定填发"制动效能证明书"。 8. 装有2个及以上自动制动机的铁路货车未按规定关门	

续上表

序号	检查项点	检查依据	检查重点	易发问题	备注
6	列车制动机试验和关门车规定		4. 列检作业场编组始发的列车不得有制动故障关门车,关门车数量超过6%时需换算闸瓦压力,并填发“制动效能证明书”交司机。关门车不得编挂于机车后部3辆车之内,在列车中连续连挂不得超过2辆,最后一辆不得为关门车,列车最后第二、三辆不得连续关门。组合的重载列车中每个单元列车的关门车数量和编挂位置均需符合以上要求。 5. 发出列车前方途经长大下坡道区间的,在始发、中转作业时需填发“制动效能证明书”交司机。编入货物列车的长大货物车需要关闭截断塞门的,则需要计算每百吨列车质量的换算闸瓦压力,填发“制动效能证明书”给司机。 6. 装有2个及以上自动制动机的铁路货车,若需关闭截断塞门,则必须关闭全车截断塞门		

续上表

序号	检查项点	检查依据	检查重点	易发问题	备注
7	固定循环和快速货物列车运用	1.《铁路货车运用维修规程》(铁机辆总〔2018〕184号) 2.《中国铁路总公司运输局关于加强时速120公里货物列车车辆管理的通知》(运辆货车函〔2016〕247号)	1. 固定循环货物列车开行前,做好货车车辆技术状态的检查和选用工作。 2. 途经客运专线和运行速度120 km/h及以上的固定循环货物列车所用货车车辆须进行整备,每运行2 000 km须实施一次整备作业;快速货物班列货车车辆每次装车前须实施一次整备作业。 3. 对长期不经列检作业场进行停车作业的固定编组、固定区段运行的循环车组,原则上应按照1 000 km列检安全保证距离的要求进行技术检查作业,执行"始发列车检查范围和质量标准"。 4. 车辆段要根据固定循环和快运货物列车开行特点和货车车辆构成,制定完善货车车辆故障应急处置预案。	1. 选用技术状态不良车。 2. 未按规定对车辆进行整备作业。 3. 未按规定进行车辆技术检查。 4. 未制定完善车辆故障应急处置预案。 5. 未按规定建立和保存档案。 6. 未按规定执行整备作业标准,造成车辆漏检。 7. 未及时扣修定检到期车辆造成定检过期车上线运行。 8. 未经车辆技术检查合格的车辆被替换编入固定循环列车中。 9. 列检作业未发现不符合车型车辆编入快速货物列车	

续上表

序号	检查项点	检查依据	检查重点	易发问题	备注
7	固定循环和快速货物列车运用		5. 固定循环货物列车应建立“一车一档”和“一列一档”；负责整备的运用车间须建立整备作业记录。 6. 整备作业除执行“始发列车检查范围和质量标准”外，还需执行《铁路货车运用维修规程》(以下简称《运规》)规定的八项内容。 7. 固定循环货物列车货车车辆定检到期须扣修时，车辆段须提前将扣修货车车辆明细报车站，由车站在列车到达作业时组织扣车。 8. 固定循环货物列车编组确需变更时，替换车辆经车辆段技术检查合格的，方可编入固定循环货物列车。 9. 列检作业发现快速货物列车中编入不符合规定的车型车辆时，应及时通知车站调整		

续上表

序号	检查项点	检查依据	检查重点	易发问题	备注
8	客车、城市轨道客车检查	1.《铁路货车运用维修规程》(铁机辆总〔2018〕184号) 2.《铁路技术管理规程(普速铁路部分)》(铁总科技〔2014〕172号、铁总科技〔2017〕221号) 3.《中国铁路总公司机辆部关于明确货物列车中客车制动机试验有关事宜的通知》(机辆货车电〔2018〕163号) 4.《编入货物列车中客车缓解阀使用规定》(铁总调〔2018〕70号) 5.《中国铁路运输局关于进一步明确客车与装用17号(16号)车钩的货车连挂要求的通知》(运辆客车车电〔2015〕2029号)	1. 客车。 (1)对采取人工检查或人机分工检查方式进行列检作业的货物列车、军用列车中的客车,列检作业场按《运规》规定的五项标准进行技术作业。 (2)列检作业场发现客车故障,应及时通知车辆押运人员或车辆乘务员处理,并配合处理客车车辆故障,负责决定是否需要扣车。客车故障信息由列检值班员报告车辆段调度员转报铁路局集团公司车辆调度员,工长在车统—15A上做好记录,押运人员或车辆乘务员须在记录下方签字。 (3)客车编挂于货物列车需符合《铁路技术管理规程(普速铁路部分)》第252条和《中国铁路运输局关于进一步明确客车与装用17号(16号)车钩的货车连挂要求的通知》规定的编挂要求:客车编入货物	1. 未按规定检查客车车辆造成故障漏检;制动机试验时对客车制动、缓解状态确认不到位;客车编挂违反规定;客车缓解阀未确认。 2. 工长未在车统—15A上记录制动机试验结果和关门车情况等。 3. 未按规定进行客车、城市轨道客车检查业务知识培训	

续上表

序号	检查项点	检查依据	检查重点	易发问题	备注
8	客车、城市轨道客车检查		列车编挂辆数不得超过 20 辆，应挂于列车中部或后部；装有密接式车钩的客车需要附挂货物列车回送时，不得超过10 辆，其后编挂的其他车辆不得超过 1 辆；客车与平车、平车—集装箱共用车以外的货车连挂时，不得与货车有人力制动机端连挂；客车与平车、平车—集装箱共用车人力制动机端连挂时，平车、平车—集装箱共用车的人力制动机不得使用，处于非工作状态。车端涂打“许”标记以及车辆结构未设有风挡或虽设有风挡但已拆除的自备铁路车辆可与 17 号(16 号)车钩的货车直接连挂，其他客车不得与装用 17 号(16 号)车钩的铁路货车直接连挂(车端带有“许”标记的自备铁路客车除外)，确需连挂时，将连挂端橡胶风挡或铁风挡及渡板、缓冲杆予以拆除，将折棚风挡可靠收起后，翻起		

续上表

序号	检查项点	检查依据	检查重点	易发问题	备注
8	客车、城市轨道客车检查		或拆除渡板。 (4)列检作业时，发现客车缓解阀提开后未恢复、未捆绑或捆绑不牢靠的要及时联系、提醒客车车辆押运人员或车辆乘务员恢复缓解阀并重新实施可靠捆绑。 (5)客车关门车编挂位置、数量执行铁路货车关门车的相关规定，需计算每百吨列车质量的换算闸瓦压力时由列检作业场负责。 2. 城市轨道客车。货物列车，编有城市轨道客车的，列检作业场人工检查作业前须通知车辆技术人员对城市轨道客车进行技术检查和制动机试验。列检工长在车统—15A 中记录制动机试验结果和关门车情况等，需要时负责计算每百吨列车质量的换算闸瓦压力，随车车辆技术人员须在记录下方签字		

续上表

序号	检查项点	检查依据	检查重点	易发问题	备注
9	特殊车辆技术检查	1.《铁路货车运用维修规程》(铁机辆总〔2018〕184号) 2.《自备铁路货车和企业内用铁路货车过轨技术检查管理办法》(铁总运〔2015〕115号) 3.《中国铁路总公司关于修订〈自备铁路货车和企业内用铁路货车过轨技术检查管理办法〉部分条款的通知》(铁总运〔2017〕207号)	1. 自备铁路货车、企业内用铁路货车、出口铁路货车中的专用铁路货车。 (1)列检作业场只负责走行部、制动装置、车钩缓冲装置、底体架通用部件进行检查维修。 (2)未经过轨检查的通知车站扣留车辆。凡自备车定检到期,严禁上线使用。 (3)自备铁路货车长期不经过铁路列检作业场的,应由运输部门按照1 000 km进行一次列检作业。 2. 自轮运转特种设备。列检作业场只负责检查车轮技术状态和与铁路货车连接的互钩差;配合处置车辆故障,并对处理的车辆故障进行质量检查,负责确认热轴车辆能否继续运行;负责计算每百吨列车质量的换算闸瓦压力。	1. 未按规定进行车辆部位技术检查造成车辆故障漏检。 2. 故障确认、复核不到位,放行故障车辆;不会计算闸瓦压力。 3. 检查DL_1型大吨位预制梁运输专用车漏检车钩缓冲停止器状态。 4. 漏检机械冷藏车规定范围内故障。 5. C_{100}型敞车检查范围和质量标准不掌握。 6. 长大货物车通用部分不掌握。 7. 列检技术检查时未发现非提速货车	

续上表

序号	检查项点	检查依据	检查重点	易发问题	备注
9	特殊车辆技术检查		3. DL_1 型大吨位预制梁运输专用车组。列检作业场除按规定的检查范围和质量标准进行列检作业外，还需检查《运规》规定的四项内容。 4. 机械冷藏车。列检作业场按《运规》规定的四项检查范围和质量标准进行技术检查，配合随车车辆乘务员预报的故障处理；发现机械冷藏车组存在故障需要扣车时，由列检作业场办理。 5. C_{100} 型敞车。列检作业场除执行相应的检查范围和质量标准外，还须执行《运规》规定的 7 项检查范围和质量标准。 6. 长大货物车。长大平车、双联平车、标记载重 260 t 以下的落下孔车、标记载重 300 t 以下的凹底平车等铁路长大货物车装车前、装车后、卸车后，车辆段派员进行技术检查，铁路长大货物车通用部分		

续上表

序号	检查项点	检查依据	检查重点	易发问题	备注
9	特殊车辆技术检查		执行铁路货车“始发列车检查范围和质量标准”，其他部分须执行《运规》规定的六项检查范围和质量标准。列检作业的货物列车中的铁路长大货物车，列检作业场只对铁路长大货物车通用部分进行技术作业，执行铁路货车“始发列车检查范围和质量标准”。 7. 非提速货车。列检作业时发现非提速货车时需进行核实是否经过批准，对于未经批准的通知车站扣留车辆并通知集团公司车辆调度		
10	过轨检查	1.《铁路货车运用维修规程》(铁机辆总〔2018〕184号) 2.《自备铁路货车和企业内用铁路货车过轨技术检查管理办法》(铁总运〔2015〕115号)	1. 自备铁路货车、企业内用铁路货车和出口铁路货车。 (1)每次进入国铁运行、出厂出段时，由车辆段进行过轨技术检查，过轨前需审核相关资料，过轨技术检查仅对与国铁货车相同的通用部件进行检查，并执行“始发	1. 过轨检查时标准执行不到位造成漏检。 2. 过轨技术检查前未审核相关资料。 3. 未签订协议办理过轨	

续上表

序号	检查项点	检查依据	检查重点	易发问题	备注
10	过轨检查	3.《中国铁路总公司关于修订〈自备铁路货车和企业内用铁路货车过轨技术检查管理办法〉部分条款的通知》(铁总运〔2017〕207号)	列车检查范围和质量标准”。经检查符合要求的填发“自备铁路货车、企业内用铁路货车过轨技术检查合格证”。 (2)自备铁路货车、企业内用铁路货车每年注册合格后签订次年《自备(企业内用)铁路货车过轨安全协议》。自备车过期未按规定送修的,停止履行过轨协议,待车辆检修后继续生效。 2. 自轮运转特种设备。 (1)车辆段接到自轮运转特种设备所属单位书面申请后,须对相关资料的有效性、真实性进行审查。 (2)资料审查合格后,车辆段须指派胜任人员携带相关检测量具等进行过轨检查。 (3)过轨车辆技术检查后,车辆段过轨技术检查人员应填写“自轮运转特种设备技术检查登记表”,过轨合格的填发“自轮运转特种设备过轨技术检查合格证”		

续上表

序号	检查项点	检查依据	检查重点	易发问题	备注
11	技术交接检查	《铁路货车运用维修规程》(铁机辆总〔2018〕184号)	1. 技术交接工作由技术交接作业场负责,未设置技术交接作业场的,由最近的列检作业场负责,技术交接工作可采取TFDS动态检查的方式进行。 2. 在铁路货车进入解冻库前,应在每批车中至少一辆车的制动阀防盗罩、管系连接法兰、轴箱橡胶垫、轴承外圈、车体等部位表面粘贴变色示温贴片或设置温度计,待该批铁路货车按规定时间解冻后,检查车辆配件外表面温度变化是否符合规定;对经解冻库解冻后的铁路货车须检查铁路货车配件有无损坏、烧损,橡胶制品有无变质,车号自动识别标签有无损坏等情况,使用机车进行持续一定时间全部试验。 3. 各铁路局集团公司须制定技术交接检查范围和质量标准。	1. 未按规定设置技术交接作业场。 2. 进入解冻库车辆未按规定进行检查。 3. 各铁路局集团公司未制定技术交接检查范围和质量标准。 4. 车辆段未按规定与相关单位签订协议	

续上表

序号	检查项点	检查依据	检查重点	易发问题	备注
11	技术交接检查		4. 车辆段与相关单位签订铁路货车技术交接协议，对铁路货车的技术交接地点、交接方式、交接单据、交接范围和质量标准、损坏赔偿等进行具体明确		
12	作业防护	1.《铁路货车运用维修规程》（铁机辆总〔2018〕184 号） 2.《铁路技术管理规程（普速铁路部分）》（铁总科技〔2014〕172 号、铁总科技〔2017〕221 号）	1. 列检作业手信号须依次逐段显示传递，使用检车锤或检车灯，遇特殊情况时信号传递可采用无线对讲机等辅助手段。 2. 传递安全防护插设信号时，由车列（列车）首部检车员发起信号传递；传递安全防护撤除信号时，由车列（列车）尾部检车员发起信号传递。 3. 在作业线路上检查、修理、整备车辆作业时，应在两端来车方向的左侧钢轨上，设置带有脱轨器的固定或移动信号牌（灯）进行安全防护，前后两端的安全防护距离均	1. 信号传递时依次逐段显示传递，使用红旗（红灯）代替检查锤（检车灯）显示传递。 2. 信号发起人错误，手信号显示方式错误。 3. 脱轨器插设不符合规定，防护距离不符合要求。 4. 摘解机车时未插设停车信号进行作业。 5. 未制定脱轨器使用管理办法，或未按照制定的办法执行。	

续上表

序号	检查项点	检查依据	检查重点	易发问题	备注
12	作业防护		应不小于20 m,插设固定脱轨器安全防护距离不足20 m或固定脱轨器不能正常使用时,应使用移动脱轨器进行安全防护;防护距离不足时,应使用连接语音记录功能的通信设备通知车站将道岔锁闭在不能通往该线的位置,现场应在车列首尾车辆端部来车方向的左侧车体上设置停车信号(昼间红旗,夜间频闪红灯)进行安全防护,车列中部不得设置停车信号。 4. 列检作业摘解机车或连挂机车进行制动机试验时,应使用停车信号进行安全防护。 5. 插撤脱轨器时,应确认股道正确,列车(车列)、机车停留位置符合规定,同对检车员之间、检车员与列检值班员之间要做好联系和互控;移动脱轨器应按规定存放和使用。要做到脱轨器插撤有监督、反馈有记录。禁止无安全防护作业。	6. 沿线作业时,通知车站后未在车体上设置停车信号	

续上表

序号	检查项点	检查依据	检查重点	易发问题	备注
12	作业防护		6. 在沿线调查、处理故障和事故时,要在车站登记,通知车站将道岔锁闭在不能通往调查处置线路的位置,并在车列首尾端部来车方向的左侧车体上设置停车信号进行安全防护后进行检查处理		
13	爱护铁路货车	《铁路货车运用维修规程》(铁机辆总〔2018〕184号)	1. 站区爱车联合协调工作小组负责站区爱车工作制度、实施办法的细化和落实,定期召开路企和站区的爱车协调会议,开展装卸机具及设备监管,及时通报爱车工作情况,修订路企或站区间的爱车协议。车辆段负责具体日常爱车工作,建立翻车机、解冻库等装卸机械设备技术资料、使用和监测情况数据库,并定期统计分析损坏铁路货车情况。 2. 车辆段定期对管辖区域车站进行车辆专业知识培训。	1. 站区爱车联合协调工作小组未按规定开展爱车工作;车辆段对翻车机、解冻库等资料建立不全,未定期对损坏铁路货车情况进行分析。 2. 车辆段未定期对管辖区域车站进行车辆专业知识培训。 3. 未制定爱车活动方案。 4. 翻车机、解冻库未经有资质的机构检测合格后方可投入使用。	

续上表

序号	检查项点	检查依据	检查重点	易发问题	备注
13	爱护铁路货车		3. 铁路局集团公司应根据爱车工作的有关要求,制定爱车活动方案。 4. 新设、大修及重大技术改造的翻车机、解冻库应符合《铁路货车翻车机和散装货物解冻库检测技术条件》,并经有资质的机构检测合格后方可投入使用。 5. 解冻库应具备智能监控、自动报警功能,热源须设在铁路货车侧梁以上,热源出口温度及解冻时间等须符合《铁路货车翻车机和散装货物解冻库检测技术条件》规定。 6. 爱车人员凭“爱车检查证”进入爱车区域内进行爱车宣传,检查、监督爱车协议的执行情况和铁路货车的使用情况。 7. 路内外单位损坏铁路货车时,车辆段须填写“车辆破损技术记录”,由双方共同检查签认,作为损坏车辆赔偿的依据,并按规定准确、足额计算铁路货车损坏赔偿费用,及时收取损坏铁路货车赔偿费	5. 解冻库设备不符合要求。 6. 爱车人员没有“爱车检查证”进入爱车区域开展爱车活动。 7. 车辆段未按规定开展索赔	

续上表

序号	检查项点	检查依据	检查重点	易发问题	备注
14	故障处置	《铁路货车运用维修规程》（铁机辆总〔2018〕184号）	1. 到达列车中的制动故障关门车，须全数处理。到达列车中的定检过期空车，须办理扣车。到达、中转列车中的定检过期重车，卸车地点在本铁路局集团公司管内的，须对卸空后的车辆办理扣车。 2. 到达作业时，对司机反映途中列车制动故障和作业中发现疑似抱闸迹象时；中转、始发作业时，处理空气制动故障后，须施行制动机持续一定时间全部试验。 3. 列检作业发现因货物超载、偏载、偏重、集重引起铁路货车技术状态异常的，由货运部门进行现车确认和处理，处理后，对上述铁路货车重新进行技术检查，符合铁路货车运用标准后方可挂运，双方应做好记录备查。	1. 到达关门车、定检过期车未全数扣修。 2. 处理空气制动故障后未进行持续一定时间全部试验。 3. 对读不出标签信息或标签丢失的车辆未扣修。 4. 回送故障车辆违编或未做好安全措施	

续上表

序号	检查项点	检查依据	检查重点	易发问题	备注
14	故障处置		4. 对到达列车中提示标签信息故障的铁路货车，使用标签读出器检查、确认，读不出信息或标签丢失的须扣车处理。 5. 回送的故障铁路货车编入列车前，检车员对各部位进行检查和整修，必要时派员护送；不能编挂于列车中部，需挂于尾部（每列以1辆为限）时，须上报铁路局集团公司车辆调度员申请挂运。如有需要做好相应的安全措施、提出限速要求		
15	作业场设备设施	1.《铁路货车运用维修规程》（铁机辆总〔2018〕184号） 2.《铁路货车专用检修设备检修维护管理规则》（铁总运〔2015〕267号）	1. 货车运用作业场使用的工装设备应符合国家和国铁集团有关规定，设备安装调试合格后应进行运用验收，运用验收合格后方可投入正式使用。	1. 作业场设备未进行验收投入使用。 2. 未制定设备管理办法，未按规定进行定期检测、校验和检修。	

续上表

序号	检查项点	检查依据	检查重点	易发问题	备注
15	作业场设备设施	3.《铁路防溜防撞专用器材安全管理规定》(铁总办〔2016〕198号)	2. 车辆段要制定货车运用车间的设备配备标准和管理办法,按标准配备,按规定由有资质的单位对设备进行定期检测、校验和检修,具备有效的合格证明,超出有效期的不得使用。 3. 脱轨器。 (1)列检作业场的作业线路须安装具有安全防护功能的固定脱轨器,还须配置一定数量的移动脱轨器,实行定置管理。 (2)移动脱轨器纳入铁路防溜防撞专用器材管理,生产单位须符合资质。车辆段采购移动脱轨器需经铁路公安审批,实行编号、档案管理;使用部门应建立专用台账,纳入交接班内容,实行清点登记。 (3)电动脱轨器检修维护执行每班开工前进行点检、每月巡检、6个月小修、6年大修。	3. 移动脱轨器未按照防溜防撞器材管理要求进行管理	

续上表

序号	检查项点	检查依据	检查重点	易发问题	备注
15	作业场设备设施		4. 微机控制列车制动试验装置。 (1)试验执行器的数量和安装位置应根据列车制动机试验的需要确定。 (2)检修维护执行每日点检、每月巡检、6个月小修、6年大修,每班使用前执行器需进行机能试验。 5. 列车车辆制动试验监测装置。 (1)在列检值班室设监测终端和主机。具备数据导出、自动分析等功能,参数设置须符合标准,显示界面须统一。 (2)检修维护执行每日点检、每季度季检、6个月小修、6年大修,无线风压监测仪需每季度进行校验		

续上表

序号	检查项点	检查依据	检查重点	易发问题	备注
16	基本工作制度	《铁路货车运用维修规程》(铁机辆总〔2018〕184号)	铁路局集团公司制定《铁路货车运用工作管理细则》,货车运用车间应建立十项基本工作制度,并纳入车间管理细则。分别是:岗位责任制度,总结计划制度,列车技术质量抽查及检查指导制度,交接班制度,竞赛评比考核制度,列车技术质量互控制度,资料统计管理制度,机具、材料及配件管理制度,安全质量分析制度,技术业务学习制度	十项制度建立不全,制度内容与实际不符	

2 货车检修

序号	检查项点	检查依据	检查重点		易发问题	备注
1	轮对和轴承	《铁路货车轮轴组装检修及管理规则》(铁总运〔2016〕191 号)	轮轴探伤	1. 探伤工须取得国铁集团铁路无损检测人员资格鉴定与认证委员会颁发的超声波(磁粉)探伤技术资格Ⅱ级及以上资格证书,并须经铁路局集团公司车辆主管部门考核合格取得上岗证,方可进行本岗位工作。 2. 每班上、下午开工前做日常性能校验,每季度做季度性能检查。 3. 准确判定轮对组装质量保证期,防止车轴漏探。 4. 轮轴收入来源不明、设备有故障、轮轴除锈不净不得进行探伤作业。 5. 磁粉探伤检测区域白光照度与紫外线辐照度检测须符合规定。 6. 磁悬液喷淋缓流、均匀、全面覆盖探伤部位,停止喷淋后,应再进行磁化 1 ~ 2 次。	1. 轮轴除锈质量不达标进行磁粉探伤作业。 2. 不同状态轮轴未按规定进行分区存放	

续上表

序号	检查项点	检查依据	检查重点	易发问题	备注
1	轮对和轴承		7. 探伤应画起始检查标记，每个部位均转动一周以上，作业标记方位画写规范正确。 8. 待探伤、探伤合格、探伤不良轮轴（轮对）必须分区存放，按规定涂打标记。 9. 水基磁悬液最长1个月须彻底更换1次，若磁悬液被污染或变质，影响试片显示或浓度测定时须提前更换。 10. 确认探头使用是否过期，耦合剂是否应更换。 11. 作业中要仔细观察波形，微机自动超探发现故障要通知手工复探工作者确认；手工探伤发现轴颈根部或卸荷槽疑似裂纹时，应退卸轴承采用磁粉探伤确认		

续上表

序号	检查项点	检查依据	检查重点		易发问题	备注
1	轮对和轴承	《铁路货车轮轴组装检修及管理规则》(铁总运〔2016〕191号)	轮轴加修、压装	1. 轮轴(轮对)旋修前,应加装轴承(轴颈)防护套。 2. 每日开工第一条车轮踏面加工完毕后,须对踏面旋修质量进行全面检查鉴定,经鉴定合格方能继续加工。 3. 轮轴(轮对)旋修过程中作业人员不得离开车床,须盯控旋修作业。 4. 轴承压装设备每日开工前应进行性能校验,确认状态良好。 5. 轴承及附件外观检查状态良好,轴端螺栓不过期。 6. 轴承压装须在清洁的工作间内进行。压装间的温度应不低于10 ℃。检测和选配前,轴承及附件、轮对及检测器具须同室存放,放置时间应不少于8 h;不能同室存放时,存放处温差不应超过5 K。	1. 车轮踏面旋修质量不良。 2. 轴承压装前未对密封座、油封组装状态进行检查,漏检密封座卡滞、油封压装不正位等故障。 3. 压装作业时,工作者不按规定转动轴承	轮径尺、校验棒、第四种检查器、踏面粗糙度对比样板、踏面轮廓样板

续上表

序号	检查项点	检查依据	检查重点		易发问题	备注
1	轮对和轴承			7. 轴承压装时,应旋转轴承外圈,保持其转动灵活,卡滞时停止压装。 8. 检查轴承压装曲线合格。 9. 不合格品、合格品应分区存放		
			轴承一般修	1. 轴承一般检修须在独立的生产场所内进行,轴承零部件检测间、存放间及组装间须封闭。 2. 轴承检测间的温度、相对湿度应每天检查并记录;落尘量定性检查每周不少于2次,定量检查每月进行1次,且在定性检查合格后的第二天进行。 3. 须做到一般检修品、待大修品、报废品及不同型号的检修品相隔离。	1. 轴承零部件检测间、存放间及组装间温度、相对湿度和落尘量不合格。 2. 轴承搬运、清洗及检修过程中零部件发生磕碰伤。 3. 外油封组成、密封组成选配不当,运行中松动脱出	电子秤、轴承游隙测量设备、轴承检测仪、扭矩测量机、剩磁计

续上表

序号	检查项点	检查依据	检查重点	易发问题	备注
1	轮对和轴承		4. 须执行原套原位检修，除密封座和中隔圈外，禁止轴承外圈、内圈及滚子进行互换和拼修。 5. 轴承搬运、清洗及检修过程中零部件不得磕碰伤，保持架不得脱落。 6. 轴承清洗须采用对轴承零件无腐蚀作用的清洗介质。 7. 轴承零件须全数进行外观检查。 8. 轴承检测仪使用前须进行校验。 9. 轴承零件须进行剩余磁感应强度检测，剩余磁感应强度不得超过 0.3 mT(3 Gs)，超标者须进行退磁处理。 10. 轴承组装前各零件、组件须在组装间内同温 4 h 以上。		

续上表

序号	检查项点	检查依据	检查重点		易发问题	备注
1	轮对和轴承			11. 外油封组成、密封组成向轴承上压装前须对轴承外圈牙口、外油封组成牙口配合面、密封组成牙口配合面进行选配，选配过盈量须符合一般检修限度的规定。外油封组成、密封组成向轴承上压装时须使用专用工装		
			工装、设备、量具和样板	1. 超声波探伤仪（机）和磁粉探伤机须按规定的周期进行检修。 2. 每次更换探伤操作者、探头、线缆，或重新开机，或探伤仪器发生故障检修后投入使用前，应重新进行日常性能校验并做好记录。 3. 应根据作业量及探头磨损情况，每月至少检测一次横波斜探头折射角及前沿、小角度纵波探头折射角。	1. 超声波探伤仪（机）和磁粉探伤机检修过期。 2. 更换探伤操作者、探头、线缆，或重新开机，或探伤仪器发生故障检修后投入使用前，没有重新进行日常性能校验	

续上表

序号	检查项点	检查依据	检查重点	易发问题	备注
1	轮对和轴承		4. 新购置、返厂维修及定期检修后的探伤仪器，第一次使用前应按季度性能检查的要求进行检查并做好记录。 5. 超声波探伤标准试块主要为CSK-IA、TS-3、TZS-R、CS-1-5 或DB-PZ20-2、DB-H1 等，半轴实物试块主要为RD_2、RE_{2A}、RE_{2B}、RF_2型，应根据生产实际需要配备齐全、状态良好。 6. 轮径尺、校验棒、第四种检查器、踏面粗糙度对比样板、踏面轮廓样板检定日期在有效期内。 7. 电子秤、轴承游隙测量设备、轴承检测仪、扭矩测量机检定日期在有效期内		

续上表

序号	检查项点	检查依据	检查重点		易发问题	备注
2	制动装置	1.《铁路货车段修规程》(铁货车〔2021〕34 号) 2.《铁路货车制动装置检修规则》(铁运〔2008〕15 号)	空气制动	1. 各型橡胶密封件自制造完成之日起至组装使用前的储存期不超过 6 个月。 2. 空气制动阀、空重车阀、制动缸、缓解阀、各塞门、集尘器和管系的橡胶密封件全部更换新品。 3. 空气制动阀、空重车阀、脱轨制动阀、其他阀类配件、制动缸和储风缸分解前须采用清洗或喷(抛)丸等方式进行外部清理,并防止安装面损伤或尘砂、水进入部件内部。 4. 各部件分解过程中须采取保护措施,分解后应将各零件放置在专用存放盒内,避免磕碰损伤。 5. 滑阀座、滑阀、节制阀、节制阀座全数研磨。 6. 空气制动阀、空重车阀、缓解阀、安全阀、闸调器等须在微控专用试验台上进行试验,编织制动软管全数进行风、水压试验,试验合格后方可装车使用。	1. 橡胶密封件超期使用。 2. 制动阀组装时,有扭矩紧固要求的螺栓,未使用扭矩扳手进行紧固。 3. 各阀安装面防护不到位。 4. 空气制动阀型号与装用车辆型式不匹配	百分表、游标卡尺、扭矩扳手、校准平板、铅板、粗糙度仪

续上表

序号	检查项点	检查依据	检查重点		易发问题	备注
2	制动装置			7. 试验设备与压缩空气风源之间须有除油、除水、除尘及空气干燥功能的空气净化装置，并定期排油、排水。 8. 微控及集控单车试验器、微控货车空气制动阀试验台、空重车阀试验台等自动检测设备每日开工前须进行性能校验，按规定定期检修。 9. 空气制动阀、空重车阀、制动软管等配件须加装外包式防护套，待组装前方可卸下。 10. 组装前需确认制动阀型号与现车匹配，存储期符合要求。检查滤尘网、滤尘杯齐全，清洁、无缺损。 11. 各阀组装螺栓需均匀紧固，无松动		

续上表

序号	检查项点	检查依据	检查重点		易发问题	备注
2	制动装置		基础制动	1. 杠杆、拉杆涂打原车原位标记,按原车原位原方向组装。 2. 制动杠杆裂纹时报废。 3. 各杠杆腐蚀、磨耗深度大于3 mm时堆焊后加工。 4. 镶套后检查衬套与孔之间不应有贯通间隙,不带倒角一端须与杠杆表面平齐,另一端低于孔面不大于2 mm。 5. 制动梁探伤设备应进行日常性能校验、季度性能校验,确认设备作用良好。 6. 制动梁探伤部位除锈质量应符合工艺标准,探伤合格后涂打探伤标识。 7. 制动梁全长超限时修理恢复原形或更换。各型制动梁两闸瓦托中心距离超限时调整闸瓦托位置或更换闸瓦托。 8. 同一制动梁两端滑块磨耗套型式须一致。 9. 支柱衬套、磨耗套等无松动、裂纹、破损。 10. 闸调器的分解检修周期为6年	1. 杠杆、拉杆等型号与支出转向架不匹配。 2. 杠杆、拉杆未按原车原位组装。 3. 制动梁端头等探伤部位除锈质量不符合探伤要求。 4. 不同型式、不同状态制动梁混放	塞尺、卡尺、圆销孔检测量规、圆销检测量规、制动杠杆孔距校对尺、组合式制动梁支柱孔中心至闸瓦托弧面中心距检测量规、制动梁两闸瓦托扭曲量具、制动梁全长及托距测量尺、制动梁 L 差测量尺

续上表

序号	检查项点	检查依据	检查重点		易发问题	备注
3	转向架	《铁路货车段修规程》(铁货车〔2021〕34号)	探伤	1. 摇枕、侧架磁粉探伤机、交叉杆磁粉探伤机、摇动座磁粉探伤机每班上、下午开工前做日常性能校验,每季度做季度性能检查。 2. 待探伤部位表面应露出基本金属面,无油污、锈垢。除锈质量不符合探伤要求者,不得进行探伤作业。 3. 摇枕、侧架使用时间达20年以上,A、B区发现裂纹时报废。 4. 杆体横裂纹、杆体纵裂纹长度大于50 mm或深度大于0.6 mm、杆体环焊缝开裂时,交叉杆报废。 5. 摇动座裂纹深度不大于2 mm时打磨消除裂纹,大于时更换,其他部位裂纹焊修。 6. 探伤检查不合格品必须涂打报废标识并做好记录,不得与合格品混放	1. 除锈质量不符合探伤要求。 2. 探伤检查不认真,磁痕分析、判断不到位。 3. 不合格品与合格品混放	白光照度计、紫外辐照计、长颈形沉淀管、直尺、卷尺

续上表

序号	检查项点	检查依据	检查重点		易发问题	备注
3	转向架		组装	1. 斜楔、旁承、承载鞍涂打原车原位标记,按原车原位原方向组装。 2. 组合式斜楔主摩擦板背面与斜楔体安装面间隙不大于 3 mm。 3. 弹性旁承任何部位不允许涂抹油脂,弹性旁承体橡胶表面、非金属磨耗板、滚子及滚子轴不得有油漆。 4. 各型旁承须按适用车型组装,不得错装、混装,严格按照原车原位原方向组装。 5. 摇枕、侧架寿命不过期;同一转向架侧架铲豆须一致。 6. 交叉杆组装智能扳机每月进行标定,确认设备作用良好。 7. 交叉杆各配件安装位置正确,两相对止耳翘起,止耳与螺栓头部六方平面密贴,端头螺栓紧固。 8. 同一转向架、同一车辆制动梁型式需一致,并符合原车设计结构。 9. 同一转向架、同一车辆装用轮轴型式一致,轮径差符合规定	1. 卸下承载鞍、旁承未按要求原车原位组装。 2. 交叉杆防松片止耳未打到位;轴端螺栓未紧固到位。 3. 承载鞍与轴承外圈组装不到位。 4. 基础制动装置作用不良,存在别劲、卡滞现象	塞尺

续上表

序号	检查项点	检查依据	检查重点		易发问题	备注
3	转向架		关键部件加修及质量控制	1. 承载鞍裂纹或变形时更换，不得焊修；承载鞍顶面、导框内侧面、导框底面、鞍面、推力挡肩磨耗超限时报废。 2. 各型钢质弹簧不得调修；各型弹簧折断、裂损时报废。 3. 摇动轴下部圆弧半径、中央脊背部上平面弯曲变形、摇动座支承须检测。 4. 转向架构架按要求进行翻转检查，并划写检查标识。 5. 摇枕、侧架 A、B 区及交叉杆各部位重点检查。 6. 正位检测装置每日开工前应进行自检，每月应进行标定，确认设备状态良好。 7. 按要求对交叉支撑转向架进行正位检测，并打印“转向架正位检测报告”，确认合格后归档保存	1. 摇枕、侧架遗留异物未清理干净，影响外观质量检查。 2. 开工前未按规定进行正位检测装置自检	钢板尺、塞尺、承载鞍综合检查样板、弹簧直径检测量规、弹簧自由高测量尺、转 K4（转 K5）型摇动轴下部圆弧面检测样板、摇动座中央脊背部上平面弯曲检测量规、摇动座支承内圆半径弧面检测样板、侧架导框检测量规、交叉杆弯曲检测样杆、交叉杆端头螺纹通止规

续上表

序号	检查项点	检查依据	检查重点		易发问题	备注
4	钩缓装置	《铁路货车段修规程》(铁货车〔2021〕34号)	探伤	1. 钩体、钩舌、钩尾框、钩舌销、钩尾销、钩尾销插托、钩尾销螺栓、16型转动套探伤设备日常性能校验合格,每季度做季度性能检查。 2. 磁悬液定期更换。 3. 待探伤部位除锈质量良好,除锈部位露出金属表面。 4. 钩体疑似裂纹部位、加强段修车辆钩体段修须进行探伤。 5. 钩舌、钩尾框、钩尾销插托、16型转动套探伤发现裂纹后,在裂纹处涂打白铅油标记,焊修或更换;当裂纹超限时,涂打报废标记“×”。 6. 裂纹焊修后须进行复探。 7. 钩舌销、钩尾销、钩尾销螺栓发现裂纹时须报废。 8. 待探伤、待加修、探伤合格品须涂打相应标记,并分类存放	1. 除锈质量不符合探伤要求。 2. 探伤检查不认真,磁痕分析、判断不到位。 3. 待探伤、待加修、探伤合格品混放	白光照度计、紫外辐照计、长颈形沉淀管、直尺、卷尺

续上表

序号	检查项点	检查依据	检查重点		易发问题	备注
4	钩缓装置		测量	1. 钩舌、钩尾框、缓冲器配件寿命管理不过期。 2. 缓冲器检查检测，自由高超限、箱体裂损、严重变形、其他外露零部件裂损或丢失时大修。 3. 钩舌、钩尾框各部样板检测，限度符合要求。 4. 钩舌销、钩尾销磨耗检测，限度符合要求。 5. 钩锁、钩舌推铁裂纹、弯曲变形时更换。 6. 上锁销组成作用良好，预制张角符合规定。 7. 防跳插销开口间距大于 8 mm 时调修	1. 超寿命周期钩舌、钩尾框、缓冲器装车使用。 2. 不按规定使用样板、量规，靠目测经验判断	缓冲器自由高检测样板、钩舌锁面磨耗深度量规、钩舌厚度检测量规、钩锁坐入量检修量规、钩舌外胀量规、钩尾框磨耗检测量规、磨耗深度检测尺、弯曲及局部磨耗深度检测量规、钩舌销检测量规、钩尾销检测量规、上锁销杆磨耗及组成间隙检测量规、上锁销防跳台及铆钉轴检测量规等

续上表

序号	检查项点	检查依据	检查重点		易发问题	备注
4	钩缓装置		加修及试验	1. 钩体裂纹焊修时须进行开坡口及局部加热。 2. 钩舌焊后采用整体热处理或局部热处理方式消除焊接应力。钩舌 S 面加工恢复原型,加工部位与未加工部位过度圆滑。 3. 13B 型钩尾框及 17 型锻造钩尾框不得焊装框身磨耗板,原装有磨耗板者须铲除后磨平;17 型铸造钩尾框无框身磨耗板者,不得焊装磨耗板。13 号、13A 型钩尾框须焊装框身磨耗板;17 型铸造钩尾框原有磨耗板者,仍须焊装磨耗板。 4. 焊修区域不允许有裂纹、未熔合、未焊满和根部收缩等缺陷。 5. 钩舌推铁补充新品时,16 型、17 型材质须为 E 级钢。钩锁补充新品时材质须为 E 级钢。 6. 成套车钩组装后,三态试验作用良好。 7. 车钩防跳作用良好	1. 焊修质量不良。 2. 车钩三态作用、防跳作用不良	钢板尺、塞尺、钩舌厚度检测量规、车钩闭锁位检测量规、车钩全开位检测量规、车钩钩锁移动量间隙塞尺

续上表

序号	检查项点	检查依据	检查重点		易发问题	备注
5	底架与车体	《铁路货车段修规程》(铁货车〔2021〕34号)	焊接质量	1. 焊条使用前,根据焊接规范要求进行烘干、保温。 2. 根据焊件材质、焊件厚度、坡口形式等选用适当直径电焊条。 3. 不同直径的电焊条须选择相对应的电流挡位。 4. 锻钢件在裂纹末端须钻 $\phi8 \sim \phi10$ mm 的止裂孔。 5. 二层焊修前应彻底清除前一层焊波熔渣。 6. 焊接作业前对挖补、截换、补强配件应定位牢固,不因焊接产生塑性变形。 7. 焊修后应清除焊渣,对车辆各部焊修质量进行检查,重点检查车下悬吊件及易脱、易开部位焊修质量须符合要求	1. 侧墙、端墙、地板破损、腐蚀过限未处置。 2. 焊后不敲焊渣检查焊修质量,造成漏焊、焊接质量不良等问题	焊角尺、直尺、游标卡尺

续上表

序号	检查项点	检查依据	检查重点		易发问题	备注
5	底架与车体		洗罐及安全附件检修	1. 罐车经洗刷并有洗罐合格证。 2. 对装载易燃易爆货物的罐车须用测爆仪测试合格后再进行明火试验。 3. 罐车卡带与卡带连接杆焊缝须采用渗透探伤方法进行探伤，应无裂纹等线性缺陷，焊缝有缺陷时补焊，并将焊缝表面打磨光滑后复探。 4. 液体罐车阀盖、阀座、吸入阀、放泄阀无裂损，丝扣无损伤，有裂损或丝扣损伤时须更换。密封圈须更换为新品，弹簧衰弱、折损时更换。 5. 罐车走板、栏杆检修。木走板更换时，须按规定改为拉网板，拉网板厚度不小于 4 mm。扶手、扶手座裂纹或弯角处损伤时更换	1. 不按规定对装载易燃易爆货物的罐车进行测爆仪测试和明火试验。 2. 渗透探伤未进行灵敏度试验	测爆仪

续上表

序号	检查项点	检查依据	检查重点		易发问题	备注
5	底架与车体		车门、锁具检修	1. 检查下侧门搭扣翻转作用、下侧门折页、圆销组装等状态良好，防止出现车辆运行中下侧门开放、脱落。 2. 检查中门折页座，中门锁闭装置、圆销组装等状态良好，无开放、脱落风险。 3. P62K、P62NK、P64K、P64AK、P64GK、P65、W6S 等车型须装用新型门锁	下侧门、中门折页裂损	
6	5T系统指导检修	1.《铁路货车段修规程》(铁货车〔2021〕34 号) 2.《铁路货车运用维修规程》(铁机辆总〔2018〕184 号)	1. 检修车间根据车辆检修计划信息在“对车安全监控系统”中查询不少于1 个月内的 5T 系统预警故障信息。 2. 5T 系统预警故障信息查询后，导出查询数据。 3. 传递查询记录至车间调度和工班长，组织人员对车辆轴温智能探测系统		1. 不查询或漏查询 5T 系统预警故障信息。 2. 未组织人员对 5T 系统预警故障进行检查确认、处理	

续上表

序号	检查项点	检查依据	检查重点	易发问题	备注
6	5T系统指导检修		(THDS)、货车故障轨旁图像检测系统(TFDS)、铁道车辆运行品质轨旁动态监测系统(TPDS)、铁道车辆滚动轴承故障轨旁声学诊断系统(TADS)等铁路货车安全防范系统预警故障及相关配件技术状态进行全面检查确认、处理，消除不良故障隐患。 4. 检查、处理人员须填写检查、处理情况，完成5T系统预警故障检查处置流程闭环		
7	车辆落成	《铁路货车段修规程》(铁货车〔2021〕34号)	尺寸控制： 1. 整车落成须在检修库内的平直线路上检测。 2. 车体倾斜不大于30 mm。同一端梁上平面与轨面的垂直距离左、右相差不大于20 mm。 3. 脚蹬至轨面的垂直距离在400～500 mm范围内。 4. 罐车排油管盖、链放下后，测量其距轨面垂直距离不小于50 mm。	1. 整车落成未在平直线路上检测。 2. 不按规定使用检测量具，靠目测经验判断	卷尺、钢板尺、塞尺、钩高尺、钩提杆松余量检测尺

续上表

序号	检查项点	检查依据	检查重点	易发问题	备注
7	车辆落成		5. 编织制动软管总成与软管吊链组成连接后，软管连接器的最下端距轨面的距离不小于 120 mm。 6. 下作用车钩提杆手把下端面至钢轨上平面的距离须大于 380 mm。 7. 钩尾端面与从板的间隙不大于 8 mm，从板与牵引梁两内侧面间隙之和不大于 22 mm。 8. 车钩钩肩与冲击座间距：装用 MT-3 缓冲器时，间距 91^{+10}_{-5} mm；装用 MT-2、HM-1、HM-2、HN-1 型缓冲器时，间距 95^{+10}_{-5} mm；装用 ST 型缓冲器时，间距 76^{+10}_{-5} mm。 9. 测量车钩中心线至轨面的垂直距离为(880 ± 10) mm；同一辆车两车钩中心高度差不大于 10 mm。		

续上表

序号	检查项点	检查依据	检查重点	易发问题	备注
7	车辆落成		10. 装用圆形孔钩提杆座时上作用车钩提杆左、右横动量为 30 ~ 50 mm;装用钥匙形孔钩提杆座的钩提杆扁平部位在钩提杆座处每侧长度不大于 40 mm,钩提杆左、右横动量为 23 ~ 40 mm。下作用车钩提杆扁平部位在钩提杆座处每侧长度不小于 60 mm。 11. 测量上作用车钩提钩链松余量为 45 ~ 55 mm。 12. 上、下心盘之间的螺栓与铆钉或拉铆钉头部垂直相对距离不小于 5 mm。 13. 上旁承下平面与双作用弹性下旁承滚子的间距符合规定。 14. 链式手制动装置手制动轴链卷入量为 0.5 ~ 2 圈。脚踏式制动机链卷入量为 0.5 ~ 1 圈		

续上表

序号	检查项点	检查依据	检查重点		易发问题	备注
7	车辆落成		整车制动试验	1. 集控试验装置、单车试验器开工前需按规定进行性能校验，合格后方可投入使用。 2. 每日开工前使用专用量规检测试验用球外径尺寸合格，检查外部标志和外观状态，合格后方可发放使用。 3. 检查试验用球收、发记录填写完整。 4. 货车段修车辆应进行单车试验，并检查单车试验记录，确认各项试验合格	1. 试验过程中，不按要求使用闸调器试验垫板和空重车试验垫板。 2. 检漏剂涂抹不到位，漏泄故障漏检。 3. 单车试验时，不使用卷尺测量制动缸、闸调器行程，臆测数据	闸调器试验垫板、卷尺、钢板尺、空重车试验垫板、阶梯塞尺、传感阀触头与磨耗板间隙量规
			“三检一验”	1. 段修车辆质量卡控应严格执行“三检一验”制度，即工作者自检、工长复检、质检员专检、验收员（中间抽查、部分交验和整车落成）验收，通过对过程质量和落成质量	1. 工长不进行复检，由工作者直接向质检员交检。	

续上表

序号	检查项点	检查依据	检查重点	易发问题	备注
7	车辆落成		的逐级卡控，形成自控、互控、他控的质量卡控机制，确保检修质量。 2. 工作者检修作业完后必须进行自检，自认为合格后，向本班组工长交工。 3. 工作者向工长交工后，由工长对工作者的检修质量进行复检，复检过程中发现质量问题应立即通知工作者返工，并进行复查合格后，向质检员交检。 4. 交检的零部件及全车竣工后，由检查员进行专检，专检过程中发现的质量问题，及时通知相关班组工长组织进行处理，并进行复查合格后，向验收员办理交验。 5. 验收员实行全数验收和重点抽验相结合，整车验收和中间抽查、部分交验相结合。对验收员检	2. 质检抽检、验收抽验零部件比例不达标。 3. “合”字标识不全就交验竣工	

续上表

序号	检查项点	检查依据	检查重点	易发问题	备注
7	车辆落成		查出的质量问题，由质检员及时通知相关车间及班组组织予以消除，并经质检员确认合格后，提请验收员进行复查。经验收员复查并认为合格后，由验收员在车统—36上签章后，方可交验竣工。 6. 全数交验的零部件及整车，经检查、检测良好者，工作者在规定位置标注“人”，工长复查合格的在“人”下面标注“一”，质检员检查合格的在“一”下面标注“口”，形成“合”字标识，验收员验收合格的在“合”字标识外标注“○”。 7. 工作者、工长、质检员、验收员应使用不同颜色标识。工作者使用白色，工长使用黄色，质检员使用蓝色，验收员使用红色		

续上表

序号	检查项点	检查依据	检查重点	易发问题	备注
8	调车作业	1.《铁路技术管理规程（普速铁路部分）》（铁总科技〔2014〕172 号、铁总科技〔2017〕221 号） 2.《铁路车辆安全管理规则》（铁总运〔2015〕304 号）	1. 调车组（司机、副司机）应挑选身体健康，听、视力正常，精力充沛，并持有安全操作合格证的人员担任。 2. 司机检查确认调车机车年检合格证不过期，按调车机车操作规程内容检查性能，确认状态良好后方可进行作业。 3. 调车信号的显示方式及使用方法，按《铁路技术管理规程（普速铁路部分）》的有关规定执行。 4. 调车作业必须由一名有经验的专人总指挥。调车人员不足 2 人，不准进行调车作业。 5. 调车作业前调车组人员须用对讲机反复通知各班组，各班组收到通知后应立即做好人员疏散工作，并将所使用的工装、设备、配件、材料等及时撤出车辆限界，并撤除安全防护装置。调车员详细检查道岔、股道线路及车辆停留位置，确认股道内无障碍物，线路两旁堆放的工具配件距钢轨外侧大于 1.5 m。	1. 股道两侧限界内遗留工装、设备、配件、材料。 2. 调车速度超过规定。 3. 防溜设置撤除不符合规定	

续上表

序号	检查项点	检查依据	检查重点	易发问题	备注
8	调车作业		6. 取送车时连挂处、车列尾部至少各有一名人员进行安全卡控。 7. 连挂车辆时,必须认真显示十、五、三车的距离,司机看到信号后应及时回示,如司机没有回示时,应立即采取停车措施。 8. 确认车列尾部止轮措施有效实施后,方可进行连挂。连挂后应确认牵出线路上的止轮设施有效移除后,方可动车牵出。 9. 调车机车进行调车作业时,需保证制动效果良好,应根据调车机车的制动力并结合线路坡度进行检算,规定调车作业时连结软管的具体要求。 10. 调车机车行驶速度在线路上不得超过 10 km/h。调车机车连挂速度不得超过 3 km/h。手推调车速度不得超过 3 km/h。		

续上表

序号	检查项点	检查依据	检查重点	易发问题	备注
8	调车作业		11. 送车到位后,调车人员须对车辆采取防溜措施,确认安全无误后,方可摘开车钩。取车时,调车组人员需确认连挂妥当后,方可撤销防溜措施。 12. 调车作业严禁溜放。不准在调车中摘结软管及提放车钩。 13. 公铁两用车调车作业要求与调车机车调车作业一致,并执行公铁两用车操作规程规定